Michel Kaufmann

Früh-Stücke

© 2019 Reimheim-Verlag Thorsten Zeller,
Heinrich-Lübke-Straße 9, 61169 Friedberg
www.reimheim-verlag.de

1. Auflage 11/2019
Alle Rechte vorbehalten
Gestaltung, Satz: Reimheim-Verlag Thorsten Zeller
Cover-Zeichnungen: Nadja Fischer
Druck: SDL, Berlin

Michel Kaufmann

Früh-Stücke

Kolumnen
erlebt in Wetterau und Vogelsberg

Gemoije

von
Michel Kaufmann

Was ist drin für mich?

Ein Vorwort:	1
Wie dieses Buch zu gebrauchen ist	4
In der Redaktion	6
Wer ist eigentlich David?	23
Ein Monster namens Alltag	41
Unterwegs	84
Sprache	101
Das Internet – Quelle des Frohsinns	139
Wissenschaft	153
Essen und Trinken	176
Äußerlichkeiten	192
Das Weltgeschehen	205
Draußen	233
Was vom Tage übrig blieb	242
Danksagungen	256

Dieses Buch ist

Ein Vorwort:

Die Welt ist schlecht. Ehrlich. Gucken Sie mal in die Zeitung. Wo man hinliest, schlechte Nachrichten. Ich muss es wissen. Ich bin einer von denen, die Zeitung machen. Wir können nichts dafür, wirklich nicht. Und wir können es auch nur bedingt ändern. Zum Beispiel, indem wir ein Gegengewicht schaffen. In den meisten Tageszeitungen gibt es auf der Titelseite oder jener Seite, mit der der Lokalteil beginnt, einen sogenannten Eckenbrüller. Eine Kolumne. Oder Glosse. Die vielleicht bekannteste in Deutschland ist das Streiflicht in der Süddeutschen. Manche Zeitungen haben Kolumnen, die heißen wie ihre Autoren. Martenstein im Zeit-Magazin zum Beispiel, die von Harald – welch Überraschung! – Martenstein verfasst wird. Andere Blätter haben sogar einen Chefkolumnisten, bei der Bild ist es Franz Josef Wagner. Er ist ein Mann, der unheimlich gerne Briefe schreibt und sich das Porto offenbar nicht leisten kann. Die Bild druckt seine Briefe deshalb jeden Tag ab.
Ich schreibe keine Briefe, deshalb bin ich auch kein Chefkolumnist und habe keine Kolumne, die nach mir benannt ist. Dafür habe ich fast täglich die Möglichkeit, dem Leser in just einem solchen Eckenbrüller ein von Herzen kommendes „Gemoije" – für alle Nicht-Hessen: „Guten Morgen" – zuzubrüllen.
Es gibt heute zum Glück immer noch viele Menschen, denen die Tageszeitung ein täglicher Begleiter ist. Beim Frühstück zum Beispiel oder in der Bahn. Diesen, aber auch allen anderen Lesern, möchte ich mit dem „Gemoije" nicht weniger, als ein Lächeln aufs Gesicht

zaubern, bevor sie mit den vielen unangenehmen Dingen konfrontiert werden, die sonst noch so in der Zeitung stehen. Wie Steuererhöhungen. Niemand mag Steuererhöhungen. Bürger nicht, weil sie es sind, die zur Kasse gebeten werden. Politiker mögen keine Steuererhöhungen, weil sie sich damit unbeliebt machen. Auch Journalisten nicht, weil sie dem Bürger erklären müssen, was denn nun genau wie viel teurer wird und warum. Die Kolumne, das muss man so klar sagen, schafft keine Abhilfe. Leider. Sie verhindert keine Unglücke und auch keine Steuererhöhungen, aber sie lenkt wenigstens davon ab. Gerade so viel, dass man zumindest mal einen Moment unbeschwert sein kann, zumindest hoffe ich das. Ein kleiner Moment in der Frühphase des Tages, der von all den Unwägbarkeiten ablenken soll, die da kommen mögen.

Die in diesem Buch zusammengestellten Texte erscheinen seit Mai 2013 im Kreis-Anzeiger für Wetterau und Vogelsberg, der Tageszeitung für die östliche Wetterau. Damals hat mir die Chefredaktion die Aufgabe übertragen, die tägliche Kolumne auf der lokalen Seite 1 zu schreiben. Konnte von denen ja keiner wissen, dass es mir derart Spaß machen würde. Seitdem schreibe ich also. Nicht täglich, aber fast. Ich sammle so auf, was mir über den Weg läuft, packe alles in einen großen Mixer, Chinakracher dazu und einfach den Knopf drücken. Anschließend verteile ich das, was rauskommt, großzügig in der dafür vorgesehen Spalte und hoffe, dass es Anklang findet.

Da der Kreis-Anzeiger Teil der Verlagsgruppe Rhein-Main ist, haben auch andere Redakteure Zugriff auf diese Kolumne und so kam es, dass die lieben Kollegen in Lauterbach, Alsfeld und Gießen nach und nach damit anfingen, meine Gedanken auch in ihren lokalen Ausgaben zu veröffentlichen.

Wenn man aus dieser Gemengelage heraus ein Buch plant, mit dem man allen Lesern von Büdingen über

Gießen bis nach Lauterbach irgendwie gerecht werden will, bringt das ein paar Probleme mit sich. Denn: In der östlichen Wetterau, dem „Dehoam" des Kreis-Anzeigers, stehen meine Gedanken zu Gott, der Welt und vor allem mir selbst unter der Überschrift „Gemoije". Genauso verhält es sich in Gießen, wo die Texte stets auf der ersten Seite der dortigen Land-Redaktion, die für den Landkreis zuständig ist, erscheinen. Im Vogelsberg hingegen firmieren sie ungleich hochdeutscher, jedoch nicht weniger vornehm unter „Guten Morgen", womit ich auch gut leben kann.

Das ist das eine. Beim Kreis-Anzeiger und in Gießen halte ich es darüber hinaus wie einst Claus Hipp: Ich stehe für meinen Brei, wenn auch nur den gedanklichen, mit meinem Namen. Das macht die Zuordnung einfach und führt zu vielen Gesprächen, die mit „Sind Sie der Kaufmann, der das ‚Gemoije' schreibt?", beginnen. In Alsfeld ist das nicht vorgesehen, sodass die Kollegen die Texte mit meinem Kürzel (jmk) versehen. In Lauterbach hingegen zeichnet seit Jahrzehnten eine Kunstfigur namens „Strolch" für die Texte offiziell verantwortlich (zu weiteren Kunstfiguren kommen wir später). In Lauterbach bin ich also der Strolch, zumindest oft, denn es gibt dort auch andere Autoren, die dem Strolch ihre Gedanken leihen.

Wenn Sie jetzt verwirrt sind, dann habe ich gute Nachrichten: Im Grunde spielt das für Sie als geneigten Leser überhaupt keine Rolle. Ob Sie nun täglich eine Kolumne mit Namen „Gemoije" oder „Guten Morgen" von Michel Kaufmann oder von (jmk) oder vom Strolch oder in diesem Buch lesen – der Inhalt ist derselbe. Ja, selbst wenn Sie von alldem noch nie etwas gehört haben, weil dort, wo Sie wohnen, keines dieser Blätter erscheint oder sie diese nicht lesen. Wenn Sie dieses Buch im Buchladen entdeckt und aus reiner Neugierde aufgeschlagen haben: Bleiben Sie ruhig da! Lesen Sie weiter! Hier gibt es was zu sehen!

Wie dieses Buch zu gebrauchen ist

Sie sind noch da. Schön. Bevor es losgeht, noch ein paar Hinweise, wie dieses Buch zu gebrauchen ist. Dieses Buch ist eine Sammlung. Es versammelt alleinstehende Texte aus sechs Jahren kompromisslosem Kolumnismus. Sie können dem entgehen, indem Sie nur die Leerzeichen lesen. Wenn Sie so vorgehen, hoffe ich, dass Sie das Buch nicht gekauft, sondern gestohlen oder wenigstens ausgeliehen haben. Denn unter uns: Nur die Leerzeichen sind das Geld nicht wert. Wenn Sie hingegen an den Buchstaben interessiert sind, können Sie im Prinzip anfangen, wo Sie wollen. Um der Sache wenigstens etwas Struktur zu geben, hat der Verlag die Texte in verschiedene Kapitel gepackt. Der Anfang einer jeden Kolumne wird durch eine fette Überschrift signalisiert, das ursprüngliche Erscheinungsdatum kann manchmal hilfreich sein, um den Text in jenem zeitlichen Kontext, in dem er entstand, zu verstehen. Es gibt keine richtige oder falsche Reihenfolge, was die Sache doch ziemlich einfach macht, oder? Früher hat man es sich übrigens noch einfacher gemacht. Da genügte es oft, den Titel eines Buches zu lesen:

Barock

20.2.2018
Im Laufe der Jahrhunderte hat sich unsere Sprache stark verändert. Was heute zwischen zwei Buchdeckeln oder in den sogenannten Büchern der Zeitung steht, ist längst nicht mehr mit dem zu vergleichen, was vor mehreren Hundert Jahren so gedruckt wurde, als der Buchdruck noch jung war. Nicht nur die Inhalte, auch die Titel haben sich verändert. Im 16. Jahrhundert waren Titel lang und so aussagekräftig, dass der Rest des Werkes vom nur oberflächlich interessierten Leser gar nicht mehr konsultiert werden musste. Der Theologe und Reformator Simon Musäus veröffentlichte beispielsweise 1569 das Werk „Nützlicher Bericht und Heilsamer Rath aus Gottes Wort wider den Melancholischen Teufel. Allen schwermütigen und trawrigen hertzen zum sonderlichen beschwerten trost, Labsal und Ertzney gestellt". Puh. Da weißte Bescheid. Das liest sich wie eine Art literarischer Vorgriff auf den Barock. Würden wir heute so verfahren, bräuchte ich hier gar nicht erst anzufangen. Aus „Gemoije" würde vermutlich so etwas wie „Sinnfreye Gedancken mit hinlänglich ernstem Hintergrunde in hinterhältigem Schalke ausgelegt zum Anbeginn des neuen Tages wider die böse Stimmung nach dem Aufstehen". Wo soll denn da bitteschön noch Text hin?

In der Redaktion

Und damit wären wir auch schon mittendrin in der Materie. Ich werde nämlich oft gefragt, wie ich meine Texte schreibe. Den meisten Leuten genügen Aussagen wie „mit dem Computer" nicht, daher dachte ich, ein kleiner Exkurs könnte nicht schaden. Bei der Arbeit an diesem Buch ist mir dann aufgefallen, dass ich darüber schon geschrieben habe, mehr als einmal sogar. Beginnen wir deshalb mit ein paar Kolumnen über den Alltag des Kolumnisten, ergänzt um ein paar Texte über den alltäglichen Wahnsinn in einer Redaktion.

Arbeitsweise

18.02.2016
Wie läuft das eigentlich ab, wenn du deine Gemoije-Texte schreibst, wollte ein Bekannter wissen. Nun, sagte ich, als Autor von Kolumnen bist du in gewisser Weise ein Western-Held. Wenn die Kollegen mittags ihre Brote auspacken und Pause machen, nimmst du einen tiefen Schluck aus deiner Kaffee-Tasse und trittst hinaus auf die staubige Straße. High Noon. Dann ziehst du deinen Colt und erlegst diese miesen Pointen, die sich in deiner Stadt breitgemacht haben, eine nach der anderen. Bis nur noch die guten übrig bleiben, und die nimmst du dann für deine Texte. Ich beschloss meinen Vortrag, indem ich meine rechte Hand zu einer Pistole formte, sie an die Lippen führte und über den Lauf aus Zeige- und Mittelfinger pustete. Dabei bin ich mittags ein miserabler Schreiber. Die besten Ideen habe ich morgens, aber das erzählte ich nicht. Wenn es noch ruhig ist in der Redaktion, streune ich durch mein Gehirn und sammle den ganzen Mist auf, der da so herumliegt. Wertstoffe werden anschließend aussortiert und landen letztendlich wiederaufbereitet in der Tastatur meines Rechners und schließlich auf Ihrem Frühstückstisch. Als Kolumnen-Autor bist du kein Western-Held. Du bist die Müllabfuhr.

Grüßen

5.8.2015
„Ich mag es, wenn man mir einen guten Morgen wünscht. Das gibt einem ein gutes Gefühl für den Tag", vertraute mir meine Freundin eines Morgens ganz plötzlich an. Ich stimmte ihr zu, denn es ist ja wirklich eine

nette Geste – auch und vor allem zwischen völlig fremden Menschen. Weil diese Kolumne „Gemoije" heißt, bin ich ja sozusagen von Berufs wegen Ihr morgendlicher Begrüßer. Ich weiß, wovon ich spreche. Unsere Welt ist heutzutage leider nicht mehr so reich an netten Gesten. Sie sind unökonomisch und passen nicht in unsere durchgestylten Tagesabläufe. Dabei muss man schon ein ziemlich schlecht gelaunter Misanthrop sein, wenn einem das freundlich an der Bushaltestelle geäußerte „Guten Morgen" nicht wenigstens ein kleines bisschen Freude bereitet. Wer seinen Alltag nach ökonomischen Gesichtspunkten gestaltet, muss es so sehen: Ein kleines bisschen Freude kann an einem schweren Tag den Unterschied ausmachen. Es wirkt auch umgekehrt. Wer grüßt, wird in der Regel zurückgegrüßt. Das heißt, falls nicht, kann man sich auch schon mal ärgern. Deshalb: Seien Sie gegrüßt und grüßen Sie zurück.

Das Windrad

16.11.2018
Manchmal werde ich gefragt, wie mir all das, was ich an dieser Stelle hier so schreibe, einfiele. Naja, sage ich dann meist, ich erlebe was, ich lese was... Dinge passieren irgendwie. Das Leben ist schön. Das ist aber nur eine Seite. Denn ich bin mitnichten ein Atomkraftwerk, das auf Knopfdruck Ideen produziert. Eher ein Windrad. Manchmal stürmt es, dann bin ich produktiv, manchmal ist es windstill, dann geht gar nichts. Zum Glück habe ich nette Kollegen, die mir in Zeiten fantastischer Windstille Gegenwind bieten. Ich muss dann nur noch seltsame Schlüsse ziehen, fertig. Und ähnlich einem Windrad, das bei Sturm so viel Strom produziert, dass man gar nicht weiß, wohin damit, fallen auch mir unheimlich viele Din-

ge ein, die es nie an diese Stelle in der Zeitung schaffen. Ich habe dafür eine Art Textfriedhof. Den Friedhof der vergessenen Wörter. Buhuuu! Das ist ein Ort, an dem all das, was mir so aus und über den Kopf wächst, vor sich hin modert. Manchmal lasse ich auch Dinge auferstehen. Es ist also ein gedanklich sehr lebendiger Friedhof. Oder einer voller Untoter. Wie man es nimmt. Das mit dem Windrad zum Beispiel ist eine Idee, die es schon lange gibt und die es bislang doch nicht in eines der bislang erschienenen 999 Gemoijes geschafft hat. Jetzt ist es an der Zeit. Wir merken uns: Schreiben ist eine Frage des Timings. Und Recycling. Manchmal auch Recycling.

Fast-Food-Vampire

22.02.2016
Das Verfassen von Kolumnen ist eine Tätigkeit, die den Autoren über kurz oder lang entsozialisiert. Es kommt der Punkt im Leben eines jeden Kolumnisten, an dem seine Familie und seine Freunde damit drohen, sich von ihm abzuwenden. Man wird nicht mehr eingeladen, bekommt nichts mehr erzählt und wenn man nachfragt, sagen alle bloß: Damit du darüber nicht schreibst. Ja, es stimmt: Kolumnisten sind Vampire. Sie sind vielmehr die Fast-Food-Junkies unter den Vampiren. Denn während sich normale Vampire nur mit Blut zufriedengeben, frisst der Kolumnist alles, was er in den Kopf bekommt. Deshalb muss man sehr vorsichtig sein, wenn man sein Umfeld melkt. Wenn sich alle von dir abwenden, dann ist das der Anfang vom Ende. Nicht, weil man plötzlich ohne soziale Kontakte dasteht. Journalisten sind gesellig, die finden neue Freunde. Aber wenn der Autor nichts hat, worüber er schreiben kann, dann kann er nicht mehr schreiben. Dann ist er kein Autor mehr. Zumindest so

lange, bis er neue Freunde gefunden hat. Deshalb verwende ich Geschichten aus meinem direkten Umfeld nur noch sehr dosiert. So kommt jeder, den ich kenne, irgendwann mal an die Reihe. Danach ist es aber für eine Weile gut. Statt sich zu ärgern, freuen sich jetzt alle drauf. Man nennt das künstliche Verknappung. Wer schon mal ohne mit der Wimper zu zucken 200 Euro für ein Turnschuh-Sondermodell ausgegeben hat, weiß, wovon ich spreche.

Intime Momente

20.01.2016
Neulich hat mir einer an den Kopf geworfen, ich arbeite für eine „Klozeitung". Das war ebenso geistlos wie derb – der Versuch einer Beleidigung, keine Frage, aber sie verfehlte ihre Wirkung. Ich fühlte mich keineswegs beleidigt, wieso auch? Wo sonst soll man in einer hektischen Welt wie dieser heutzutage in Ruhe Zeitung lesen? Vielleicht genießen auch Sie gerade diese Zeilen auf dem einzigen Thron, den sowohl Könige als auch Bürgerliche besetzen. Die Vorteile sprechen für sich. Erstens: Man hat Zeit und kann nicht weg. Zweitens: Es kommt keiner rein, es sei denn, man hat vergessen, abzuschließen. Drittens: Es gibt keine Ablenkung. Statt Smartphone, Tablet oder Fernseher nichts als Kacheln und vielleicht ein paar Shampoo-Flaschen, deren Zutatenverzeichnis man ohnehin schon hundert Mal gelesen hat und eh nicht versteht. Viertens: Es ist ruhig. Kein Radio, kein Fernseher, einfach Stille (zumindest meistens). Menschen lesen nun mal, wenn sie auf der Toilette sitzen. „Klozeitung" ist keine Beleidigung, sondern eine Auszeichnung. Schließlich ist dies für viele Menschen die wichtigste Sitzung des Tages, und sie gehört uns ganz allein. Ein schöner Ge-

danke, dass der Kreis-Anzeiger in solch intimen Momenten dabei ist. Wir haben uns übrigens ausgesprochen.

Kühlschrank

20.10.2016
Ein Wunder ist mitten unter uns. Der Redaktionskühlschrank. Er kann weder sprechen noch ist er besonders geräumig. Aber er füllt sich regelmäßig, Tischlein deck dich, Esel streck dich, Lebensmittel in den Schrank, von selbst auf. In der Regel beweist er dabei zwar keinen besonders guten Geschmack und auch kein Bewusstsein für gesunde Ernährung (Schoko-Orangen-Kekse, Schmelzkäse und billige Dauerwurst), aber immerhin tut er was, um den Welthunger oder zumindest den in der Redaktion zu bekämpfen. Aber Geschmäcker sind bekanntlich verschieden und im Kühlschrank ist es ziemlich kalt. Deshalb setzen sich die auf wundersame Weise erschienenen und von uns Redakteuren allzu häufig verschmähten Lebensmittel regelmäßig flauschige Pelzmützen auf. Das ist dann schon das zweite Wunder, das man in unserem Kühlschrank schauen kann. Das Wunder des Lebens. Aber irgendwann ist es halt auch mal gut mit den Wundern, das Wunder an sich ist etwas außergewöhnliches, es nutzt sich bei allzu häufiger Wiederkehr ab. Und weil wir bislang nicht final klären konnten, wer hinter der frostigen Variation von Tischlein deck dich steckt, kommt jetzt das Desinfektionsmittel aus dem Sack und dann ein Schloss an die Kühlschranktür.

Mikrowellen

6.9.2017
Neulich im Spätdienst. Wenn plötzlich der Hunger kommt und in der Nähe nur das Restaurant „Zu den Goldenen Bögen" liegt, dann muss es eben was aus der Mikrowelle sein. Auf der Packung steht: Zwei Minuten bei 700 Watt. Die Mikrowelle aber hat als Stufen nur drei verschiedene Flammen und einen Eiskristall (zum Auftauen, das erschließt sich immerhin). Ich entschied mich für die größte Flamme (viel hilft ja bekanntlich viel) und ließ das Gericht zwei Minuten schmoren. Das Ergebnis war wie immer bei Mikrowellen: außen Hölle, innen kalt. Was mich zur Frage bringt, wie sich diese Geräte überhaupt durchsetzen konnten. Mikrowellen sind wie das Internet. Niemand hat das kommen sehen, niemand hat mit einem Erfolg gerechnet und jetzt muss man irgendwie damit klarkommen. Im Film „American Hustle", der in den 70ern spielt, kommt auch eine Mikrowelle vor. Sie wird ehrfürchtig „wissenschaftlicher Ofen" genannt und stets mit dem Hinweis in Betrieb genommen, dass man kein Metall hineintun dürfe. Natürlich geht der wissenschaftliche Ofen später in Flammen auf, weil jemand Metall hineingetan hat. So ähnlich ist es mit dem Internet auch. Das Metall des Internets sind die dumpfen Stammtischparolen, die Lautsprecher, die Hetzer, die einem täglich begegnen. Und bald explodiert es.

Dorf-Brunnen

6.11.2013
Der wichtigste Gegenstand in einem Büro ist nicht der PC. Es ist nicht der Schreibtisch und schon gar nicht das

Telefon. Es ist die Kaffeemaschine. Sie ist zum einen Quelle eines Wundermittels, das in der Lage ist, eine Horde müder Angestellte in Bürohengste zu verwandeln, die alle das Kentucky-Derby gewinnen könnten, wenn sie es wollten. Zum anderen ist die Kaffeemaschine ein Ort der Versammlung. Eine moderne Agora. Sozusagen der Dorfbrunnen des Büros. Dort trifft man sich, dort kann man miteinander plaudern, sich zanken oder sich vertragen. Über die Einstiegsfrage, ob mit Milch und Zucker oder lieber doch schwarz, wurde schon so manche Beförderung eingeleitet, so manche Million verschoben. An der Kaffeemaschine werden Freundschaften geschlossen oder beendet. Und sicher ist sie auch hin und wieder Ausgangs- und tragischer Endpunkt von Büroaffären. Allerdings hat diese moderne Form des Dorfbrunnens einen Makel. Jeder Mensch braucht Wasser, aber nicht jeder mag Kaffee. So gesehen haben all die Nicht-Kaffee-Trinker im Büro mit einem unsichtbaren gesellschaftlichen Nachteil zu kämpfen. Diesen auszugleichen ist sicher nicht leicht. Die einfachste Methode ist wohl, sich das Kaffeetrinken anzugewöhnen. Das kann ich empfehlen. Nicht wegen der Gespräche, sondern wegen des Geschmacks.

Praktikanten

01.10.2015
Praktikanten haben es schwer. In der Nahrungskette stehen sie gerade so über dem Papierkorb, manchmal auch darunter. Sie bekommen in der Regel kein oder nur wenig Geld und dürfen – wenn es schlecht läuft – lediglich dafür sorgen, dass im Büro niemand einschläft, indem sie für alle Kaffee kochen. Außerdem geraten sie immer als Erste in Verdacht, wenn mal etwas verbockt worden ist.

In Verbindung mit Fehlern (ja, die passieren, wir sind Menschen und bitten um Entschuldigung) hören Redakteure immer mal wieder ein augenzwinkernd-großväterliches: Na, da hat man wohl den Praktikanten rangelassen. Aus meiner heutigen Position kann ich sagen: Es ist sehr bequem, alles auf den Praktikanten schieben zu können, wenn man nach vielen Jahren endlich mal in der Arbeitswelt angekommen ist. Aber diese Geringschätzung haben sie nicht verdient. Viele Betriebe würden ohne Praktikanten gar nicht funktionieren. Es gibt sogar Fernsehsender, die bestehen aus Praktikanten. Die machen zwar auch ab und an Fehler, aber nicht ständig. So wie jeder normale Mensch eben. Warum ich die Praktikanten so in Schutz nehme? Ich war selbst mal einer. Und Sie?

Gespräche

12.5.2015
Mein Schreibtisch spricht mit mir. Das ist insofern gut, als man sprechende Möbel hervorragend in Glossen wie diesen verwenden kann. Zwar führen wir keine derart tiefsinnigen Gespräche wie Axel Hacke und sein Kühlschrank, aber es ist immerhin ein Anfang. Während Hacke ganze Bücher mit diesen Gesprächen füllen kann, bin ich mit meinem Schreibtisch noch nicht einmal in direkten sprachlichen Kontakt getreten. Es ist nämlich so: Alle paar Tage finde ich morgens einen kleinen gelben Klebezettel, auf dem er mich darauf hinweist, dass er am Abend abgeräumt werden möchte. Ganz recht: Er bittet nicht, er erwartet das. Bisher hat er mir nicht verraten, warum er das tut. Aber ich vermute, dass es etwas mit Sauberkeit zu tun hat. Denn sämtliche Krümel und Kaffeeränder sind am nächsten Tag verschwunden. Im Grunde führen wir also seit Wochen dasselbe Gespräch.

Er weist per Zettel darauf hin, dass er abgeräumt werden möchte. Ich antworte, indem ich dieser Aufforderung abends folge. Das ist non-verbale Kommunikation auf höchster Ebene. Andererseits ist das sowohl einseitig als auch eine Degradierung meinerseits zum Pantoffelhelden des eigenen Schreibtisches. Also, so geht das nicht weiter. Morgen reden wir. Jede Wette, dass ich das letzte Wort haben werde.

Interview

6.3.2014
Viele Journalisten haben seltsame Marotten. Ich kenne einen, der gibt sich selbst Interviews. Das hilft ihm, sein Tun und Denken zu reflektieren, und schärft gleichzeitig seine Fähigkeiten. Außerdem, sagt er, steigert es sein Selbstwertgefühl. Denn man fühle sich wichtig, wenn man interviewt werde. Da er berufsbedingt leider immer auf der falschen Seite des Tisches sitze, müsse er eben Abhilfe schaffen. Warum also in die Ferne schweifen, wenn das Gute liegt so nah? Ich konnte das alles nicht so ganz nachvollziehen. Und über mangelndes Selbstwertgefühl kann ich eigentlich auch nicht klagen. Aber, so sind Journalisten eben, man will dann doch wissen, was dran ist an dieser oder jener Behauptung. Ich habe mich also selbst interviewt. Vor dem Spiegel. Spiegelbild: Und, Michel, alles gut? Ich: Ja, danke der Nachfrage. Mir geht's prima. Spiegelbild: Gestern hast Du im Stadtverkehr einer Frau die Vorfahrt genommen. Dabei schimpfst gerade Du oft und lautstark über unachtsame Autofahrer. Wie passt das zusammen? Ich: Äh, ja, also... Ausnahmen bestätigen die Regeln. Und war das in der vorigen Woche auch eine Ausnahme? Eisiges Schweigen meinerseits. Spiegelbild: Weißt Du, wir müssen das hier nicht ma-

chen... Ich nicke. Wir gehen unserer Wege. Mann, ich bin echt froh, dass ich normalerweise die Fragen stelle.

Der Baum

24.11.2014
Auf dem Parkplatz vor der Redaktion stand ein Baum. Ich weiß gar nicht, was für ein Baum das war, ich kenne mich mit Flora nicht aus. Einer mit Blättern halt. Ich mochte diesen Baum. Bei Wind diente er uns als Gradmesser für die Windstärke. Manchmal wetteten wir, ob er umfallen würde. Im Winter wurden seine Blätter braun, aber sie fielen nicht ab. Vielleicht war es ein Baum mit Trennungsängsten. Man weiß es nicht. Ich spreche nicht mit Bäumen. Ich umarme sie auch nicht. Das finde ich bescheuert. Jetzt ist er weg. Abgesägt. Wahrscheinlich in handliche Stücke gespalten. Er wird zu Weihnachten nicht in einem warmen Wohnzimmer stehen, denn er war, wie gesagt, kein Nadelbaum. Er wird vielleicht dafür sorgen, dass es ein anderer Baum in einem Wohnzimmer an Weihnachten schön warm hat. So ein fürsorglicher Baum. Vielleicht wurde er aber auch zu einer Spanplatte weiterverarbeitet und hat einen Job als Billy-Regal angenommen. Dann wäre es durchaus möglich, dass wir uns mal bei Ikea begegnen. Ich würde stehen bleiben und denken: Mensch, das ist doch der Baum, der früher auf dem Parkplatz vor der Redaktion stand! Hat sich ja ganz schön verändert. Aber steht ihm gut. Er könnte dann in Zukunft meine Bücher tragen, die waren in ihren früheren Leben ja auch mal Bäume. Das ist entweder pervers oder poetisch.

Roxy

18.02.2017
Ich brauche eine Sekretärin. Denn ich habe zu viele Termine. Ganz ehrlich, mir wächst das über den Kopf. Meeting hier, Besprechung da, vergessen wir nicht das Interview am Dienstagmorgen – und dann noch das ganze Privatleben. Mittwoch zum Abendessen bei den Müllers, am Freitag ins Schwimmbad, am Sonntag zu David, sein Jüngster hat Geburtstag. Ich muss noch ein Geschenk besorgen. Und den Bürgermeister zurückrufen. Sehen Sie? Liebe Damen, bitte bewerben Sie sich! Als meine künftige Sekretärin müssen Sie allerdings ein paar, ach was, sehr viele Anforderungen erfüllen. Ich habe hohe Ansprüche an eine Sekretärin. Für normale Menschen ist das unmöglich. Bewerben Sie sich also lieber nicht. Ich müsste mir eine Sekretärin erfinden. Ihr Name sei Gantenbein. Oder Roxy, das hat diesen leicht anrüchigen 80er-Jahre-Touch und kommt besonders gut, wenn man über die Gegensprechanlage Champagner ordert. Was ich nie getan habe. Aber man könnte! Wenn man eine Roxy hätte. Sie hätte Dauerwelle und würde seltsam geschnittene Kostüme mit Schulterpolstern tragen. Ich glaube, ich kaufe mir Nadelstreifenhemden und Hosenträger. Dann passen wir besser zueinander. Herr Kaufmann, denken Sie dran: 12 Uhr zum Lunch mit Gordon Gekko, die feindliche Übernahme besprechen! Danke Roxy.

Strandbüro

8.10.2016
Teppichboden ist noch immer in vielen, vielen Büros auf der ganzen Welt verbreitet – auch in unserer Redaktion.

Je älter der Teppich, desto mehr Narben. Manchmal hilft da noch nicht einmal eine reinigende Behandlung mit sehr heißem Dampf, dann muss der Teppich raus, muss ersetzt werden durch einen neuen Teppich oder, weil Büros heute viel stylischer sind als früher, mit etwas anderem. Fliesen, die wie Holzdielen aussehen zum Beispiel. Oder Holzdielen, die wie Fliesen aussehen. Oder gepresste Holzspäne, die wie Holzdielen aussehen. Oder ein Boden aus einem langlebigen, farbenfrohen Kunststoff. Ich persönlich würde Sand bevorzugen. Wir haben Fußbodenheizung, der Sand wäre also das ganze Jahr über karibisch warm. Wir könnten barfuß arbeiten und den ganzen Tag in bequemen Liegestühlen sitzen. Ich habe das für die Redaktion alles schon durchgerechnet. Ein paar Tonnen bringen das Stockwerk schon nicht zum Einsturz, wir müssten unten nur ein, zwei Stahlträger einziehen. Eine Kleinigkeit für so viel Komfort und Urlaubsfeeling. Die Aktenschränke kommen weg, da müssen Palmen hin. In die andere Ecke kommt eine Tiki-Bar, an der den ganzen Tag über im Fackelschein exotische Drinks aus Rum und Blue Curacao in totem-ähnlichen Bechern serviert werden. Schade, dass bei uns kein Krawattenzwang herrscht, die könnte man glatt durch Blumenketten ersetzen.

Teppichboden

21.11.2015
Einen Büroteppichboden kann man am ehesten mit den Händen eines Menschen vergleichen. Die Art der im Büro verrichteten Arbeiten und die Gewohnheiten der Angestellten brennen sich dort ein wie auf einer Fotoplatte. Genauso, wie man einem Menschen an dessen Händen ansieht, ob er Handwerker ist, am Schreibtisch

sitzt oder eine Spülmaschine besitzt. Wir alle hinterlassen tagtäglich unsere Fährten, um sie auszulesen braucht es keinen Jäger. Nach nur wenigen Monaten kann man am Teppichboden erkennen, wer sich ausschließlich auf dem Bürostuhl rollend durch die Gegend bewegt und wer nur halbtags arbeitet, weil der Boden an diesen Schreibtischen viel weniger abgenutzt ist. Er scheidet die Kaffeetrinker von den Teetrinkern, die Workaholics von den Teilzeitkräften und verzeiht das Malheur, draußen in einen großen Hundehaufen getreten zu sein, nur mit viel Schrubben und einer großen Menge Raumspray. Er hat es nicht leicht, wird ständig mit Füßen getreten und stets nur hastig in Nacht und Nebel gereinigt. Er schluckt klaglos das Geklacker von Highheels und das Gestampfe übergewichtiger Abteilungsleiter. Er muss das immer machen, denn er hat eine Arbeitsplatzgarantie, auf ihm baut alles auf. Wenn er Glück hat, spendiert man ihm nach zehn Jahren eine Tiefenreinigung. Die Narben des Alltags aber bleiben.

Für mich

17.3.2017
Ich habe eine Lesung von Axel Hacke besucht. Der Mann ist der Lionel Messi der kolumnistischen Welt. Seit Jahren, ach Jahrzehnten schreibt er auf höchstem Niveau, hat zudem das Kolumnistische Manifest verfasst, die Bibel des Kolumnismus. Ich glaube, sogar Martenstein ist neidisch auf ihn. Ein Mann also, dem man als kleines Licht dieser Zunft seine Aufwartung machen muss. Hacke sprach an diesem Abend auch über das Verhören, er hat mehrere Bücher darüber geschrieben. Über seltsam übersetzte Speisekarten und falsch verstandene Liedtexte. Zum Beispiel von Herbert Grönemeyer, wo jemand

„Fruchtzwerge" statt „Flugzeuge" im Bauch gehört hatte. „Der weiße Neger Wumbaba" heißt eins, „Oberst von Huhn bittet zu Tisch" ein anderes. Letzteres fehlte in meiner Bibliothek, also kaufte ich es nach der Lesung. Ich ließ es auch signieren. „Für Michel", sagte ich. Es war sehr laut im Raum. Hacke schrieb: „Für mich. Axel Hacke". Ich bemerkte es erst, als ich schon draußen war. Konnte nicht zurück. Ging mit dem Gefühl nach Hause, dass mein Idol mich für einen selbstverliebten Idioten halten musste. Schämte mich. Und er hatte noch gefragt: Das soll ich schreiben? Und ich noch gedacht: Ja, Mann, was denn sonst? Und er hatte geschrieben. Mir ist das peinlich. Kann nichts mehr essen, kann es nicht vergessen. Hab Fruchtzwerge in meinem Bauch.

Donnerstagsmichel

11.03.2016
Ich habe ein Hirn wie ein Sieb. Fragen wie „Hast Du an die Getränke gedacht?" oder „Kannst Du auf dem Heimweg Eier mitbringen?" beantworte ich grundsätzlich mit Nein. Es gibt ein Mittel dagegen. Man kann sich wichtige Dinge notieren. Blöd, wenn man die Notizzettel verlegt, aus Versehen wegwirft oder seinen Kalender nicht dabei hat. Mein guter Freund David löst dieses Problem anders. Wenn er sich selbst an einen Termin erinnern will, der in ein paar Stunden oder in ein paar Tagen ansteht, versendet er eine E-Mail. Man kann mit E-Mail-Programmen allerlei Schindluder treiben. Zum Beispiel einstellen, wann eine Mail verschickt werden soll. Die Mail kommt dann immer kurz vor dem jeweiligen Termin an, aber auch rechtzeitig, um noch reagieren zu können. Es ist idiotensicher. Ich habe das mal ausprobiert. Ich schrieb: Lieber Zukunftsmichel, ich möchte

Dich daran erinnern, dass Du heute um zehn Uhr ein Meeting hast. Mach Dich unverzüglich auf den Weg! Beste Grüße, dein Donnerstagsmichel. Heute Morgen antwortete ich: Lieber Donnerstagsmichel, nett, dass Du mich daran erinnerst. Allerdings hast Du vergessen, vor dem Versenden eine Uhrzeit einzustellen. Daher kam die E-Mail gestern schon an und nützt mir heute überhaupt nichts. Grüße, dein Siebhirn.

Krise

15.4.2017
Ich bin in einer existenziellen Krise. Herr H. schrieb mir, ich hätte mich mit diesen Texten „weitestgehend" von der eigentlichen Definition einer Glosse entfernt. Dazu sollten wir zunächst klären, was das überhaupt ist, eine Glosse. Weil an dieser Stelle nicht so viel Platz ist (ein äußeres Merkmal der Glosse), müssen wir das sehr verdichten: Die Glosse ist Kommentar, Satire, manchmal Attacke, manchmal Alltagsbeschreibung. Sie ist pointiert, oft ironisch, selten ernst und meine – zumindest hoffe ich das – soll den Leser zum Schmunzeln anregen. Ein kleiner Sonnenstrahl an einem verregneten Tag voller schlechter Nachrichten. Nun der Vorwurf einer weitestgehenden Entfernung von all diesen Dingen. Hier das nächste Problem: Was ist „weitestgehend"? Ein Superlativ, laut Wörterbuch „umfangreich in Zeit, Raum oder Bedeutung, fast vollständig". Das heißt: Meine Glossen sind fast, man könnte sagen beinahe, Tatsachenberichte, meistens harmlos und selten aus dem Alltag gegriffen – was schwierig ist, wo sie doch fast Tatsachenberichte sind, es ist eben eine dünne, dünne Linie. Zudem sind sie ausufernd, zerfasern in tausend verschiedene Gedanken, kommen zu keinem Ende und sind nicht lustig, nein,

sondern fast traurig. Das heißt, Sie als Leser müssen nur mit einem Auge darüber weinen, das andere kann ruhig ein wenig Spaß haben, aber nicht mehr. Uff. Tut mir leid, dass ich es Ihnen so schwer mache. Ehrlich.

Wer ist eigentlich David?

Als aufmerksamer Leser haben Sie sicher im letzten Kapitel bemerkt, dass ich hin und wieder über meinen guten Freund David und seine Familie – namentlich sind das seine Frau Anja und sein Sohn Max – schreibe. Wir sind offenkundig sehr gute Freunde, ich bin oft in seinem Hause zu Gast und schreibe über unsere mit höchster Schlagfertigkeit geführten Gespräche und vor allem über das, was den Max so den lieben langen Tag umtreibt. David, ganz klar, ist ein feiner Kerl und ein großartiger Familienvater, mit dessen Hilfe es ein Leichtes ist, die Zeilen des „Gemoijes" mit Kuriosem und Lustigem zu füllen. Manchmal werde ich gefragt, wie David damit umgeht, dass er so häufig Darsteller in meinen Texten ist. Naja, vielleicht ahnen Sie es schon, ich muss jetzt ein Geständnis ablegen. Den David gibt es nicht. David, das ist für mich eine Art Sparringspartner, eine Figur, mit der ich interagiere, weil die Kolumne ist wie das echte leben: Manchmal brauchst du einen zum Reden. Im Grunde kann also jeder, den ich kenne, David sein beziehungsweise zu David werden. Er muss nur etwas sagen oder tun, das ich aufschreiben oder verwenden möchte. Manchmal bin ich sogar selber David. Zum Beispiel, wenn ich ihm Dinge widerfahren lasse, die eigentlich mir selbst passiert sind, es mir aber zu peinlich ist, das vor großen Publikum preiszugeben. Ursprünglich erfand ich David, weil ich selbst noch keine Kinder habe, aber viele Freunde, die welche haben, und deren Erlebnisse es mir Wert erschienen, niedergeschrieben zu werden. Natürlich, und das gilt für 99,9 Prozent aller Kolumnen, mit einer gewissen literarischen Freiheit und dem Hang zur Übertreibung. Unabhängig davon, wer David nun von Fall zu Fall ist, habe ich (vielleicht unterbewusst) trotzdem beim Schreiben immer eine Vorstellung, wie „mein" David aussieht und in welchem Haus ich mich befinde, wenn ich ihn treffe.

Anfangs hatte David übrigens noch nicht einmal einen Namen. Aber irgendwann wurde es mir zu blöd, immer bloß von meinem „guten Freund" zu schreiben, weshalb ich ihn also auf den Namen David taufte. Schauen wir mal, was er so treibt, unser David.

Klein sein

18.11.2014
Der Sohn meines besten Freundes ist zwei Jahre alt geworden. All die vielen Menschen und Geschenke behagten ihm nicht. Das war ihm zu viel Trubel. Er saß dann später, als die meisten Leute schon gegangen waren, auf dem Fußboden und spielte mit seiner neuen Duplo-Eisenbahn. Wir bauten einen Bahnhof. Also ich baute und er guckte zu. Ich brachte ihm bei, dass der Zug am Bahnhof anhalten muss, damit die Leute ein- und aussteigen können. Er ließ dann brav den einzigen Fahrgast, ein blondes Mädchen, nach jeder Runde aus- und wieder einsteigen. Später durfte das Mädchen die Eisenbahn fahren. Stattdessen stieg der Lokführer ein und aus. Ich bin sicher, der Kleine spielt heute auch mit der Eisenbahn. Lässt in kindlicher Anarchie mal diesen, mal jenen ans Steuer. Ich hingegen fahre wie jeden Morgen in die Redaktion. Manchmal möchte ich wieder klein sein. Du brauchst dich um nichts zu kümmern. Alles hört auf dein Kommando. Und wenn dir was nicht passt, dann heulst du einfach. Aber dann denke ich an die Schattenseiten: früh ins Bett, Klamotten anziehen müssen, die man nicht mag, und das ewige Mantra: „Dafür bist du noch zu klein." Gott sei Dank bin ich schon groß. Trotzdem. Ab und zu will jeder noch mal klein sein. Weil dann eine Spielzeug-Eisenbahn ausreicht, um die Welt um dich herum zu vergessen.

Immer-Recht

14.11.2015
Ein guter Freund wünscht sich einen Hund. Er hat einen Büro-Job, fängt früh an und kommt spät heim, sitzt also

viel und möchte mehr Bewegung, mehr frische Luft, mehr Lebensqualität. Und einen Kumpel, einen echten Buddy, der all dies mitmacht und alles toll findet. Er hat sich erkundigt, dürfte das Tier sogar mit ins Büro nehmen. Die Kollegen sind begeistert, angeblich haben sie schon Schicht-Pläne fürs Gassi-Gehen erstellt. Dieser gute Freund hat drei Kinder, alle sind von der Idee – Sie ahnen es – begeistert. Allein, die Frau meines guten Freundes ist überhaupt nicht begeistert. Nun könnte man denken, dass es ein Leichtes wäre, die Mutter zu überstimmen. Ein erwachsener Mann und drei Kinder gegen Mama. Tagesordnungspunkt: Erwerb eines Hundes. Wir bitten um Handzeichen, angenommen mit vier Stimmen gegen eine – das ist Demokratie. Es ist leider kein sehr demokratisches Haus, in dem mein Freund lebt. Die Anzahl stimmberechtigter Mitglieder, berichtete er, schwanke bei familieninternen Abstimmungen sehr stark. Je nach Verhandlungspunkt habe er mehrere, oft aber gar keine Stimme. Und die Kinder? „Haben ab und zu Rederecht. Und das ist auch gut so." Seine Frau hingegen hat das beste Recht von allen, das Immer-Recht.

Ritter

11.11.2015
Der Sohn eines befreundeten Paares hat Geburtstag. Ich sprach mit der Mutter des Jungen über Geschenke. Etwas zum Anziehen, sagte sie, geht immer. Das leuchtete mir ein, Kinder neigen ja dazu, allzu schnell groß zu werden. Alternativ schlug sie zwei Bilderbücher und den „Ritter mit Sturmramme" von Playmobil vor. Kauf dem Jungen Klamotten, riet der sehr erwachsene Teil meines Gehirns. Kinderkleidung ist teuer, wird schnell dreckig und ist bald zu klein. Mag sein, schaltete sich jener Teil meines Hirns

ein, der unter anderem dafür verantwortlich ist, dass ich mich in meiner Büchersammlung nur noch mit Zettelkatalogen zurechtfinde. Aber bedenke, fuhr er fort, dass Bücher ein steter Quell des Wissens sind. Du willst doch, dass der Junge es mal zu was bringt. Ich sagte: Er bekommt den Ritter mit Sturmramme. Versetzen Sie sich doch mal in die Lage eines Kindes. Was würden Sie sagen, wenn Sie einen Pullover bekämen, wenn Sie stattdessen einen Ritter mit Belagerungsgerät und drei verschiedenen Schwertern haben könnten? Eben. Die Mutter antwortete: Das dachte ich mir schon. Darf ich davon ausgehen, dass du es vorher auf Spielzimmertauglichkeit überprüfst? Ja, sagte ich, davon könne sie ausgehen. Ich bin mir meiner Pflichten als Erwachsener durchaus bewusst.

Parkhaus

4.12.2015
Ich war zu Besuch bei meinem besten Freund. Er ist seit drei Jahren Vater, sodass Besuche immer nach demselben Schema ablaufen: Kurze Begrüßungszeremonie mit ihm, kurze Begrüßungszeremonie mit seiner Frau, Katze streicheln, vom dreijährigen Sohn in dessen Kinderzimmer entführt werden und dort bleiben, bis die Besuchszeit vorüber ist. Damit komme ich klar, weder bin ich zu alt, um stundenlang auf dem Boden zu knien, noch muss irgendwer auf mich verzichten, weil wir die Party einfach ins Kinderzimmer verlegen. Wir saßen also alle gemeinsam auf dem bunten Bauteppich des Jungen und überlegten, was zu tun sei. Ich fragte, ob die Rennautos ein Rennen austragen sollen. Nein, sagte er, die parken. Nun, sämtliche Autos waren tatsächlich sehr akkurat aufgereiht, das hatte bestimmt viel Arbeit und Zeit gekostet.

Ich fragte, was mit der Eisenbahn sei. Nein, bekam ich zu hören, die parkt. Das Müllauto? Parkt. Der Krankenwagen? Parkt auch. Der Playmobil-Drachen? Nein, schrie er, der parkt doch! Tja, da kann man nichts machen. Wir haben dann mit Duplosteinen ein Parkhaus gebaut. Es ist aber heutzutage auch wirklich schwer, in Kinderzimmern einen Parkplatz zu bekommen.

Untermieter

5.1.2016
Mein guter Freund David hat einen Untermieter. Er lebt auf dem Dachboden und unterhält einen Sommersitz unter dem Nordgiebel. Wir nennen ihn Norbert und vermuten, dass er entweder ein Waschbär oder ein Marder ist. Weil Norbert keine Miete zahlt, nachts aber gerne wie Fred Astaire über den Dachboden steppt, will David ihn unbedingt loswerden. Wir entrümpelten den Dachboden und kauften eine große Falle. Seitdem wissen wir, dass Norbert Pralinen und Speck mag, Käse jedoch nicht. Außerdem weiß er es zu vermeiden, in besagte Falle zu tappen. Weil das eine ganze Weile lang so ging, kaufte David die Pralinen nur noch im Discounter. Seitdem frisst Norbert nur noch den Speck. Ein richtiger Lebemarder. Wir sind das ganz falsch angegangen, sagte ich, wir haben aus einer zugigen Ein-Zimmer-Bude ein Luxus-Appartement mit Privat-Concierge geschaffen. Deshalb verfolgen wir jetzt eine andere Taktik. Norbert soll vertrieben werden. Mit Tönen, die der Mensch nicht hört und die der Marder nicht ausstehen kann. Woher, fragte ich, wissen wir eigentlich, dass Norbert wirklich ein Marder ist, fragte ich. „Wir wissen es nicht", sagte David, „aber die Hoffnung stirbt zuletzt".

Kunstwerk

2.8.2016
Davids jüngster Sohn Max – er wird im Winter vier Jahre alt – hat mir ein Bild gemalt. Ein Selbstbildnis. „Das bin ich", erklärte er mir stolz, „und ich trage lange Socken." Tatsächlich hatte Max sich selbst, eigentlich nur seinem Kopf, auffallend lange Beine gezeichnet, eindeutig bekleidet. Das Bild habe ich an den Kühlschrank geheftet. Jeden Morgen denke ich eine Weile darüber nach. Betrachte die Pose, die stolze Bescheidenheit, die das Gesicht ausstrahlt, die Socken und die riesengroße Signatur am oberen Bildrand. Ich finde es grandios, mit welchem Selbstbewusstsein sich der Kleine anschickt, die Kunstwelt aus den Angeln zu heben. Selbstbildnis in langen Socken. Von Max. Filzschreiber auf gelbem Recyclingpapier. 2016. Sowas dürfen nur Kinder und Meister, siehe das Selbstbildnis im Pelzrock von Albrecht Dürer oder das Kubistische Selbstbildnis Dalís. Einige Tage später änderte Max übrigens seine Meinung. Das sei nicht er mit langen Socken, das sei ein Hase. Wir haben das Bild dann einfach umgedreht. Aus Beinen in langen Socken wurden lange Ohren. Das haben weder Dalí noch Dürer gekonnt.

Der Westflügel

2.5.2016
Seit einigen Wochen lebt David nun in seinem neuen Haus. So richtig eingewöhnt hat er sich noch immer nicht. Das äußert sich beispielsweise dadurch, dass er in letzter Zeit etwas durcheinander ist, zuweilen sogar vergisst, wie groß seine Stein gewordene Altersvorsorge ist. Letzte Woche zum Beispiel gab er mir – obwohl ich das

Gemäuer nach drei Wochen andauernden intensiven Renovierungsarbeiten mittlerweile sehr gut kenne – eine kleine Hausführung. Man muss ihn da einfach machen lassen, es ist halt (zurecht) ziemlich stolz drauf. Während dieser Führung fielen Sätze wie: „Sieh an, wir haben ja einen Keller." Ja, sagte ich, da hast du vor drei Wochen noch den Boden gelegt, erinnerst du dich nicht? Er schenkte mir einen leicht amüsierten Blick und erklärte, er wolle mir nun den Westflügel zeigen, da gebe es einen tollen Swimmingpool. Abends grillten wir dann. Während David die Steaks verbrannte, fragte ich seine Frau: „Sag mal, wusstest du, dass dein Mann euren Keller verleugnet, gleichzeitig aber glaubt, das Haus hätte einen Westflügel, den man nur über eine Geheimtür hinter dem Bücherregal betreten könne?" Sie antwortete, das sei ihr nicht bewusst. Aber immerhin wisse sie nun, warum David abends in Badehose vor dem Regal stehe und wahllos Bücher herausziehe. Diese Haus-Geschichte setzt ihm ganz schön zu.

Fensterputzer

17.11.2016
Davids Jüngster hat Geburtstag. Er wünscht sich einen Polizeihubschrauber von Playmobil. Bei dieser Gelegenheit habe ich festgestellt, dass die Playmobil-Polizei hervorragend ausgestattet ist. Am Hubschrauber hängt ein großer Suchscheinwerfer, und der Kopilot hat eine automatische Waffe, die der Geräusche wegen in kindlichen Fachkreisen liebevoll „Ratter-Gewehr" genannt wird. So weit, so gut. Doch was nützt die am besten gerüstete Polizei, wenn es keine Verbrecher zu jagen gibt? Im Budget war noch Platz, also suchten wir nach einem Einbrecher. Playmobil hat eine Meerschweinchenfarm, mehrere Prin-

zessinnen und einen Fensterputzer, aber keinen Einbrecher im Angebot. Meerschweinchen kann man schlecht kriminalisieren, also der Fensterputzer. Der sah ohnehin am verwegensten aus und trug obendrein eine Sonnenbrille, außerdem ein professionelles Abseil-Equipment das durchaus zum Einbrechen taugt. Erst an der Kasse wurde mir bewusst, welch fatalen pädagogischen Fehler wir im Begriff waren zu begehen. Einen ganzen Berufsstand wollten wir kriminalisieren. Was würde das mit dem Jungen anstellen? Würde er auf immer die Hand ans Portemonnaie legen, wenn er irgendwo einen Fensterputzer zu Gesicht bekäme? Das wollten wir dann doch nicht riskieren. Wir kauften einen Feuerwehrmann. Ob der kriminell ist oder nur helfen will, das soll bitte der Junge entscheiden.

Umarmungen

1.6.2017
Neulich beim Grillen mit David: Sein Nachbar hängt die Nase über den Zaun und bietet uns Kaffee an, er habe sich eine neue Maschine gekauft. Sie wissen schon, so'n Gerät, das alles, wirklich alles kann. Es macht Kaffee auf zehn verschiedene Arten, kippt perfekten Milchschaum drüber und spült anschließend alles, auch die Auflauf-Schale mit den eingetrockneten Speiseresten in der Spüle. Wenn man so ein Gerät besitzt, dann klappt's auch mit dem Nachbarn. Wir gingen rüber und waren hin und weg. Später dann, wieder zurück bei David, brütete mein alter Freund über seiner Grillwurst. Vielleicht ist das kindisch, sagte er, aber ich bin neidisch auf diesen Typen und seine Kaffeemaschine. Warum kaufst du dir nicht auch eine, fragte ich. Hach, Kaffeemaschinen-Wettrüsten. Der Kalte Krieg des kleinen Mannes! Weber-Grills waren

gestern. Heute gewinnt, wer den besten und heißesten Cappuccino zubereitet. Deshalb heißt es ja auch „Kalter Krieg". Machst wohl Witze, sagte David, der Typ kann sich das halt leisten. Meine Kaffeemaschine sitzt oben, baut Lego und hat letzte Woche unser Ehebett vollgekotzt. Ich kippte Barbecue-Soße über meine Grillwurst. Dafür kannst du deine Kaffeemaschine umarmen, wann immer dir danach ist, und niemand guckt dich danach komisch an.

Anatomie

24.6.2017
Unsere Wohnung ist leider kein guter Ort für Kinder. Es gibt dort kein Spielzeug, obwohl zumindest mir der ein oder andere bescheinigt, manchmal ein Kindskopf zu sein. Das hat auch Davids Sohn Max jetzt wieder gemerkt, als David mit seiner Familie bei uns zum Grillen war (denn einen Grill haben wir). Max hatte all sein Spielzeug zu Hause vergessen. Das ist bemerkenswert, denn Max ist einer, der vorsorgt: Als die Familie in ein größeres Haus umzog, wollte Max einen Teil seines Spielzeugs in der alten Wohnung lassen, damit er was zum Spielen hat, wenn er mal wieder dort ist. Ist ja auch ganz egal, wer da jetzt wohnt. Jedenfalls langweilte Max sich bei uns zu Tode, während wir Erwachsenen Erwachsenenkram machten. Die Rettung brachten ein paar Bögen Druckerpapier und meine Buntstifte aus der 11. Klasse. Max malte. Wirbelstürme und etwas, das ein bisschen unanständig aussah, und Monster vor allen Dingen. Viele, viele Monster. Er malte auch uns Erwachsene und verteilte dabei die anatomischen Details so sorgfältig und salomonisch auf die einzelnen Gemälde, als ob er nicht genug davon hätte und höllisch aufpassen müsste, dass

jeder wenigstens etwas abbekommt. David bekam zwei Hände mit jeweils fünf langen Fingern. Ich hatte nur zwei unförmige Klumpen an den Armen, dafür aber zwei sehr schicke Kniescheiben. Manchmal muss man Prioritäten setzen.

Auch Menschen

22.9.2017
Diebe sind auch Menschen. Das ist eine Lektion, die Davids Sohn Max jetzt lernen musste. Wir saßen alle gemeinsam beim Abendessen und unterhielten uns über Diebe. Ich hatte wohl mit einem Prozess oder so zu tun gehabt, jedenfalls erzählte ich, dass ein Dieb dieses oder jenes vor Gericht ausgesagt hatte. Daraufhin wurde Max ganz still und fragte schließlich flüsternd, wie Kinder das so machen, wenn sie unsicher sind, seine Mutter: „Mama, können Diebe auch sprechen?" Woraufhin die Mama dem Max erklärte: „Na klar, Diebe sind Menschen wie wir." Das musste dann erst mal eine Weile sacken. Wenn man vier Jahre alt ist, dann trägt der klassische Dieb oder Einbrecher einen gestreiften Pullover, eine schwarze Augenmaske und eine Batschkappe. Außerdem ist er böse, weil er stiehlt, und er spricht nicht, es ist ja niemand da, mit dem er reden könnte. Kurz, für einen Vierjährigen hat ein Dieb aus nachvollziehbaren Gründen keine menschlichen, sondern nur einbrecherische Züge. Natürlich wird Max eines Tages lernen müssen, dass es noch viel mehr Situationen gibt, die nicht so einfach sind wie sie scheinen. Aber bis dieser Tag kommt, genießen wir alle die Tatsache, dass auf Max Spielzeugbauernhof Kühe, Giraffen und fleischfressende Dinosaurier in friedlicher Koexistenz leben. Auch wenn der klassische Einbrecher da etwas zu kurz kommt.

Etui

12.10.2017
Davids Sohn Max hat bei uns übernachtet. War alles kein Problem. Es gab Pizza mit Salami und Gummibärchen als Beilage, weil Max sich das so gewünscht hat. Wenn man keine erblich bedingte, sondern nur eine temporäre Erziehungsverantwortung hat, entspricht man solchen Wünschen mit dem Ziel, beim nächsten Kindergartenstammtisch zum strahlenden Helden verklärt zu werden. Danach gab es eine halbe Stunde Fernsehen, irgendwas mit einem Drachen und einer Kokosnuss, ich konnte da nicht folgen. Vor dem Zubettgehen las ich Max eine Geschichte vor. Max weiß, dass ich den ganzen Tag am Computer sitze und vor mich hin tippe und denkt, dass ich alle Geschichten schreibe. Zehn wunderbare Minuten lang stellte ich mir vor, es wäre so. Dann packte Max das Buch aus. Es ging um Frösche, die ihre Körperfunktionen nicht im Griff haben. Ich sagte wahrheitsgemäß, dass diese Geschichte nicht von mir sei. Dann schlief Max. Probleme gab es erst am nächsten Morgen, als David seinen Sohn abholte. Er könne nicht mitgehen, weil er das Zahnbürstenhäuschen nicht finde. Eine halbe Stunde zerbrachen wir uns die Köpfe, was das wohl sei. Na, das Ding, in dem die Zahnbürste schläft, sagte Max. Er meinte das Zahnbürsten-Etui.

Wasserloch

17.11.2017
Als Kind habe ich nie verstanden, warum es bei uns zu Hause im Badezimmer zwei Waschbecken gab. Mittlerweile weiß ich natürlich, dass dieses Arrangement ein

kleines aber sehr wirksames Puzzleteil des Gemäldes „Glückliches Leben zu zweit" darstellt. Ein Paar, das im Bad über zwei Waschbecken verfügt, bringt sich bei der Morgentoilette weniger selten gegenseitig um. Noch wirkungsvoller sind nur zwei Bäder. David beispielsweise musste sich das einzige Waschbecken des Bads mit seiner Frau teilen. Es machte ihm eigentlich nichts aus. Männer können in bestimmten Situationen sehr genügsam sein in Sachen Körperpflege. Er bekam dann aber immer Ärger mit seiner Frau, der es schon was ausmacht, ob sie mit einem ungewaschenen Affen oder einem adretten Mann unterwegs ist. Es machte ihr aber auch etwas aus, wenn David das Waschbecken blockierte, während sie es benutzen wollte. Also hatte David eine Art Lückenfüller-Technik entwickelt, die es ihm erlaubte, genau jene Momente auszunutzen, wenn seine Frau gerade nicht richtig aufpasste. Wie Tiere in der afrikanischen Savanne, die schnell zum Wasserloch huschen, während der Löwe gerade wegdöst. Über die Jahre ist ihm das zu anstrengend geworden. Er ist dann irgendwann in den Baumarkt gefahren und hat ein zweites Wasserloch gekauft.

Drittens

15.2.2018
Das Trump-Enthüllungsbuch „Fire and Fury", zu Deutsch „Feuer und Zorn", erscheint nun auch in Deutschland. Egal, wie man nun zu Trump und dem Buch steht, es ist unterhaltsame Lektüre und an vielen Stellen krasser als das, was sich die Autoren der Erfolgsserie „House of Cards" ausgedacht haben. Ein Satz aus diesem Buch ist mir besonders im Gedächtnis geblieben. Eine von Trumps Beraterinnen soll gesagt haben, der Umgang mit dem Präsidenten sei „als wolle man heraus-

finden, was ein Kind will". Mir scheint, wir halten hier möglicherweise den Schlüssel zu einem großen Mysterium in den Händen, also: Lassen Sie uns eine Mutter fragen! Davids Frau Anja ist zum Glück eine, mittlerweile sogar eine zweifache. Anja, mit dieser Frag konfrontiert, guckte mich zuerst sehr irritiert an und sagte schließlich: „Zuhören. Laut den Ratgebern." Dann lachte sie und ließ mich kopfschüttelnd stehen. Was ich daraus gelernt habe: Erstens. Mütter sind mit allen Wassern gewaschene Diplomaten. Abgebrühte Unterhändler, die zuweilen auf einem sehr schmalen Grad wandeln. Zweitens. Über Kinder muss ich noch viel mehr lernen. Drittens. Kinder an die Macht ist totaler Blödsinn. Viertens. Jede weitere Frage nach Donald Trump erübrigt sich dank drittens.

Wie Autoscooter

13.3.2018
Mein alter Freund David hatte einen kleinen Autounfall. Nichts Schlimmes, aber ärgerlich. Wenigstens war es nicht seine Schuld. Aber der Blechschaden ist gewaltig. Ich sagte, alle Autos müssten rundum mit einer Art flexiblem Schwimmreifen ausgestattet werden, der die Karosserie vor Schäden schützt. David sagte, das würde aber ziemlich bescheuert aussehen. Aber wenn es alle hätten, insistierte ich, bräuchte sich niemand darüber beschweren. Das ist wie beim Autoscooter. Da regt sich auch keiner über die schwarzen Gummi-Ringe oder die hässlichen 80er-Jahre-Neonlackierungen mit Glitzer auf. Aber wenn alle Autos solche Ringe hätten, dachte David den Gedanken weiter, würden die Menschen viel rücksichtsloser fahren. Weil dann alle ständig gegeneinander stießen und die Autos von den Ringen zurückgeworfen würden, gäbe es womöglich eine Menge Überschläge.

Machen wir halt dicke Kissen auf die Dächer, schlug ich vor. Die würden bei Regen nass und schwer, grummelte David. Ich stand auf und stampfte mit dem Fuß. Dann muss man die Oberfläche eben so machen, dass kein Wasser durchkommt, schrie ich. Das klingt nach viel Arbeit, sagte David. Und das komme der Autoindustrie doch gewiss sehr gelegen, jetzt, wo es bald vielleicht keine Diesel mehr zu bauen gäbe.

Falscher Hase

3.4.2018
Kinder und das Christkind, Kinder und der Nikolaus, Kinder und der Osterhase – alles schwierige Beziehungen, vor allem aus Sicht der Eltern. Es kommt immer irgendwann der Zeitpunkt, an dem das Kind einfach nicht mehr an das glaubt, was die Eltern bisher erzählt haben. Allerdings merken die Eltern das nicht unbedingt, oder sie wollen es nicht merken. Davids Sohn Max kommt im Sommer in die Schule. Am 6. Dezember sagt er mir, während ich einen roten Mantel und falschen Bart trage, seit er sprechen kann, ein Gedicht auf. An Ostern fegt er durch den Garten und sucht Osternester, die der Osterhase abgelegt hat. Dass er jetzt schon so langsam aus der Glaubensphase der kindlichen Dreifaltigkeit herauskommt, ist mir schon im Dezember aufgefallen, als er mir beim Aufsagen des Gedichtes frech zugezwinkert hat. Gestern aber schien alles wie immer. Max hielt sich ans Prozedere, half erst seinen Geschwistern beim Suchen und suchte dann selbst. In einer ruhigen Minute fragte ich ihn, wie er es nun halte mit dem Hasen. Ach, sagte Max unbekümmert, er wisse schon, dass es den nicht gebe und dass ich der Nikolaus sei. Beim Christkind habe er auch so seine Zweifel. Aber das müsse ja nie-

mand wissen, sagte er verschwörerisch. Das Eiersuchen mache doch Spaß. Fehlte nur, dass er mir fünf Euro gibt, damit ich die Klappe halte.

Höllisches Toupet

11.10.2018
Im Internet bin ich auf eine Seite gestoßen, die über Haarspenden informiert. Das geht – vereinfacht gesagt – so: Wer einen Zopf von mindestens 30 Zentimeter Länge beim Friseur abschneiden lässt, kann diesen spenden. Daraus und aus weiteren fünf bis acht Zöpfen wird dann eine Echthaar-Perücke gemacht, die ein an Krebs erkrankter Mensch bekommt, der keine eigenen Haare mehr hat. Eine schöne Idee, wie ich finde. Ich habe darüber auch mit meinem guten Freund David gesprochen. Der Ärmste hatte erst vor kurzem mit einem Hacker-Angriff auf seine Kreditkartendaten zu kämpfen, ich wollte ihn mit dieser netten Geschichte etwas ablenken. Aber irgendwie hat David bei der Sache Schaden genommen. Er stimme mir grundsätzlich zu, das sei eine schöne Idee, sagte er. Aber was denn wäre, wenn der Empfänger aus unerfindlichen Gründen plötzlich kriminell würde, ein Verbrechen beginge, am Tatort Haare hinterließe? Würde die Spur dann anhand der aus den Haaren gewonnen DNA zum arglosen Spender führen? Das höllische Toupet sozusagen? Eine haarige Angelegenheit. Auch wenn ich David auf diese Frage keine befriedigende Antwort geben konnte, bin ich mir doch sicher: Wenn ich so lange Haare hätte und mich von ihnen trennen wollte, würde ich dieses Risiko eingehen. Da stimmte er mir dann wieder zu.

Schlaftüte

6.6.2018
Neulich waren wir bei David und Anja zum Grillen. Während wir gemütlich beisammensaßen, war Sohn Max im Nachbarsgarten unterwegs und spielte mit Marian, dem Kind, das dort wohnt. Also, Marian wohnt nicht im Garten, sondern im Haus, das zu diesem Garten gehört. Es dauerte nicht lange, bis Max sich mit mürrischem Gesichtsausdruck seinen Weg durch die Hecke zurück zu uns bahnte. David fragte, was los sei, ob sie mal wieder gestritten hätten? Das kommt nämlich oft vor. Doch Max verneinte, es habe keinen Streit gegeben, zumindest nicht über die alltäglichen Dinge. Was denn dann los sei, fragte Anja. Max, entrüstet: „Wir haben überlegt, was wir spielen sollen, aber Marian konnte sich nicht entscheiden. Der ist so 'ne Schlaftüte!" Wahrscheinlich meinte er Trantüte oder Schlaftablette. Die Schlaftüte aber lässt mich seitdem nicht mehr los. Ein herrliches Produkt für den gestressten Erwachsenen mit Einschlafproblemen. Ich stelle mir die Schlaftüte weiß und etwa in der Größe eines Taschenbuches vor, gefertigt aus weichem Samt. Wenn man nicht einschlafen kann, öffnet man sie, schüttet ein wenig von dem darin befindlichen feinen Pulver heraus, bepudert sein Gesicht und fällt sofort in einen tiefen und erholsamen Schlaf, ganz ohne Nebenwirkungen. Gute Nacht.

Marathon

30.8.2017
Mein Kumpel David spielt mit dem Gedanken, einen Marathon zu laufen. Ausgerechnet er, der keinen Sport treibt. Die einzigen Wettbewerbe, an denen er je teil-

nahm, waren infantile Flatulenz-Olympiaden in unserer Grundschulzeit, die sogenannten Bumbesjugendspiele. Ein Marathon, entgegnet David, sei gar kein Wettbewerb – wenn überhaupt, dann stehe man im Wettbewerb mit sich selbst. Außerdem gehe es nicht darum, an einem Wettbewerb teilzunehmen. Den Marathon wolle er in erster Linie laufen, weil er sich mehr Bewegung wünsche und weil er sich selbst beweisen müsse, dass er dazu imstande sei. Warum gehst du dann nicht raus und hackst Holz, entgegnete ich. Da könntest du dir und deiner Familie beweisen, dass du imstande bist, für den Winter vorzusorgen. Und Bewegung hättest du auch. Gemein, ich weiß. Dabei habe ich gar nichts gegen Davids Wünsche. Ich halte Marathonläufe schlecht für überbewertet. Warum in aller Welt sollte ein Mensch sich das ohne guten Grund antun? Pheidippides, auf den der ganze Bohei ja zurückgeht, hatte einen guten Grund. Er war der Bote. Sein einziger Job war, die Nachricht vom Sieg zu überbringen und obwohl der Mann kein Pferd hatte, er hat geliefert. Die einzige Botschaft, die David mit einem Marathonlauf überbringen würde, wäre eine an sich selbst. Aber vielleicht braucht er das.

Ein Monster namens Alltag

Nun haben wir so viel über David, seine Familie und sein Leben gehört, dass ich es nur fair finde, wenn ich auch mal die Hosen herunterlasse. Betrachten wir also ein Monster namens Alltag, und zwar meins. Naja, Monster ist vielleicht ein klein wenig übertrieben – aber Übertreibung gehört zum Kolumnenschreiben dazu, müssen Sie wissen. Neulich schrieb ich zum Beispiel über ein sehr kaltes stilles Örtchen. Das war so kalt, dass mir dort Pinguine begegneten. Mein Alltag ist (meistens) weder ein Monster, noch ist er besonders aufregend – im folgenden Kapitel finden Sie beispielsweise gleich zwei (!) Texte über Schubladen. Aber die Kolumne ist Gott sei Dank kein Tatsachenbericht.

Übrigens. Sollte Ihr Alltag tatsächlich mal ein Monster sein, und wenn auch nur für einen Tag (sowas passiert): Mit hilft es, sich dieses Monster bildlich vorzustellen. Mein Alltagsmonster ist groß und grün und hat viele scharfe Zähne, die in ihrer Form an besonders kritische Leser erinnern, die mir böse Briefe oder E-Mails geschrieben haben. Es sieht ein bisschen aus wie ein T-Rex, und wenn es den Mund öffnet, dann regnet es. Der T-Rex kann seine Beute nur sehen, wenn sie sich bewegt, so ist es auch mit meinem Alltagsmonster. Wenn es mir also begegnet, dann suche ich mir eine gemütliche Ecke und halte still, bis es weg ist. Hat bisher immer funktioniert.

Der Wecker

2.10.2018
Mein Wecker ist eigentlich ein feiner Kerl. Sehr fleißig. Stets korrekt. Immer pünktlich. Einer, nach dem man die Uhr stellen kann. Und absolut dienstbeflissen. Nur ist mein Wecker halt auch einer, der in stillen Momenten nicht eben leise, sondern laut ist. Einer, der dabei auch langen Atem beweist, sich sogar richtiggehend in eine laute Wut hineinsteigern kann, wenn man ihm keine Beachtung schenkt. Und einer, der das auch tut. Um 6.30 Uhr geht das los. Pünktlich, wie gesagt. Erst piepst er ein Mal alle paar Sekunden, dann zwei Mal, schließlich durchgehend. Wenn man ihn nicht zur Ordnung ruft, weil man gerade eben noch sehr tief geschlafen hat und erstmal klarkommen muss. Deshalb kriegt er von mir jeden Morgen dick auf die Mütze, dann gibt er Ruhe. Aber er ist keiner, der nach dieser Züchtigung zum Vorgesetzten rennt (der sowieso ich bin) und sich beschwert. Er macht einfach weiter seinen Job. Ich beschwere mich über ihn, in seinem Beisein. Nenne ihn nervig. Meine Frau sagt: „Er tut doch nur, was Du von ihm verlangst. Er gibt sich Mühe." Auch wieder wahr. Wie das wohl sein muss, als Wecker zu leben? Du machst, was du sollst, und wirst dafür gehasst. Aber wenn du versagst, ist es auch wieder nicht recht.

Zwomstag

13.12.2013
Berufstätige kennen das Problem: Die Woche hat eindeutig zu viele Tage. Zweites Problem: Das Wochenende ist definitiv zu kurz. Da stehen fünf gegen zwei, das ist

nicht fair. Diese vermutlich arbeitgebergemachte Unausgewogenheit wird sogar noch potenziert. Denn während der Woche wird (meistens) gearbeitet. Manchmal so viel, dass kaum Zeit für irgendwas anderes bleibt (von Freizeit fange ich gar nicht erst an). Also stauen sich sämtliche Aufgaben rund um Wohnung und Haus auf und werden am Wochenende regelrecht abgearbeitet. Die Folge: wieder keine Freizeit. Für diese Probleme gibt es nur einen vernünftigen Lösungsansatz. Das Wochenende muss um einen Tag verlängert werden. An diesem zweiten Samstag könnte man all das in Angriff nehmen, was man am ersten Samstag oder während der Woche nicht geschafft hat. Die Wochenendplanung würde einfacher und es bliebe mehr Freizeit. Der zusätzliche Tag wäre sozusagen wie der Sonntag, mit dem Unterschied, dass der echte Sonntag noch bevorstünde. Ich nenne diesen zusätzlichen Samstag Zwomstag, weil er zwischen Samstag und Sonntag liegt, und wünsche allen ein schönes Wochenende. Noch schöner wäre es, wenn übermorgen Zwomstag wäre.

Pulverfässer

6.2.2017
Es gibt dieses Sprichwort: Daheim sterben die meisten Leute. Es stimmt. Es sind nicht Flugzeugabstürze oder Terror, die uns Angst machen sollten. Auch nicht Autounfälle – obwohl die Gefahr eines tödlichen Unfalls tausendfach höher ist, als Opfer eines Flugzeugabsturzes oder Terroranschlags zu werden. Nein, wir sollten uns lieber vor dem eigenen Zuhause fürchten. Fast 10.000 Menschen kamen 2015 bei Unfällen in den eigenen (oder gemieteten) vier Wänden ums Leben. Zum Vergleich: Im Straßenverkehr gab es 2015 in Deutschland 3500 Tote,

bei Terroranschlägen keine. Zuhause, das ist die Hölle. Ich kenne einige Leute, die neuerdings Angst haben, Opfer eines Anschlags zu werden. Statt Nierenspieß und Glühwein auf dem Weihnachtsmarkt gab es bei diesen Leuten in der Vorweihnachtszeit Feuerzangenbowle und Fondue daheim. Feuer! Kochendes Fett! Und überhaupt: Man kann ja nirgendwo mehr hinfahren, sagen sie. Wenn die wüssten! Stattdessen verbringen sie ihre Urlaube daheim. Auf dem Balkon. Wo man abstürzen kann. Am Pool im Garten. In dem man ertrinken kann. Kein Wunder, dass halb Deutschland Schlafprobleme hat. Wir schlafen ja auf Pulverfässern.

Marder

16.10.2014
Ein Kollege hatte einen Marderschaden. Daraufhin haben wir uns ausgetauscht, wie man das in Zukunft vermeiden kann. Ich riet, den Marder zu erschießen. Er habe keine Lust, sagte mein Kollege, sich die Nächte auf dem Parkplatz um die Ohren zu schlagen. Vor allem nicht jetzt, es sei nachts schon ganz schön kalt. Darüber hinaus besitze er kein Gewehr und sei überhaupt gar nicht dafür, ein armes wehrloses Tier zu töten. Ein Tierfreund wie ich musste diesen Einwand unbedingt gelten lassen. Wir verwarfen also diese Idee. Währenddessen stellte ich mir vor, wie sein gebeuteltes Auto jammernd von hinten reinruft, es könne sich ja auch nicht wehren, und es müsse auch mal jemand an ihn, also es denken. Sein Nachbar, sagte mein Kollege, halte die Marder fern, indem er drei Besen unter sein Auto lege. Das leuchtet ein. Ich selbst verabscheue Hausarbeit auch. Mit einem Besen kannst du mich jagen. Wenn ich als Heranwachsender die Straße kehren sollte, habe ich mich tot gestellt. Warum aber gerade drei

Besen? Vielleicht will der Nachbar vorsorgen, falls der Marder ein paar Marderfreunde mitbringt. Und sollten sich die drei doch einmal nicht abschrecken lassen, so wäre hinterher wenigstens der Parkplatz ordentlich gefegt.

Voodoo

15.9.2018
Neulich fiel mir beim Aufräumen ein Kinderbuch in die Hände. Das Gruselhandbuch – früher eines meiner absoluten Lieblingsbücher. Es enthält – kindgerecht – jede Menge Informationen zu Gruselgestalten wie Vampiren, Werwölfen, Geistern und Zombies. Mit dem Wissen dieses Buches habe ich als Kind ganze Schreibblöcke per Füller mit Geschichten gefüllt. Ich setzte mich hin, vergaß das Chaos, blätterte und blieb im Kapitel über Zombies hängen, beim Abschnitt über Voodoo. Dort ging es insbesondere um Voodoo-Puppen. Bei diesem Brauch werden Puppen lebenden Menschen nachempfunden. Zum Beispiel, indem man ein Foto von ihnen aufs Gesicht klebt oder, indem man gewisse Dinge vom Körper wie Haare oder Schuppen in die Puppe einarbeitet. Dann muss die Puppe verzaubert werden, von einer Voodoo-Priesterin. Danach soll man der nachempfunden Person Schmerzen bereiten können, indem man die Puppe physisch schlecht behandelt. Man kann Extremitäten umdrehen oder Nadeln reinstecken. Da wurde mir mit einem Mal klar, wie alt ich geworden bin: Ich wollte so eine Puppe. Von mir selbst. Und dann würde ich der Puppe die Schultern massieren. Jeden Tag. Morgens und abends. Und manchmal zwischendurch.

Dreifachleben

6.9.2018
In einer Folge der Simpsons fiel mal der Satz: Die Werbung ist ein wunderlich Terrain. Wie wahr. Am liebsten mag ich die Werbung im Vorabendprogramm der Öffentlich-Rechtlichen. Da gibt es ein beigefarbenes Sofa, auf dem Jan und Monika aus Mainz Platz nehmen – die Namen der beiden erfährt man übrigens nur, wenn man den Spot googelt. Jan leidet an einem gereizten Darm und hat jetzt etwas entdeckt, was ihm hilft, ein Leben ohne Blähungen zu führen. Davon ist er sichtlich begeistert. Monika auch. So weit, so gut. Der Spot suggeriert: Da ist dieses Paar, das in der Nähe wohnt; zwei ganz normale Leute, die Darmprobleme haben. Doch Jan und Monika hüten ein dunkles Geheimnis. Sie führen ein Doppelleben. Denn den Werbespot gibt es auch in Italien. Auch dort nehmen Jan und Monika aus Mainz Platz. Sie heißen aber Daniele und Teresa und kommen angeblich aus Genua. Man denkt: Ausgerechnet diese beiden netten, durchschnittlichen Leute! Stille Wasser sind tief! Aber es geht weiter. Ab nach Frankreich. Sie dürfen raten: Jan/Daniele und Monika/Teresa heißen dort Jean und Valérie, ein Dreifachleben. Wahrscheinlich sind die beiden auch gar keine „normalen Leute", sondern Agenten. Was bleibt: Egal, wie viele Identitäten du hast, ein gereizter Darm bleibt ein gereizter Darm.

Auf dem Postamt

4.5.2018
Das alltägliche Grauen beginnt mit einem wenige Quadratzentimeter großen, bunt bedruckten Stück Papier:

Ich musste einen Brief verschicken, hatte aber keine Marken mehr. Dieser Umstand führte mich zunächst zu der Frage, wo die nächste Post ist. So was ändert sich ja andauernd, seit es so gut wie gar keine richtigen Postämter mehr gibt. Zufällig führte mein Weg mich an diesem Tag in die Kreisstadt, sodass tatsächlich eine „richtige" Post in der Nähe war, die ich auch aufsuchte. Zwei Schalter waren geöffnet, für die Post ist das so ungefähr das Höchste der Gefühle. Aber weil die Filiale in Friedberg eben auch eine Postbank ist, warten dort immer viele Menschen. Also an den Automaten, es ging ja bloß um eine einzige Marke. Begrüßt wurde ich dort von mehreren Hinweisen. „Kartenzahlung derzeit leider nicht möglich", „Quittungsausgabe derzeit leider nicht möglich", „Automat gibt kein Rückgeld". Fehlte nur, dass er mir Prügel androht, falls es ihm zu lange dauert. Ich wählte eine 70-Cent-Marke für einen Standardbrief, in der Hoffnung, mein Brief möge dem Standard genügen, und versuchte, einen Fünfziger und einen Zwanziger einzuwerfen. Nur so viel: Der Automat hat was gegen 20-Cent-Stücke. Ich warf es drei Mal ein, dann wurde mein Auftrag automatisch gelöscht. Ich bin dann ins Auto gestiegen und habe den Brief persönlich eingeworfen.

Fernsehgarten

4.8.2015
Was finden die Leute am Fernsehgarten? Man sitzt vor der Glotze und guckt zu, wie andere Leute „Kiwi" zugucken, die einem Koch, Gärtner oder Heimwerker zuguckt, der etwas kocht, gräbt oder werkt. Damit man nicht dauernd irgendwem zugucken muss, singen zwischendurch ein paar Schlagergrößen. Wobei, eigentlich bewegen die ja nur ihre Lippen zur Playback-Musik. Man

guckt also schon wieder, obwohl man eigentlich hören sollte, und gleichzeitig hört man ja, also im Sinne von „gehorchen", indem man brav immer weiterguckt. Mit all dem meine ich nicht, dass ich den Fernsehgarten verabscheue. Ich verstehe ihn nur einfach nicht. Es ist Sonntagmorgen und im besten Fall scheint die Sonne. Der Tag ist voller Möglichkeiten und anstatt etwas zu unternehmen, lässt man sich zeigen, was man unternehmen könnte? Vielleicht gucken ja viele Menschen den Fernsehgarten, weil sie selbst gerne gärtnern, heimwerken, kochen oder zu Playback singen. Und vielleicht wünschen sich diese Menschen, dass man auch ihnen einmal zusehen möge. Weil sie etwas gut können. Und so lange gucken sie eben selbst.

Lebensziel

21.1.2016
Da saß also dieser Typ vor mir und wollte wissen, wie mein Lebensplan aussieht. Er: zu enger Anzug, billige Krawatte, teure Armbanduhr und die Haare wie geleckt. Ich: War mal so vorbeigeschlendert, in Jeans und Kapuzenpulli. Er wolle mit 50 in Rente gehen, sagte er und es war klar, dass ich ihm dabei helfen sollte. Geh mal hin, hatte mein Kumpel David gesagt, lass dich beraten, es kostet nichts. Ja, ich ging und David war den Typen endlich los. Ich druckste so ein bisschen rum, nur um zu sehen, was wohl passieren möge. Er faselte von Riester, Rürup und Berufsunfähigkeit. Verstehen Sie mich nicht falsch, Vorsorge ist gut – und zur Sicherheit klopfe ich drei Mal auf Holz, während ich diese Zeilen schreibe –, aber ich arbeite ja am Schreibtisch. Da müssten mir schon die Hände abfallen, bis irgendeine Versicherung Geld rausrücken würde. Scheinbar dämmerte ihm, dass

bei mir nichts zu holen war. Aber ich wollte das Lackäffchen noch ein bisschen tanzen lassen. Also erfand ich ein neues Lebensziel. Ich sagte: Mit 50 will ich in Rente gehen. Er guckte blöd. Das sei doch sein Ziel. Na also, sagte ich, dann wissen Sie ja Bescheid, bitte unterschreiben Sie hier. Ich hielt ihm seine Formulare hin. Das Treffen war für keinen von uns ein Schritt in Richtung Lebensziel.

Grüner Daumen

25.4.2014
Innerhalb von zwei Wochen musste ich von einer jungen Kokospalme und einem Rosmarinbäumchen Abschied nehmen. Beide haben ihre letzte Ruhestätte unromantisch, aber zweckmäßig in der Komposttonne hinter dem Haus gefunden. Das Rosmarinbäumchen, davon bin ich überzeugt, hat alle Kraft darauf verwendet, möglichst schnell zu vertrocknen. Es fühlte sich bei mir trotz liebevoller Zuwendung nicht wohl und wollte mir eins auswischen. Das ist sein Pech. Jetzt sieht es, wer am längeren Hebel sitzt. Die Kokospalme habe ich wohl ertränkt. Ich bekenne mich in diesem Falle schuldig im Sinne der Anklage. Ich habe keinen grünen Daumen und hoffe, dass sich das strafmildernd auswirkt. Ich wusste nicht, dass man für Kokospalmen einen braucht. Ein Ficus Benjamina und ein Efeu erfreuen sich in meiner Obhut nämlich bester Gesundheit. Die haben noch nie nach meinem grünen Daumen gefragt. Um ehrlich zu sein, die haben überhaupt noch nie was gesagt. Das ist mir bei Pflanzen aber auch lieber. Beide habe ich mir übrigens selbst gekauft. Sowohl Rosmarin als auch Palme waren Geschenke. Ich sehe das so: Man muss wissen, was man sich zutrauen kann. Palmen sind einfach nicht meine Kragen-

weite. Damit kann ich ganz gut leben. Und Rosmarin macht sich am besten in der Küche.

Hygiene-Leichen

4.6.2016
Man findet sie in allen öffentlichen Duschen. In Schwimmbädern, Fitness-Studios und Wellness-Oasen: die Leichen der Körperhygiene. Es ist mir ein Rätsel, wieso der Mensch (genau genommen kann ich an dieser Stelle nur für die Männer sprechen) dazu neigt, seine leeren Shampoo- und Duschgelflaschen einfach in der Dusche stehen oder liegen zu lassen. Manchmal geköpft, in einem martialischen Akt, um an den letzten Rest des wohlriechenden Inhaltes zu gelangen. Dabei stehen doch an jeder Ecke Abfalleimer. Es wäre keine Anstrengung, die leere Flasche nach dem Duschen zu entsorgen. Schließlich wurde der Inhalt über Wochen, vielleicht über Monate oder Jahre großflächig auf dem Körper verteilt, die Hülle ist aus Plastik und wiegt nur ein paar Gramm. Außerdem hat man die Abfalleimer so aufgestellt, dass man auf dem Weg von der Dusche zu den Umkleidekabinen daran vorbeiflaniert. Wie gesagt, für Frauen kann ich nicht sprechen, da fehlen mir die Erfahrungswerte, aber vielleicht hat es bei uns Männern was mit Evolution zu tun. So wie der Urzeitmensch vor Millionen Jahren mühsam Kokosnüsse knackte, um an das süße Kokoswasser zu kommen, so knackt er heute seine Shampooflaschen. Er quetscht sie aus, bis nichts mehr übrig ist, und lässt die Hülle einfach liegen. Als Zeichen seiner Stärke. Seht her! Ich habe mich sauber gemacht!

Witwenmacher

6.1.2018
In meiner Waschmaschine verschwinden regelmäßig Socken. In der Sockenschublade flüstern sie ihren Namen nur. Witwenmacher heißt sie, wobei das Geschlecht bei Socken keine Rolle spielt; sie haben keins. Ich habe in einer Ecke der Schublade mittlerweile einen richtigen Club der einsamen Herzen. Ich weiß nicht, was all die einsamen Socken in meiner Abwesenheit so treiben, aber wie in jeder halbwegs anständigen Bar findet auch dort ab und zu wieder ein Paar zusammen. Oft, weil es schnell gehen muss – bei mir, nicht bei den Socken. Es reicht dann in der Regel nur für einen One-Day-Stand. Am Ende stellt sich aber immer heraus, dass es auf Dauer nicht funktionieren wird, die beiden zu verschieden sind. Streifen und Punkte, rot und grün – das passt einfach nicht zusammen. Vielleicht liegt es auch daran, dass die beiden, einmal gemeinsam der Dunkelheit der Sockenschublade entrissen, den Tag sogleich getrennt voneinander in verschiedenen Schuhen verbringen. Wie soll auch Zweisamkeit entstehen, wenn man in verschiedenen Zimmern untergebracht ist? Bei passenden Socken ist das ja anders. Die kennen einander von Geburt an, sind eingespielte Teams und können das ab, den anderen den ganzen Tag über nicht zu sehen. Wenn nur diese blöde Waschmaschine nicht wäre.

Socken

3.3.2017
Wir haben einen neuen Kleiderschrank. Ein riesiges Ungetüm voller Schubladen, Kleiderstangen und Ablagefä-

cher – ohne all das Zeug wäre da drin jede Menge Platz zum Autofahren. Ja, es gibt Leute, die wohnen auf der Fläche, die wir zum Aufbewahren von Kleidung nutzen. Ich jedenfalls habe mir erst einmal eine Karte gezeichnet, damit ich mich dort zurechtfinde. Die Hosen sind unten in der Mitte, die T-Shirts rechts vorne, die Pullover darüber, die Unterhemden praktischerweise direkt daneben und so weiter, Vorsicht an der Kante, da geht's ganz tief runter. Doch trotz eines so unbescheidenen Raumangebots, man könnte auch sagen, trotz dieses Raumwunders, das sonst nur ein moderner Kombi bietet, passt nicht alles rein. Meine Socken mussten ins Exil. Die liegen ab sofort in der Kommode. Dazu nur so viel: An mir – beziehungsweise an meinen Klamotten – liegt das nicht. Ich habe damit übrigens keine Probleme. Im Gegenteil, es ist mir egal, wo meine Socken wohnen. Aber wie bringt man denen das bei? Zum Glück sind Socken ganz ähnlich gestrickt wie Menschen. Was wollt ihr lieber, sagte ich also, ganz weit oben im Plattenbau bei den langweiligen Hemden wohnen, oder doch eher draußen in der kleinen Kommode, in direkter Nachbarschaft zu den hippen Sportklamotten, die auch keinen Platz im Schrank gefunden haben? So einfach war das.

Klamottenstuhl

27.4.2016
Er steht in fast jedem deutschen Schlafzimmer, manchmal auch in begehbaren Kleiderschränken (falls vorhanden). Er drängt sich nicht in den Vordergrund, niemals. Aber er ist immer bereit, er bewahrt immer Haltung. Wie ein stummer Diener: der Klamottenstuhl. Er ist Ablageplatz für alles, was schon einmal getragen, aber noch nicht schmutzig genug ist, um schon gewaschen zu wer-

den. Er hält geduldig und knitterfrei alle Teile fest, die die Dame des Hauses bei der Auswahl der Abendgarderobe ausgeschlossen hat. Er ist der Einwechselspieler des Esszimmer-Ensembles, wenn alle Sitzplätze schon belegt sind und spät am Abend noch ein weiterer Gast eintrifft. Der beste Joker seit André Schürrle. Gekauft, um zu dienen. Eine Stütze der Gesellschaft. Nahezu unsichtbar, gut versteckt in unseren Schlafzimmern. Ehrlich, wenn Sie keinen Klamottenstuhl haben, dann sind sie entweder verrückt, sehr gut organisiert oder der nackte Jörg aus Eschersheim (der zu meinen Uni-Zeiten ganz ohne Klamotten durch Frankfurt spazierte). Kaum einer hat mehr Entscheidungsgewalt darüber, wie wir aus dem Haus gehen. Beim Klamottenstuhl müssen wir keine Türen öffnen, keine Teile herausnehmen. Wir müssen ihn nicht fragen oder vor die Wahl stellen. Wir sehen sofort, woran wir sind. Bequem, oder? Das haben Stühle nun mal so an sich. Darum sind sie die besseren Kleiderschränke.

Schublade

20.10.2015
Es gibt viele Erfindung, die die Menschheit vorangebracht haben. Die Schublade ist eine davon. Das liegt zum einen an der Art ihrer Funktion (Stauraum schaffen) und deren universeller Einsatzmöglichkeit. Denn in einer modernen Wohnung, in der es Pizza-Schneider, Apfel-Entkerner und Eier-Köpfer gibt, ist Stauraum ein kostbares Gut – sowohl in der Küche als auch im Wohn- oder Badezimmer. Zum anderen ist die Schublade dermaßen symbolisch aufgeladen, dass sie die Menschheit einfach voranbringen musste. Während die schnöde Schranktür den hinter ihr gelagerten Inhalt lediglich freigibt, indem man sie öffnet, gleitet die Schublade sanft aus

dem Schrank (oder dem Schreibtisch) heraus. Dem Benutzer entgegen, immer voran. Mehr Symbolik geht nicht. Die Schublade hat darüber hinaus vielen weiteren Erfindungen den Boden bereitet. Zum Beispiel dem Blitz-Aufräumen. Schublade auf, Unordnung rein, Schublade zu, fertig – jetzt sogar mit Soft-Close. Das ist noch so eine Erfindung, die uns vorangebracht hat.

Schubladen II

26.4.2016
Wohl dem, der gut hört. Mit „hören" meine ich nicht „gehorchen", sondern tatsächlich das Hörvermögen. Meins baut nämlich offenbar ab. Ich traf neulich in Friedberg eine Freundin. Wir setzten uns in ein volles, sehr lautes Café und plauderten. Sie hatte eingekauft. Klamotten. Sie berichtete, dass in ihrem Kleiderschrank eigentlich kein Platz sei und in ihren Schubladen eine große Unordnung herrsche. Erste-Welt-Probleme, über denen ihr Latte Macchiato kalt wurde. Dann sagte sie: Ich müsste in meinen Schubladen dringend mal Ordnung machen. Ich aber verstand: Ich müsste mit meinen Schubladen dringend mal in Urlaub fahren. Das Missverständnis klärte sich gleich auf, aber der Gedanke war da. Wie wäre das wohl, mit seinen Schubladen Urlaub zu machen? Nun, die Hotels der Ibis-Kette böten sich für so etwas an, in deren Zimmern gibt's nämlich keine Schubladen. Es wäre natürlich die Frage zu klären, ob Schubladen in Museen Eintritt zahlen müssen und ob sie überhaupt an Sightseeing interessiert wären. Fragen müsste man sie wohl. Eine Sightseeingtour pauschal abzulehnen, bloß weil es sich um Schubladen handelt, das wäre Schubladen-Denken. Vielleicht hielten sie im Urlaub ja endlich einmal Ordnung. Man kennt das ja, unterwegs

verhält man sich immer ein bisschen anders. Aber das Beste am Reisen mit Schubladen wäre: Man müsste nie mehr Koffer packen.

Staubsauger

14.1.2016
Es gibt zwei Fraktionen von Staubsauger-Nutzern. Die einen schwören auf den guten alten Beutel, die anderen sehen in der Nutzung kleiner Wirbelstürme Vorteile. Was auch immer Sie bevorzugen, Staubsaugen muss jeder. Und zwar regelmäßig. Wie fast alles, was man regelmäßig tun muss, kann Staubsaugen lästig werden, zumindest wird es mit der Zeit langweilig. Es ist ja nicht so, dass man jede Woche eine andere Wohnung oder ein anderes Haus saugt, was wenigstens für ein bisschen Abwechslung sorgen würde. Aber es gibt auch Menschen, die gerne Staubsaugen. Manch einer behauptet sogar, es habe eine Art therapeutische Wirkung. Das stetige Rauschen, gleichbleibende, monotone Bewegungen, die anschließende Freude über einen sauberen Boden und die Befriedigung, weil man etwas sichtbares geleistet hat – das klingt ein bisschen nach Zen und Meditation. Nach Ruhe und Ausgeglichenheit. Auch anderen eintönigen Hausarbeiten wird eine solche therapeutische Wirkung zugeschrieben. Bügeln zum Beispiel. Ich hasse Bügeln. Da greife ich lieber zum Sauger. Und wissen Sie, was das Beste am Staubsaugen ist? Das Geräusch eines großen Krümels, der gerade das Rohr hochrauscht. Sie finden, ich übertreibe? Staubsaugen Sie doch mal wieder.

Staubschwert

16.10.2016
In meiner Wohnung gibt es eine Ecke, die kann man nicht putzen. Das sogenannte Bermuda-Staub-Eck. Es ist sehr eng dort, die Dachschräge, das kleine Fenster und der Heizkörper verhindern, dass ich sie sauber mache. Ich habe mich bemüht, wirklich, habe mich verrenkt und verschiedene Utensilien ausprobiert und hatte keinen Erfolg. Ich erklärte dem Staub-Eck den Krieg und sah mich in einschlägigen Geschäften um. Wer dem Staub den Kampf ansagt, der braucht eine Waffe. Ich entschied mich für das Staubschwert. Das Staubschwert sieht aus wie ein breiter Crêpe-Wender, den man mit einem flauschigen, neongrünen Wischtuch überzogen hat. Mutig zog ich in den Kampf, das Bermuda-Staub-Eck ist seitdem Geschichte. Ich kann Ihnen sagen, da wurde eine Menge Staub aufgewirbelt. Wie der Name schon sagt, kann man mit dem Staubschwert nicht nur Staub bekämpfen, sondern sich auch hervorragend duellieren. Vorsorglich habe ich daher zwei gekauft. Das nächste Duell ist oft nur eine kleine Beleidigung entfernt. Und wenn es daran geht, die Waffe zu wählen, werde ich wieder zum Staubschwert greifen.

Müsste

10.1.2015
Ich müsste bügeln. Ich mache das nicht gerne, aber es ist dringend. Mein Kleiderschrank ist fast leer. Vorher aber müsste ich erstmal waschen. Die Waschmaschine steht im Keller. Ich müsste die dreckige Wäsche hinunter, dann die saubere herauf bringen und aufhängen. Dann warten,

bis sie einigermaßen trocken ist. Nur, um bügeln zu können. In der Redaktion gab es neulich einen ähnlichen Fall. Der Papierhandtuchspender auf der Herrentoilette war leer. Ich sagte: Da ist kein Papier, ich müsste mir aber mal die Hände waschen. Als Antwort bekam ich: Da müsstest du mal welches holen. Das Papierhandtuchlager befindet sich ein Stockwerk tiefer. Ich wusch mir die Hände. Sie blieben dann eine ganze Weile nass. Meine Tastatur hat es überlebt. Man gewöhnt sich an alles. Ich überlegte, ob ich vielleicht am Abend waschen sollte. Ich könnte dann bügeln. Müsste aber nicht. Man kann auch verknitterte Klamotten anziehen. Man gewöhnt sich an alles. Ich ging Papierhandtücher holen. Ich wusch nochmals meine Hände. Nicht weil ich musste, sondern weil ich wollte. Dann trocknete ich sie ab. Schließlich hatte ich die Handtücher ja dafür besorgt. Heute Abend werde ich waschen. Und dann werde ich bügeln. Nicht weil ich müsste, sondern weil ich's kann.

Das Laken

26.7.2013
Ein Hoch auf das Laken. Seit Tagen, oder besser Nächten, ist es mir ein guter Begleiter auf der Reise ins Land der Träume. Im Gegensatz zur Bettdecke, die mich regelmäßig um den Schlaf brachte. Ich weiß, ich weiß, Äußerlichkeiten sind nicht alles. Und ich bin auf keinen Fall ein Unterstützer des grassierenden Magerwahns. Aber, liebe Bettdecke, es tut mir leid, du bist einfach zu dick. Du bist raus. Zumindest im Moment. Wenn die Temperaturen wieder fallen, ja, dann möchte ich mich gerne auf deine inneren Werte besinnen: Flauschigkeit und die Gabe, Wärme zu spenden. Aber im Moment hat das Laken einfach zu viele Vorteile. Außerdem fühlt es sich an wie Ur-

laub. Wer die Ferien schon mal am Mittelmeer verbracht hat, weiß: Dort wird im Sommer nur mit Laken geschlafen. Wer Laken statt Bettdecke benutzt, nimmt aber auch gewisse Gefahren in Kauf. Nach einer – im wahrsten Sinne – allzu verträumten Nacht kann es passieren, dass man sich ganz und gar darin eingewickelt hat. Das wiederum könnte dazu führen, dass man morgens von seinen Mitmenschen für ein Gespenst gehalten wird. Ach ja, falls sie Schlafwandler sind: Schneiden sie vorsichtshalber zwei Löcher rein. Dann sind im Falle des Falles Spaß und Horror garantiert.

Zelt

10.2.2015
Abends vor dem Fernseher: Die Lieblingsserie läuft, die Arbeit ist getan und den Abwasch erledigt die Spülmaschine. Wenn Paare es sich abends vor dem Fernseher gemütlich machen, darf der Kolter nicht fehlen. Vor allem Männer werden dabei immer wieder Opfer einer gewissen Unausgewogenheit. Der Kolter wärmt Frau oder Freundin und maximal noch die eigenen Füße. Zum Glück gibt es Decken in Übergröße. Ich selbst besitze keine und muss an kalten Winterabenden auch schon mal mit den Zähnen klappern. Ein befreundetes Pärchen hat sich im vergangenen Jahr aber so eine Decke gekauft. Riesig ist untertrieben. Wenn die beiden campen gehen, nehmen sie nur noch diese Decke und einen langen Stock mit. Im Sommer campierten sie an einem See. Er machte den Fehler, eine Öllampe gegen Mücken aufzuhängen. Den ganzen Abend über kamen Leute und fragten, wann die Vorstellung beginne. Jetzt überlegen die beiden, ob sie ein zehnköpfiges Orchester und ein paar chinesische Jongleure anheuern und mit der Decke und dem Stock

auf Tour gehen sollen. Ich hatte ja auch darüber nachgedacht, ob ich so eine große Decke anschaffen soll. Aber bevor ich mir einen Wanderzirkus ans Bein binde, friere ich lieber.

Öl-Unfall

11.6.2015
Es gibt diese Tage, an denen … nein, ich kann wirklich nicht schreiben, was das Leben an diesen Tagen mit uns macht. Jedenfalls war gestern so ein Tag. Ich habe morgens den Müll rausgebracht (mache ich sonst natürlich nie) und dann festgestellt, dass der Beutel gerissen war. Ganz unten schwamm irgendetwas Öliges herum, vielleicht Reste von den Antipasti, ich weiß es nicht. Dieses Öl verteilte sich nicht nur auf dem Fußboden, sondern hatte auch den Mülleimer derart akribisch eingeölt, dass man ihn für einen billigen Striptease-Tänzer halten konnte. Ich hatte also zwei Möglichkeiten. Entweder besorgte ich meinem Mülleimer schnell eine schwarze Fliege und einen String und ließe ihn bei Junggesellinnenabschieden auftreten, oder ich machte ihn sauber. Ich überlegte, ob ich die Feuerwehr anrufen sollte, schließlich kennen die sich mit Öl-Unfällen aus. Stattdessen testete ich die Saugkraft meiner Küchenrollen-Marke. Jetzt weiß ich, dass eine Rolle vermutlich einen See austrinken könnte, wenn man sie ließe. Aber natürlich ließ sich das Öl-Problem nur durch Aufsaugen nicht in den Griff bekommen, sodass ich meinen Mülleimer auch noch baden musste. In Anbetracht der Tatsache, dass er sonst alles kommentarlos schluckt, hat er das irgendwie verdient, finde ich.

Mut

25.10.2017
Neulich war ich auf einer Vernissage. Eine junge Künstlerin, die ich zufällig kenne, stellt zum ersten Mal ihre Werke aus. Es sind Selbstporträts. Alles Akte, also viel nackte Haut aus Öl auf Leinwand an nackten Wänden. Es kamen ziemlich viele Leute, die junge Künstlerin ist sehr gefragt. Es wurde warm, all die vielen kunstinteressierten Menschen und die vielen nackten Leiber an den nackten Wänden, über die viele interessante Gespräche geführt wurden – da wird es halt warm und stickig. In dem Raum gab es nur ein einziges Fenster. Daran war ein handgeschriebenes Schildchen befestigt, das nicht zur Ausstellung gehörte. „Fenster defekt. Bitte nicht benutzen." Kugelschreiber auf Recyclingpapier. Der eigentliche Zweck eines Fensters ist ja, dass es tagsüber Licht in einen Raum fallen lässt, dass man von drinnen nach draußen schauen kann. Beides war ohne Probleme möglich. Ich benutzte dieses Fenster also, obwohl es per Zettel strikt verboten war. Lehnte mich auf gegen das Establishment. Wurde selbst zum Künstler. Aber darum ging es ja nicht. Wir alle brauchten Luft. Kunst erfordert Mut. Nur mutige Menschen malen sich selbst nackt und zeigen das dann auch noch. Ich traute mich nicht, das Fenster zu öffnen. Bin wohl doch kein Künstler.

Führerschein

10.3.2014
Man kann neuerdings für fast alles einen Führerschein machen. Kinder und Jugendliche erwerben Führerscheine fürs Babysitten, fürs Lesen und neuerdings sogar fürs

Geschwister-Sein. Bislang gab einem der Führerschein das Recht, schweres, in der Regel motorisiertes, Gerät zu bewegen. In diese Kategorie fallen zum Beispiel Autos, Lastwagen und Traktoren. Betriebserlaubnisse für alles, was darüber hinausgeht, für Containerschiffe zu Beispiel, heißen anders. Man nennt sie Patent oder Lizenz. Steuern kann man all diese Geräte auch ohne Patent, Lizenz oder Führerschein. Es ist bloß aus gesellschaftlichen Gründen nicht erlaubt. Ich frage mich nun, ob Tätigkeiten wie Babysitten, Lesen oder Geschwister-Sein ohne den Besitz eines passenden Führerscheins ab sofort illegal sind. Wer zum Beispiel Geschwister hat, könnte für sein Abdriften in die Illegalität überhaupt nichts. Stellen Sie sich mal vor, sie würden plötzlich – ohne eine Lizenz zu besitzen – auf die Brücke eines fahrenden Containerschiffs gebeamt. Sie könnten nichts dafür, aber der Küstenwache wäre das wohl egal. Ich stünde vor einem ganz anderen Problem. Leseführerscheine kann man nur bis zu einem gewissen Alter machen, dem ich längst enteilt bin. Schon ein flüchtiger Blick auf die Werbetafel gegenüber der Haltestelle würde mich so zum Kleinkriminellen machen.

Erwachsenwerden

31.1.2014
Als ich noch jünger war (und das ist noch gar nicht so lange her), fragte ich mich oft, wie es sich wohl anfühlt, wenn man erwachsen ist. Ich malte mir aus, wie erwachsen ich mich fühlen würde, wenn ich in mein erstes Auto steige. Als der Tag kam, fühlte ich mich eher wie ein Kind, das gerade ein unerwartet großes Geburtstagsgeschenk bekommt. Also malte ich mir aus, wie erwachsen ich mich in meiner ersten Wohnung fühlen würde. Als alles eingerichtet war, war ich nur noch fix und fertig und

konnte keinen Gedanken fassen als: ab ins Bett, ab ins Bett, ab ins Bett. Das Gefühl, erwachsen zu sein, stellte sich dann eher unerwartet ein. Als ich zum ersten Mal in meinem Leben eine Versicherung abschloss. Sowas würden Kinder nie tun. Geld für etwas ausgeben, das sie vielleicht (und hoffentlich) nie in Anspruch nehmen. Außerdem dürfen Kinder gar keine Versicherung abschließen. Das hat was mit Mündigkeit zu tun. Mit erwachsen sein hatte ich also unbewusst mündig sein verbunden. Ehrlich gesagt, war es keine große Sache. Denn man unterschreibt bloß einen Zettel. Seitdem warte ich nicht mehr darauf, dass sich dieses Gefühl wieder einstellt. Stattdessen freue ich mich, wenn das innere Kind zum Vorschein kommt. Das sollte man sich auf jeden Fall bewahren.

Blackout

26.1.2016
Neulich hat mich jemand gefragt, wie alt ich sei. Da ich zum einen ein Mann und zum anderen noch relativ jung bin, fasse ich so etwas nicht als Affront auf. Ich gebe höflich Auskunft. Doch geschah das Undenkbare: Wie ein Schüler, der unverhofft an die Tafel geholt wird, fiel ich in ein schwarzes Loch, in geistige Umnachtung. Ich stolperte direkt in die Arme der brüllenden Blödheit, die mich gerne unter ihre Fittiche nahm. Ich hatte tatsächlich vergessen, wie alt ich war. Man hätte mich nach dem Datum der Unterzeichnung des Versailler Vertrags fragen können (28. Juni 1919), nach einer Definition von Primzahlen (natürliche Zahl, größer als eins, nur durch sich selbst und eins teilbar), ja sogar nach Primzahlen selbst (2,3,5,7 und so weiter). Aber mein Alter war mir glatt entfallen. Das ist peinlich, weil schon kleine Kinder sehr

genau wissen, wie alt sie sind. Zugegeben, bei denen ist die Situation überschaubarer. Man kann das Ergebnis im wahrsten Sinne an einer Hand abzählen, dennoch begann ich zu schwitzen. Ich tat, was alle tun, die an der Tafel stehen und keine Ahnung haben. Ich riet. Mein Gegenüber schien zufrieden, anscheinend hatte ich gut geschätzt. Ich begann, mir selbst zu glauben. Erst am Abend stellte ich fest, dass ich um zwei Jahre danebenlag.

Heiko

16.10.2017
Am Samstag war ich auf der Geburtstagsfeier eines eher entfernten Bekannten, entsprechend kannte ich dort kaum jemanden. Allerdings lernte ich recht früh am Abend Heiko kennen – so wie alle anderen Gäste dieses bunt zusammengewürfelten Haufens auch. Heiko, seines Zeichens seit 15 Jahren der beste Freund dieses Bekannten, ist groß und laut. Heiko geht auf Menschen zu, auf alle. Ihn bloß als extrovertiert zu beschreiben, ist bei Weitem nicht ausreichend. Er ist von Natur aus lustig, kennt eine Menge Anekdoten und hat die Gabe, auch über sich selbst herzlich lachen zu können. Heiko ist dieser Typ Mensch, der jedem sympathisch ist. Der nicht weiß, welche Knöpfe man bei wem drücken muss, sondern es einfach intuitiv tut. Heiko ist einer, den man zum Freund haben will. Mit Heiko hätte ich nach einem schnellen Bier und einem Kurzen sofort jede Bank ausgeraubt, Pferde gestohlen, neue Anekdoten produziert. Ach Heiko, weißte noch, damals...? An diesem Abend wurde mir klar, dass es bei einer gelungenen Feier nicht auf das Essen oder die Getränke oder die Musik ankommt. Es ist sogar völlig egal, wie die Gesellschaft zusammengesetzt ist. Hauptsache, man hat einen Heiko.

Homo inurbanus

14.8.2013
Neulich war ich im Zoo. Neben den Gorillas und einem kleinen Tigermädchen hat mich eine Spezies besonders nachhaltig beeindruckt: der unhöfliche Mensch, Homo inurbanus. Homo inurbanus ist eng mit Homo sapiens verwandt, steht in der Evolutionslinie allerdings über diesem. Denn Homo inurbanus weiß sich durchzusetzen. Im Zoo waren hauptsächlich Familienverbände anzutreffen, an denen man das ausgeprägte Sozialverhalten dieser Spezies hervorragend beobachten konnte. Homo inurbanus ist zunächst einmal ziemlich laut. Das liegt an der immerwährenden dissonanten Kommunikation mit sämtlichen Artgenossen und der ständigen Pöbelei gegenüber Homo sapiens. Außerdem führen Familienverbände von Homo inurbanus grundsätzlich klobige Transportfahrzeuge für ihren Nachwuchs mit sich. Mit diesen hoch technisierten Geräten geht Homo inurbanus äußerst rücksichtslos vor. Es wird gedrängelt und gerammt. Bei der Beobachtung wurden meine Füße des Öfteren überrollt, weil Homo inurbanus aus unerfindlichen Gründen frei durch den Zoo streifen darf. Auch bei der Futtersuche ist der unhöfliche Mensch dem Homo sapiens überlegen. Er stellt sich einfach an der richtigen Seite der Schlange an. Vorne. Spätestens dann wird der Zoobesuch zum Abenteuerurlaub.

Pause

4.6.2014
Die meisten von uns sind Masochisten. Sie arbeiten viel und machen zu selten Pause. Eine Umfrage der Gewerk-

schaft Verdi kommt zu diesem Ergebnis. Es gibt verschiedene Gründe, warum wir zu selten Pausen einlegen. Unter anderem gaben viele Arbeitnehmer an, ganz einfach zu viel zu tun zu haben, um sich den Luxus des Nichtstuns leisten zu können. Mit der Pause verbinden viele Arbeitnehmer (und Arbeitgeber) aber auch Faulheit und fehlende Belastbarkeit. Die Pause hat also vorwiegend ein schlechtes Image. Warum hängt immer alles am Image? Justin Bieber hat zum Beispiel eins. Also ein schlechtes. Es führte dazu, dass über 270 000 Amerikaner sich dafür aussprachen, ihn nach Kanada abzuschieben. Justin Bieber wird dieses schlechte Image nicht mehr los. Ich finde das gar nicht schlimm, denn er ist mittlerweile alt genug, um sein Tun reflektieren zu können. Er hat sich das selbst eingebrockt. Er muss damit leben. Die Pause hingegen kann nichts für ihr schlechtes Image. Es war eines Tages einfach da. So wie der Gangnam-Style. Dabei hat die Pause alles getan, um gerade nicht in ein schlechtes Licht zu geraten. Sie hat mit Roy Black, Coca Cola und mit Milka zusammengearbeitet. Hat gezeigt, dass sie nicht nur gesund ist, sondern auch Spaß macht. Wer kann das schon von sich behaupten? Nein, es liegt nicht am schlechten Image, es liegt an uns. Also macht mal Pause.

Baumärkte

10.3.2015
Warum gehen Männer so gerne in Baumärkte? Das klingt nach einer einfachen Frage, die in Wahrheit hochgradig philosophisch ist. So könnte man annehmen, dass Männer gerne in Baumärkte gehen, weil sie handwerkliches Geschick zeigen. Zur Bewältigung handwerklicher Probleme braucht man Werkzeug und Material, beides gibt

es im Baumarkt. Das ist ein Trugschluss. Ich gehe auch nicht gerne zum Zahnarzt, obwohl der mir dabei hilft, ein schmerzliches Problem zu lösen. Schon der Ansatz ist falsch. Denn ich kenne auch Frauen, die gerne in Baumärkte gehen. Warum ist das so? Baumärkte sind Oasen. Dort gibt es alles. Holz, Toilettendeckel, Panzerschränke, Werkzeug, Haustiere und Schnitzelbrötchen. Das Baumarkt-Personal könnte einen Mikro-Staat ausrufen und mehrere Monate bis zur Ausarbeitung einer eigenen Verfassung problemlos überbrücken. Dank der Palmen in der Gartenabteilung und der tropischen Fische in der Zoo-Abteilung wird es sich ein wenig anfühlen, wie auf einer einsamen Insel. Dabei überfordert uns der Baumarkt nicht mit seinen Reizen, denn er ist logisch aufgebaut und übersichtlich, wie nur wenige Dinge im Leben. Baumärkte sind Auszeiten vom Alltag. Sobald man ihn verlässt, eine neue Säge im Gepäck, kehren all die unliebsamen Aufgaben zurück. Und Geld hat man auch noch ausgegeben.

Bleiklötzchen

28.4.2016
Ich schaue nicht mehr viel fern. Keine Zeit und so, Sie kennen das vielleicht. Anfang dieser Woche machte ich eine Ausnahme. Ich war früh zu Hause, hatte eingekauft, die Wäsche gemacht – es war alles erledigt. Also habe ich den Kühlschrank um ein kühles Bier erleichtert und mich auf dem Sofa eingerichtet, es lief ja Champions League. Leider war das Spiel so langweilig (ich hoffe, Sie haben sich das nicht angetan) und ich so müde, dass ich gerade so die erste Halbzeit geschafft habe. Ich sank von Minute zu Minute tiefer in die Kissen und spürte regelrecht, wie mir die Gesichtszüge entglitten. Ab der 44. Minute fühlte

es sich so an, als hingen in meinem Gesicht Hunderte kleine Bleiklötzchen, die mir die Haut nach unten ziehen; besonders schwere müssen es an den Wimpern gewesen sein. Man könnte das nun leicht auf dieses miserable Spiel schieben, aber vor ein paar Wochen ist mir das schon einmal passiert. Ich war bei Freunden zu Besuch, wir hatten uns lange nicht gesehen, es war ein lustiger Abend. Bis mein Gesicht von einem auf den anderen Moment voller kleiner Bleiklötzchen hing, die meine Haut, meine Lider so schwer und meinen Geist so müde machten. Gerne wäre ich noch etwas länger geblieben, wenn nur diese müde machenden Bleiklötzchen nicht gewesen wären.

Finanzamt

2.5.2014
Heute geht es um das Finanzamt. Keiner mag es. Viele Menschen unterstellen ihm negative Eigenschaften wie Raffgier und Herzlosigkeit. Es ist außerdem der Inbegriff der Humorlosigkeit. Da steht es auf derselben Stufe wie, sagen wir mal, ein Mathelehrer. Beide arbeiten mit Zahlen. Der Schluss liegt also nahe, dass die Humorlosigkeit im Umgang mit Zahlen begründet liegt. Zahlen haben keinen Humor. Deshalb spricht man, wenn man etwas emotionslos auf Fakten beschränken möchte oft von „nackten Zahlen". Sie sind völlig frei von irgendwelchen Gefühlen. Und außerdem grundehrlich. Wer schon einmal mit Differentialgleichungen zu tun hatte, wird bestätigen, dass dem nicht so ist. Zahlen sind weder ehrlich noch frei von Emotionen. Warum sonst habe ich früher wohl immer das Mathe-Buch frustriert gegen die Wand geworfen? Das Finanzamt wird meiner Meinung nach allerdings zu Unrecht der Humorlosigkeit bezichtigt. In

deutschen Finanzämtern müssen Heerscharen humorbegabter Menschen arbeiten, die darüber hinaus in der Lage sind, ihre Arbeit mit einer gewissen ironischen Distanz zu betrachten. Wie sonst war es möglich, dass das Finanzamt seine eigene Steuersoftware ELSTER nannte? Wenn das nicht der Gipfel der Selbstironie ist, dann weiß ich auch nicht.

Schimmelpilze

10.5.2016
Manche Leute sind wie Schimmelpilze. Ich meine das jetzt gar nicht böse, nicht als Beleidigung, sondern als Tatsache. Es geht mir darum, wie sich manche Menschen verhalten: Sie breiten sich unkontrolliert aus und nehmen alles in Beschlag. Wie Schimmel eben. Wenn der etwas befällt, sagen wir ein Brot, dann setzt er sich in einer warmen, geschützten Stelle fest und durchzieht das Brot mit seinen unsichtbaren Fäden. Irgendwann hat er sich das gesamte Brot einverleibt und ganz grau-grün und flauschig gemacht. Wenn man ihn lässt. Ein guter Freund besitzt ein großes Haus mit mehreren Wohnungen. In einer wohnt er selbst, den Rest hat er vermietet. Den Mietern stellt er im Keller kleine Abteile für deren Gerümpel zur Verfügung. Die einen halten sich daran, das sind die unschimmeligen. Aber einer Familie ist das zu wenig Platz. Sie besitzen eigentlich auch zu viele Dinge, um zur Miete zu wohnen. Guten Glaubens hat dieser Freund diesen Leuten erlaubt, einen Teil seiner eigenen Kellerräume zu nutzen. Nun raten Sie mal. Ganz harmlos fing es an. In einer netten, warmen Ecke stand eines Abends eine alte Stehlampe. So weit, so gut, der Esel hatte es den Leuten ja erlaubt. Mittlerweile hat die Familie seinen privaten Kellerraum mit ihrem Tand nicht überwuchert,

sondern (wie Schimmel) regelrecht durchdrungen. Fehlt nur noch, dass sie da Bilder aufhängen. Manche Leute sind halt wie Schimmelpilze.

Beipackzettel

18.11.2016
Ich war in der Apotheke, um Medizin zu kaufen – Schnupfen und so. Während meine Nase nun langsam wieder zum Atmen und Riechen taugte, dachte ich darüber nach, warum sich Beipackzettel nie, nie, nie akkurat zusammenfalten lassen. Ich weiß, wie man aus einem quadratischen Stück Papier einen Kranich faltet. Ich weiß nicht, wie man ein tischdeckengroßes dünn bedrucktes Papier so faltet, dass es problemlos in eine Medikamentenschachtel passt. Kein Wunder! Denn das Beipackzettel-Falten ist eine uralte chinesische Tradition, die im feudalen Japan als Spielart des klassischen Origami, der Kunst des Papierfaltens, zu ihrer heutigen Größe gelangte. Der Beipackzettel heißt auf Japanisch Nôgaki (was sich übrigens auch mit „Eigenlob" übersetzen lässt, aber das nur am Rande), die Kunst des Beipackzettelfaltens nennt man somit Orinôgaki. Jedes Pharma-Unternehmen, das etwas auf sich hält, beschäftigt professionelle Beipackzettel-Falter, sogenannte Orinôgakijin, während die Generika-Produzenten beim Falten auf Maschinen zurückgreifen. Wer das Original kauft, erhält also ein Nasenspray, mit dem Besten aus der Gruppe der Alpha-Sympathomimetika und doppelt bedrucktem Beipackzettel, natürlich handgefaltet. Das ist übrigens der alleinige Grund, warum Generika, also Nachahmerpräparate, günstiger sind als ihr Original. Handarbeit kostet halt.

Warten

3.7.2014

Diese elende Warterei. Wir warten auf den Bus, auf den Zug oder auf die Rente. Auf den Kellner, auf einen Anruf oder auf eine gute Idee. Wir warten, dass endlich ein Tor fällt, das dem Spiel eine andere Wendung gibt. Wir warten auf den Weltfrieden, auf ein Heilmittel gegen Aids und auf den Atomausstieg. Frauen warten darauf, dass ihre Männer endlich mal von sich aus all die dringend notwendigen Handgriffe im Haus erledigen. Sei es der tropfende Wasserhahn oder die kaputte Schranktür. Männer warten darauf, dass ihre Frauen endlich aus der Umkleidekabine kommen. Sei es auch bepackt mit Kleidern, die sie höchstens einmal tragen werden. Kinder warten aufs Christkind. Hunde warten aufs Gassi gehen. Mechaniker warten Autos. Wärter werden sogar fürs Warten bezahlt. Der Torwart wartet im Tor, bis er Bälle abwehren kann. Auch er wird fürs Warten bezahlt, auch wenn er das Tor nicht wartet. Das macht schon der Platzwart. Der mäht übrigens auch den Rasen. Wir hingegen warten, bis Gras über die Sache gewachsen ist. Warten sie mal kurz. Ich denke, das war jetzt genug der Warterei. Und wenn Sie jetzt noch einen Ausflugstipp fürs Wochenende brauchen: Wie wär's denn mit einem Ausflug auf die Wartburg? Den Witz mit dem gleichnamigen Auto erspare ich Ihnen.

Warten II

12.8.2017

Als Kind wartet man andauernd. Auf Weihnachten, auf den Geburtstag, dass es hell wird, damit man endlich aufstehen kann. Jugendliche sind schon viel ungeduldiger. Sie warten nicht, sie fordern. Gewartet wird erst, wenn das nicht klappt. Und auch dann nur widerwillig. Alle Jugendlichen bereiten sich so unbewusst auf die kommenden Wartesituationen als Erwachsene vor. Erwachsene warten noch weniger, weil ihnen aus irgendeinem Grund die Zeit davonläuft. Und wenn, dann auf ganz profane Dinge. Den Bus, den Arzt, den Rückruf, um den man so dringend gebeten hatte. Als Erwachsener zu warten, das ist, als ob man auf einer kleinen, hässlichen Insel festsitzt. Es gibt dort nichts zu tun, aber wenn man sich darauf einlässt, muss es dort nicht unbedingt unangenehm sein. Weil die Zeit beim Warten endlich mal wieder eine Rolle spielt, anstatt vor uns davonzulaufen. Aber das erwachsene Warten ist eine aussterbende Tätigkeit. Statt uns hin und wieder alleine auf die Insel zurückzuziehen – einen der wenigen Orte übrigens, wo uns nichts ablenkt, wo man mal richtig die Gedanken schweifen lassen kann –, nehmen wir unser Smartphone mit. Das ist leider ein echter Quälgeist, der die Zeit nicht nur in die Flucht schlägt, sondern sie regelrecht auffrisst. So betrügen wir uns mit dem Handy um die einzigen Momente des Tages, die wirklich lange sind.

Stockholm

10.11.2014
Ich bin immer noch erkältet. Wenn das so weitergeht, schreibe ich vielleicht einen ganzen Zyklus darüber. Ich kann einfach an nichts anderes mehr denken. Diese blöde Erkältung nimmt mich in Geiselhaft und verwandelt mich in einen rotzenden, hustenden Zombie, der mit glasigen Augen durch die Welt tapert und die Seuche unters Volk bringt. Sie begleitet mich auf Schritt und Tritt. Am

schlimmsten ist es, wenn ich esse. Weil ich nicht durch die Nase atmen kann, muss ich beim Essen die Luft anhalten. Da wird jeder Bissen zu einer Apnoe-Herausforderung. Aber je länger mich die Erkältung begleitet, umso mehr gewöhne ich mich auch an sie. Wahrscheinlich leide ich am Stockholm-Syndrom. Ich baue ein positives emotionales Verhältnis zu ihr auf. Deshalb habe ich auch aufgehört, dauernd etwas gegen sie zu unternehmen. Kein Aspirin, kein Nasenspray, keine heiße Zitrone. Das scheint ihr gar nicht zu gefallen. Seit Tagen schon zieht sie sich immer mehr zurück. Sie wirkt schwach, irgendwie krank. Wir kommunizieren nicht mehr miteinander. Früher hat sie mir wenigstens hin und wieder was gehustet. Und ich frage mich: Ist meine Erkältung sauer auf mich? Vernachlässige ich sie zu sehr? Wenn ich nicht aufpasse, verdrückt sie sich vielleicht morgen, noch bevor ich wach bin.

Vibrationen

27.2.2015
Ich war bei einer Lesung. Kaum hatte der Autor angefangen, vibrierte irgendwo hinter mir ein Handy. Die Veranstalter setzen uns Journalisten für gewöhnlich in die erste Reihe, sodass ich den Besitzer des schuldigen Telefons nicht ausmachen konnte. Ich bin mir lediglich sicher, dass es weder meins noch das des lesenden Autors war. Ob Konzert, Lesung oder sonstige Veranstaltung, bei der man bitteschön still sein soll: Immer vibriert irgendwo ein Handy. Nicht, dass wir uns missverstehen: Wir haben uns schon weiterentwickelt. Ich wurde bei Konzerten auch schon mit Beethovens Fünfter polyphon von der Seite bedient, obwohl die gar nicht im Programm stand. Diese Zeiten sind vorbei. Heute vibrieren Hand-,

Jacken- oder Hosentaschen. Mittlerweile kann ich sogar unterscheiden, in welcher Art von Tasche sich das störende Telefon befindet. In diesem Fall war es ein Woll-Sakko. Viel mehr treibt mich aber eine andere Frage um. Wer sind die Leute, die anrufen? Vielleicht gibt es eine Art Callcenter, dessen Mitarbeiterinnen jeden Tag wahllos Leute anrufen, die Konzertkarten gekauft und dabei ihre Daten hinterlassen haben. Nach dem Motto: Herr Müller ist heute in der Zauberflöte, also gehen wir ihm mal auf die Nerven. Das Problem ließe sich im Übrigen leicht bereinigen. Telefone kann man nämlich tatsächlich abschalten.

Verwählt

14.5.2014
Ich habe eine neue Festnetz-Nummer. Genaugenommen sind es drei. Ich konnte mich nicht dagegen wehren. Wenn man einen neuen Vertrag abschließt, bekommt man drei Nummern, völlig egal, ob man ein, zwei oder acht Telefone hat. Ich brauche mich nicht zu entscheiden, welche Nummer ich benutzen möchte, ich kann auf allen dreien angerufen werden. Sie sind recht lang, die Fehlerquote beim Wählen entsprechend hoch. Nun rufen mich dauernd irgendwelche Leute an, die ich nicht kenne, und sprechen mir auf den Anrufbeantworter. Tom hat mich zu seinem Geburtstag eingeladen, der ist am 25. Mai. Ich soll Tina schön grüßen, sagt er, lässt allerdings offen, ob sie auch eingeladen ist. Eva hat vorgeschlagen, zu viert eine Fahrradtour zu machen. Ich bin gespannt, wer die anderen beiden sind und wo es hingeht. Und von den Chinesen fange ich lieber gar nicht erst an. Die verstehe ich nämlich nicht. Dafür sind sie umso hartnäckiger. Sie rufen mindestens einmal pro Woche an und ha-

ben immer eine Menge zu erzählen. Ich frage mich, ob manche Leute aus Versehen auch mal Prominente anrufen. Angela Merkel zum Beispiel. Was soll man denn machen, wenn man plötzlich die Kanzlerin an der Strippe hat, obwohl man den besten Freund zum Geburtstag einladen wollte? Am besten cool bleiben und Angie auch einladen. Bin gespannt, ob sie kommt.

Preise

16.11.2015
Preise haben es in unserer Welt nicht einfach. Es gab eine Zeit, da waren sie heiß, aber das ist lange her. Harry Wijnvoord hat seitdem stark abgenommen, ein paar Tage im Dschungel verbracht und verkauft heute Urlaubsreisen (und Sie können das auch). Dabei kann man nicht sagen, dass die Preise im Niedergang wären, im Gegenteil, irgendwie wird ja ständig alles teurer. Deshalb versuchen Händler wie Käufer, die Preise klein zu halten. Das ist gar nicht so einfach, es gibt nämlich Preise, die sind ganz schön unverschämt. Wenn sie dann doch einmal so richtig zur Entfaltung kommen, zum Beispiel auf der Windschutzscheibe eines fabrikneuen Sechszylinders, dann schimpfen wir erst recht. Ein Möbelhaus wirbt mit dem Slogan „Wir schlagen jeden Preis". In welcher Welt leben wir denn? Eine Welt, in der Preise geschlagen werden – und zwar von anderen Preisen! Man nennt das Preis-Kannibalismus. Wir unternehmen nichts dagegen, denn wir profitieren ja davon. Vor einigen Jahren brachte eine Supermarktkette ihre Preise (nur die kleinen) sogar dazu, Werbung für sie machen. Ich mache da nicht länger mit. Vor kurzem brauchte ich eine neue Waschmaschine. Der Preis war ziemlich unverschämt. Da habe ich ihn einfach mal gedrückt.

Würfel

29.10.2015
Auf dem Ortenberger Kalten Markt wird ja allerhand interessantes Zeug angeboten. Da war zum Beispiel dieser Typ mit der Küchenhilfe, die Obst und Gemüse in Sekunden in kleine Würfel zerteilt. Der Verkäufer wurde nicht müde, die angeblichen Vorteile seines Geräts zu betonen – und natürlich führte er unablässig vor, wie das funktioniert. Was soll ich sagen: Aleae iactae sunt – die Würfel sind gefallen, und wie. (Haarspalter und Latein-Kenner werden mir jetzt vorwerfen, dass „iactae" genau genommen „geworfen" heißt. Für Sie: Aleae ceciderunt). Entsprechend türmten sich an seinem Stand Zwiebeln, Karotten, Gurken und jede Menge Obst in Würfelform. Er sammelte sie – man verzeihe mir das Wortspiel – bunt zusammengewürfelt in einer großen Schüssel. Ich frage mich, was dieser Mann mit dem ganzen Gemüse wohl macht, wäre es doch eine ziemliche Verschwendung, wenn er das alles wegwerfen würde. Wahrscheinlich kocht er jeden Abend in seinem Wohnwagen eine sehr große Gemüsesuppe. Wahrscheinlich ernährt er damit die halbe Schaustellerschar. Und wahrscheinlich gibt es zum Nachtisch Obstsalat.

Weltspartag

29.10.2016
Auf dem Weg zum Bäcker komme ich an einer Bank-Filiale vorbei. Gestern Morgen war das der Grund, warum ich es gar nicht zum Bäcker geschafft habe. Denn an der Eingangstür zur Bank klebte ein Schild, auf dem ich las: Heute ab 14 Uhr Kuchen! Die 14 war mit dickem Filzstift

durchgestrichen und durch eine zehn ersetzt worden. Alles an diesem Schild schrie mir die Botschaft „Ich bin verzweifelt!" zu. Die Tür war offen, von innen wehte der Duft von frischem Kaffee nach draußen auf die Straße. Fehlte nur noch ein junger Auszubildender im schlecht sitzenden Anzug und in riesigen Schuhen, der vorgab Online-Depots zu verschenken. Der moderne Bankkunde der Post-Finanzkrisen-Ära wird stutzig, wenn die Bank kostenlos etwas anbietet. Es wundert einen ja heutzutage schon, wenn der Eintritt in die Filiale frei ist. Aber kostenloser Kuchen am Morgen ist doch zu verlockend. Ich trat also kostenlos näher, jederzeit bereit, die mir dargebotenen unterschriftfertigen Formulare für Bausparverträge mit einem Handstreich beiseite zu wischen. Es gab tatsächlich Kuchen, dazu Kaffee, und alles umsonst. Denn gestern war Weltspartag. In Zeiten von Nullzinsen muss man wohl andere Anreize schaffen.

Coupons

14.6.2016
Ein gewisses Möbelhaus schickt mir regelmäßig großformatige Rabatt-Aktionen. Es nutzt die Gunst der Stunde, um mir dann gleich auch für meine langjährige Treue zu danken. Allein, ich war nie in dem Möbelhaus. Ich stand mal auf dem Parkplatz. Eine Verwechslung. Ich war bloß falsch abgebogen. Realistisch betrachtet ist all das wohl nichts weiter als eine bizarre Werbe-Aktion, bei der die für wenig Geld bei Dritten eingekauften Kundendaten eingesetzt werden. Manchmal jedoch stelle ich mir vor, dass dieses Möbelhaus einen wirklich treuen Kunden hat, der mir vielleicht ähnlich sieht oder einen ähnlichen Namen trägt. Seit Jahren, vielleicht seit Jahrzehnten kauft er dort ein. Mit dem Badezimmer hat es 1995 angefangen,

eine Küche, ein Wohnzimmer und diverse Teppiche sind seither dazugekommen. Geld muss er haben, dieser Kunde, sonst könnte er nicht dauernd im Möbelhaus kaufen. Und ein Faible für die 90er Jahre, denn die haben in Möbelhäusern nie aufgehört. Und wenn ich dann den nächsten scheinheiligen Coupon aus dem Briefkasten hole stelle ich mir vor, wie dieser treue Kunde zu Hause auf seinem im Möbelhaus gekauften Ledersofa sitzt und leise in den Berberteppich weint. Weil all die schönen Rabatte, die eigentlich ihm zustehen, so ein undankbares Würstchen wie ich in Aussicht gestellt bekommt.

Quengelware

2.10.2013
Gestern musste ich mal wieder an der Supermarktkasse warten. Ich wollte bloß Zahnpasta und Duschgel kaufen. Das Ehepaar vor mir hingegen wollte offenbar ein ganzes Regiment bekochen und anschließend in sämtlichen Haushalten von Nidda Staub putzen und durchwischen. Wahrscheinlich mussten sie für die Rechnung eine Hypothek aufnehmen. Kurz: Es dauerte etwas länger. Ich hatte genug Zeit, mir die Quengelware genau anzusehen. Quengelware besteht zu 95 Prozent aus Schokolade. Der Rest sind Kaugummi, Gummibärchen, Bonbons. Quengelware heißt so, weil hauptsächlich Kinder, die mit ihren Eltern einkaufen sind, davor stehen und etwas haben wollen. Und das tun sie meist lautstark kund. Ich unterschied mich in diesem Moment nur in einem Punkt von jenen Kindern. Ich musste nicht quengeln, hatte ja niemanden, den ich hätte ansprechen können. Aber je länger ich wartete, desto stärker wurde der Wunsch, etwas davon zu nehmen, und aufs Band zu legen. Ich quengelte quasi innerlich. Während ich das Für und Wider abwog,

bezahlte das Ehepaar vor mir. Nun kam noch Zeitdruck hinzu. Sie zahlten mit Karte, ich entspannte mich etwas. Die Kassiererin händigte den Zettel aus. Mir standen Schweißperlen auf der Stirn. Ich habe einen Schokoriegel genommen. Lecker.

Schichtzulage

8.2.2016
Egal, mit wem ich mich unterhalte: Alle klagen über ein Mehr an Arbeit. Viele Überstunden, Wochenend-Arbeit und Schichtbetrieb – alles ganz normal heute, ich kenne kaum jemanden, der nicht davon betroffen ist. In meinem Ort gibt es jetzt eine Kneipe, die ist täglich 23 Stunden lang geöffnet. Nun müssen dort also auch die Berufstrinker nach dreizügigen Schichtplänen arbeiten. Der Einzige, der da noch Frohsinn versprüht, ist der Spielautomat in der Ecke, selbst der Wirt hat die Schnauze voll. Obwohl die Vertragsmodalitäten im Trinkergewerbe frei ausgehandelt werden (einer mag Bier, der andere lieber Wein), bekommen sie für ihren Dienst eine Zulage in Höhe eines Gedecks pro Schicht. Wobei im neuen Tarifvertrag eindeutig geregelt ist, dass der Schnaps klar sein und mindestens 40 Volumenprozent Alkohol haben muss. Das finde ich im Grunde löblich, allerdings zementiert das den Graben zwischen Berufstrinkern und Hobby-Alkoholikern endgültig. Keiner, der nur gelegentlich trinkt, kann da noch mithalten. Von den gesundheitlichen Spätfolgen will ich gar nicht erst anfangen. Das ist eben so, wenn man einen Risiko-Beruf ausübt. Aber es ist ja überall das Gleiche mit der Arbeit.

Coladose

11.6.2016
Als ich zur Schule ging, waren die schlechten Zeiten lange vorbei. Den Satz „Wir hatten nix" hörte ich höchstens mal, wenn Oma oder Opa Geburtstag feierten und viele Leute da waren, denen das damals so ging. Ich erinnere mich, dass bei uns zu Hause nicht bloß einer, sondern wenigstens drei Fußbälle, mehrere Super-Tele und zig andere Ball-Varianten bis zum Football-Ei herumlagen. Es mangelte mir und meinen Freunden also an nichts. Auf dem Schulhof kickten wir jedoch stets mit zerdrückten Coladosen, bis das nächste Paar Schuhe ruiniert war. Das ist für immer in mein Gehirn eingebrannt: Die Schienbeine von unzähligen abstehenden und scharfen Alu-Graten zerschnitten, die Schuhsohle aufgeritzt, versuche ich, die Dose zu behaupten, zum Abschluss zu kommen, während drei halbstarke Jungs mich gegen den Jägerzaun drücken und wie Berserker gegen das platt gedrückte Spielgerät treten. Warum taten wir uns das an, wo wir mühelos mit vier, fünf, zehn Fußbällen gleichzeitig hätten spielen können? Vielleicht, weil keiner von uns damals regelmäßig Cola trinken durfte, schon gar nicht aus der Dose. Der tägliche Coladosen-Kick auf dem Schulhof war kein Spiel, sondern ein Ritual. Eine Art der Auflehnung, der es eigentlich nicht bedurfte, weil wir alle Freiheiten genossen. Es war Fußball in Reinkultur.

Beton

6.1.2017
Kurz vor Jahresende war ich mal wieder Gast bei einer Hochzeit. Heutzutage ist es üblich, dass die Gäste solcher

Veranstaltungen etwas bekommen, ein sogenanntes Giveaway, das sie über die Feier hinaus an den Tag erinnert. Das können Bonbons, lustige Fotos oder ein Schnäpschen zum Mitnehmen sein – übrigens eine sehr schöne Idee, wie ich finde. In diesem Fall gab es für die Gäste kleine Pflänzchen, die das Paar behutsam in ebenso kleine Betontöpfe eingesetzt hatte. Wie der Bräutigam, lässig ein Glas Rotwein in der linken Hand schwenkend, berichtete, hatten sie die Töpfe in mühevoller Einzelarbeit in den Nächten zuvor selbst betoniert. In Mafiakreisen nennt man sowas ein Angebot, das man nicht ablehnen kann. Vor einigen Jahren noch hätten Paare vielleicht gemeinsam getöpfert, niemals aber betoniert. Dabei ist Beton – abgesehen von der mafiaesken Unterschwelligkeit – doch die perfekte Metapher für ein Hochzeits-Giveaway. Nicht, weil sich das Paar sozusagen gemeinsam einzementiert, das wäre viel zu pessimistisch. Nein, vielmehr, weil das Paar mit der Hochzeit ein festes, betoniertes Fundament für das gemeinsame Zusammenleben legt.

Trockenbau

29.1.2014
Am Wochenende unternahm ich einen Ausflug in die wundersame Welt des Trockenbaus. In der Rückschau fällt mir auf, dass sämtliche Bauprojekte, an denen ich bislang beteiligt war, im zweiten Obergeschoss oder höher stattgefunden haben. Weil mein handwerkliches Geschick begrenzt ist, werde ich bei derlei Vorhaben in der Regel als Esel eingesetzt. Das heißt, ich trage Werkzeuge und Baumaterial von Punkt A (das kann eine Garage, ein Auto oder – im krassesten Fall – ein Baumarkt sein) zu Punkt B (wie Baustelle). Nehmen wir mal an, die Baustelle befindet sich im zweiten Obergeschoss. Dann muss

ich pro Gang vier Mal die Treppe benutzen, zwei Mal hoch und zwei Mal runter. Runter ist doch nicht so schlimm, denn dann hat man ja nichts mehr zu tragen, mögen Sie jetzt einwerfen. Aber das wissen die Bauherren, deshalb denken sie sich Regeln wie „Du sollst nie leer gehen" aus. Am Wochenende war es ein wenig anders. Ich war zwar zunächst wieder der Esel. Aber als alles an Ort und Stelle war, wurde ich in die Arbeiten eingespannt, das fällt wohl unter Fachkräftemangel. So kam dann mein Ausflug in die Welt des Trockenbaus zustande. Was mir Mut macht: Die Wand, die wir hochgezogen haben, steht noch. Und sie ist sogar gerade. Das wars dann wohl mit der Schlepperei.

Dackelfüße

10.2.2017
Am vergangenen Wochenende half ich meinem Cousin, er ist gelernter Installateur, auf einer Baustelle. Ich mache das natürlich aus Eigennutz. Baustellen sind im Allgemeinen – bei meiner Anwesenheit im Besonderen – höchst erträgliche Quellen für diese Kolumne. Was soll ich sagen, ich wurde mal wieder nicht enttäuscht. Ich war gerade dabei, die Küchenarmatur mit der Arbeitsplatte zu verschrauben, als er mir aus dem benachbarten Badezimmer zurief: „Michel, geh zum Auto und hol mir mal die Dackelfüße!" So ist das mit mir und Baustellen. Einfachste Arbeitsanweisungen stürzen mich in ethische, logische und sprachliche Dilemmata. Wessen armen Tieres Füße sollte ich da holen und was würde mit dem fußlosen Tier dann geschehen (würde es womöglich sterben)? Was können Dackelfüße zur Installation einer Dusche beitragen? Und haben Dackel nicht eigentlich Pfoten? Es wurde noch komplizierter. Mein Onkel riet seinem Sohn

sodann aus dem Wohnzimmer brüllend, er solle mit den Dackelfüßen bitteschön vorsichtig sein, die könnten kriminell werden, wenn man sie nicht ordentlich montiere. Ich schlich zum Auto, auf der Suche nach potenziell gemeingefährlichen Füßen, die eigentlich Pfoten sein sollten. Bis mein Cousin irgendwann dazustieß und mir genervt ein paar S-Anschlüsse vor die Nase hielt. Die nennt man nämlich Dackelfüße.

Zeichensalat

23.11.2013
Ich habe mir mal wieder eine neue E-Mail-Adresse zugelegt. Wer so etwas tut, benötigt ein Passwort. Sonst kann es passieren, dass irgendwer anders die eigenen E-Mails verschickt (oder liest, was man so schreibt). So weit, so gut. Nun liegt es in der Natur der Sache, dass Passwörter möglichst sicher sein sollten. Der Name des Haustiers eignet sich eher nicht. „Zeichensalat" ist besser. Man nehme eine willkürliche Buchstabenkombination und würze sie mit einigen Zahlen und Sonderzeichen. Dann schmecke man den Zeichensalat mit ein paar Großbuchstaben ab – fertig ist das sichere Passwort. Und das ist der Punkt, an dem es kompliziert wird. Eines dieser Ungetüme könnte man sich vielleicht mit etwas Übung merken. Aber Passwörter sind in der digitalen Welt unverzichtbar. PC, Laptop, Amazon, Ebay, Facebook, Twitter, Tumblr – das sind nur einige der Verdächtigen. Jeder, der täglich mit Computern umgeht, weiß, dass man kein Passwort zweimal verwenden sollte. Ich wette, die meisten Leute machen es trotzdem. Vor allem wohl, weil sich niemand 20 Passwörter merken möchte. Es wird aber noch besser. Datenschützer empfehlen, wichtige Passwörter regelmäßig zu ändern. Das heißt, um ganz sicher

zu gehen, müsste man alle zwei Monate zehn bis 20 neue Zeichensalate kreieren. Na dann Guten Appetit.

Streik

27.3.2014
Es wird derzeit ziemlich viel gestreikt. Am Dienstag blieben in größeren Städten Kindertagesstätten und Behörden geschlossen. Ich kenne ein paar Erzieher. Das ist ein Knochenjob. Ich verstehe, dass sie gerne mehr Geld möchten. Das mit den Behörden lässt sich ja einigermaßen verschmerzen, berufstätige Eltern dürften jedoch gehörig geflucht haben. Vielleicht sind sie gar nicht erst aufgestanden, denn Busse fuhren ja in vielen Orten auch keine. Das schreit geradezu nach Frühstück im Bett oder einem spontanen Kurzurlaub. Verreisen ist aber auch keine gute Idee. Denn heute legt das Bodenpersonal am Frankfurter Flughafen die Arbeit nieder. Und die Piloten stehen auch schon Gewehr bei Fuß. Am Freitag wollen außerdem die Autopiloten streiken. Das kann ich ebenfalls nachvollziehen. Sie machen die ganze Arbeit und bekommen kein Geld. Die meisten dieser Computer haben wohl noch nicht mal einen Namen. Ihr Leben lang sind sie in engen Cockpits eingesperrt. Ich wünsche ihnen deshalb für ihre Bestrebungen viel Glück. Vielleicht sind sie ein gutes Vorbild für die Autobahnen, die dann im April aufbegehren wollen. Weil Pendler bei Streiks im öffentlichen Personennahverkehr auf sie ausweichen, sie belasten und sie verschleißen. Sie wollen sich das nicht länger bieten lassen. Verständlich.

Unterwegs

Womit wir beim nächsten großen Thema wären: Mobilität. Die ist nicht nur im ländlichen Raum, sondern auch im Kolumnismus äußerst wichtig. Gedanklich wie physisch. Als Redakteur verbringt man viel Zeit im Auto oder in der Bahn. Ich habe beim Autofahren oft die besten Ideen für Kolumnen, aber auch für Formulierungen in Artikeln, an denen ich gerade arbeite. Ich würde aber nicht so weit gehen, und das Auto als eine Art Muse bezeichnen. Im Gegenteil, ich mache mir nichts aus Autos. Es sind Gebrauchsgegenstände. Aber gerade in diesen Zeiten wünschte ich, dass es doch eine etwas umweltfreundlichere Art der Ideenfindung gäbe. Zu meiner Verteidigung sei gesagt: Ich fahre nicht um des Denkens willen, sondern denke beim Fahren, und fahre nur, wenn es notwendig ist.

Es folgen nun ein paar Texte, die sich nicht nur um das Autofahren, sondern viel allgemeiner um die Fortbewegung drehen. Denn wir alle sind ja irgendwie dauernd unterwegs.

Ideen

11.3.2014
Früher hatten Autoren Musen. Eine Muse ist, vereinfacht gesagt, eine Art göttliches Wesen der Künste. Griechische Dichter baten in der Antike Musen zu Beginn ihrer Werke oft um Inspiration. Ursprünglich also eher transzendent, wurden Musen im Laufe der Zeit sehr profan. Statt irgendein Wesen aus der griechischen Mythologie anzubeten, wandten sich Autoren von Welt einfach anderen Menschen zu. Oft waren das ihre Freundinnen oder Frauen, zu denen sie in enger Beziehung standen. Die waren fortan Katalysator der Kreativität. Heute haben Autoren Autos. Was glauben Sie, warum viele Männer ihren Autos Frauennamen geben? Wenn ich mit dem Auto umherfahre, kommen mir die besten Ideen. Es gibt Tage, an denen fällt mir einfach nichts ein. Dann setze ich mich abends erschöpft und demoralisiert ins Auto, fahre gen Heimat und könnte plötzlich eine ganze Ausgabe des Kreis-Anzeigers mit Kolumnen füllen. Die Inspiration liegt eben manchmal buchstäblich auf der Straße. Weil ich Pendler bin, verbinde ich das tägliche Brainstorming mit dem Weg zur Arbeit. Sonst würde das Umweltministerium mir vielleicht irgendwann das Schreiben verbieten. Für ein adäquates Ergebnis würde einfach zu viel CO_2 in die Atmosphäre geblasen. Das Ganze hat nur einen Fehler: Mein Auto hat gar keinen Namen.

Wartezeit

3.11.2015
45 Minuten. So lange sollte ich warten. In der Warte-Ecke gab es mehrere bequeme Sessel. Das Radio lief und

eine Zeitschrift lag dort auch aus. Ich legte den Mantel ab und ließ mich häuslich nieder. 45 Minuten vergehen ziemlich fix. Nach einer Stunde fragte ich nach, wie lange es wohl noch dauern werde. Man sei gleich so weit, sagte die Dame am Empfang. Sie tat mir jetzt schon leid, denn es dauerte weitere 30 Minuten, bis endlich alle vier Winterreifen an meinem Auto montiert waren, und mein Ärger war derweil exponentiell gestiegen. In der Zwischenzeit hatte ich eine Reihe von Abschiedsbriefen verfasst, einer trauriger als der andere. Ich stellte mir vor, wie man später mein Skelett in jenem Sessel sitzend fände, hatte den Grabstein mit dem Zitat „Irgendeiner wartet immer" aus „Spiel mir das Lied vom Tod" vor Augen. Ich hatte großen Hunger, es war schon nach Mittag, und phantasierte mir meinen eigenen Western zusammen: Spiel mir das Lied vom Brot. Ich bin dann eine ganze Weile lang sehr, sehr wütend gewesen, aber zu entkräftet, um irgendwem zu schaden. Und weil ich so viel Zeit zum Nachdenken hatte, habe ich beschlossen, Ganzjahresreifen zu kaufen.

Kofferräume

20.5.2017
Im Grunde hat jedes Auto einen, und zwar genau einen Kofferraum. Bei Elektroautos ist das anders, zumindest bei manchen. Man hat dann also nicht mehr den Kofferraum, sondern ein Auto mit mehreren Kofferräumen. Man könnte sagen, fast schon eine fahrende Wohnung. Bei den heutigen Fahrzeugmaßen gibt es Studenten, die sich mit weit weniger zufriedengeben. Stellen wir uns vor, der Anteil elektronisch betriebener Autos steigt in den kommenden Jahrzehnten stark an. Stellen wir uns weiter vor, dass Autos weiter so exorbitant wachsen wie bisher.

Der VW Golf ist in 40 Jahren 50 Zentimeter länger und 20 Zentimeter breiter geworden, der neue Mini ist sogar 80 Zentimeter länger als sein Vorgänger. Somit werden in wenigen Jahrzehnten sehr viele sehr große Elektroautos mit vielen Kofferräumen auf deutschen Straßen unterwegs sein. Es gäbe Autos mit Kofferräumen groß wie Ballsäle, und solche, in denen gerade genug Platz für ein Bett ist. Der Code „3ZKB" für Drei-Zimmer-Küche-Bad-Wohnung würde verdrängt von 3RKB300PS für ein 300-PS-Monster mit drei (Koffer-)Räumen, Küche und Bad. Wir bräuchten dann keine Wohnungen, keine Häuser mehr. Statt aus dem Koffer lebten wir aus dem Kofferraum.

Reisen

21.10.2017
Irgendwie bin ich an diese fast 20 Jahre alte C-Klasse gekommen. Sie ist kastig und breit. Dazu in einem Rot lackiert, das mal ein paar Töne über Wein rangierte und heute eher an ein dreckiges Rosa erinnert. Ein blassroter Panzer, schwerfällig und zuverlässig. Der Innenraum ist komfortabel, die Sitze bequemer als mein Sofa. Die eingebaute Vorfahrt funktioniert tadellos. Mit diesem Auto fährt man nicht. Man reist. Das Anfahren ist eine Geduldsprobe, nicht nur am Berg. Aber man hat es ja bequem. Überholen ist nicht drin. Aber wer sollte in diesem Auto sitzend auch überholen wollen? Man hetzt ja nicht – nicht mehr. Man reist. Also reise ich durch diesen Herbst des Jahres 2017 und stelle fest, wie diese C-Klasse mich mit jedem Kilometer ein klein wenig älter macht. Das geht rasend schnell, obwohl der 1,8-Liter-Motor mit den fast 1400 Kilo heillos überfordert ist. Man gewöhnt sich dran. Dieser Wagen ist ein Opa-Auto. Wenn ich ein-

steige, werde ich zum Schleicher. Kein Problem, man kommt schon an. Und solange man unterwegs ist, kann man es genießen. Ich entwickle seltsame Marotten. Will eine gehäkelte Abdeckung für die Klopapierrolle oder wenigstens einen Wackel-Dackel. Und manchmal trage ich beim Aussteigen einen Hut, obwohl ich gar keinen besitze.

Fraktionen

26.8.2017
Die „Bild" hat deutsche Autofahrer gefragt, was sie im Straßenverkehr am meisten nervt. Das Ergebnis ist eindeutig: Am meisten nerven die Drängler und die Schleicher. Dadurch ergibt sich ein ganz neues soziologisches Bild der Straße. Ähnlich wie in der amerikanischen Politik gibt es nur zwei Fraktionen, die einander feindselig gegenüberstehen und völlig unterschiedliche Philosophien leben. Die einen fahren lieber gemächlich, manche sagen langsam. Sie lassen es locker angehen, Hauptsache ankommen und guck doch mal, wie schön hier die Landschaft ist! Aber da gibt es die Anderen. Die keinen Sinn oder keine Zeit haben für die Entdeckung der Langsamkeit oder die Ästhetik der umliegenden Hügel. Gehetzt und gestikulierend hängen sie an den Stoßstangen der Schleicher und wollen nur vorbei, vorbei, vorbei. Denn Zeit ist Geld und wofür überhaupt haben wir auf der Autobahn etwas, das wir Richtgeschwindigkeit nennen – wohl nur, um uns grob daran zu orientieren oder einfach gleich doppelt so schnell zu fahren. Diese Drängler wiederum fühlen sich von den Schleichern belästigt – wie kann es sein, dass einer kriecht, wo andere rasen? Es könnte alles so einfach sein auf deutschen Straßen. Wenn alle mit derselben Geschwindigkeit führen, wären die

beiden größten Nerv-Faktoren deutscher Autofahrer in einem brutalen Schlag dahin.

Grobe Richtlinien

28.7.2015
Obwohl ich schon viel Zeit auf deutschen Straßen verbracht habe, bin ich immer wieder überrascht, was andere Verkehrsteilnehmer so treiben. Verkehrsregeln werden heutzutage eher als grobe Richtlinien wahrgenommen. Wie der Piraten-Kodex. Selbst diejenigen, die in der Schule beim Gedichte interpretieren immer gestöhnt haben, laufen bei den Verkehrsregeln zu Hochform auf. Ein Beispiel: Ich war mit dem Auto unterwegs, als plötzlich ein Fahrradfahrer vor mir aus einer Einfahrt herausfuhr, die Straße überquerte und dann auf dem Bürgersteig weiterfuhr. Der Mann hatte Glück, dass ich jung und reaktionsschnell bin. Ich ließ die Scheibe herunter und fragte, warum er nicht nach links und rechts schaue, bevor er die Straße überquert. Er sagte: „Du hast mich doch gesehen, und Bremsen hast du auch." Ach so! Statt die Regeln einzuhalten, hatten wir uns also – ohne mein Wissen – auf dem kurzen Dienstweg geeinigt. Was wäre wohl passiert, wenn ich nach derselben Maxime gehandelt hätte? Darüber will ich lieber gar nicht nachdenken.

Wunder

20.2.2015
Der Behindertenparkplatz in der Niddaer Bahnhofstraße hat magische Kräfte. Vor einigen Tagen habe ich beob-

achtet, wie ein Mann sein Auto dort parkte. Er stellte den Motor ab, öffnete die Tür, stieg aus und ging weg. Kein Rollstuhl, keine Gehhilfe, noch nicht mal ein Rollator. Vielleicht wollte er Geld abheben oder zum Metzger, ich weiß es nicht. Jedenfalls schien er mir in keiner Weise körperlich behindert. Ich fragte mich, ob ich nun Zeuge eines Wunders geworden war, oder ob der Mann schlicht und einfach das Schild ignoriert hatte. Ignoranz begegnet mir leider öfter, Wunder hingegen gab es in meiner Anwesenheit noch nie. Nur mal angenommen, der Parkplatz hätte den Mann tatsächlich von einem schweren Leiden kuriert. Ich würde ihm dringend raten, sich einen PR-Berater zu nehmen. So unspektakulär dürfte mir kein Wunder daherkommen. Es müsste mindestens ein bisschen Glitzer vom Himmel fallen. Am besten, die Szene würde auch noch von einem Frauenchor begleitet. Nun gab es offensichtlich gar kein Wunder. Der Mann hat das Schild ignoriert. In einer perfekten Welt wäre in diesem Moment ein Amboss vom Himmel gefallen und hätte das Auto zerquetscht. Das hätte zumindest ein Gleichgewicht zwischen Ignoranz und Wunder hergestellt.

Singende Straßen

11.4.2018
In den Niederlanden gibt es eine „singende Straße". Der Asphalt hat Rillen, die so angeordnet sind, dass bei Tempo 60 die friesische Hymne erklingt. Straßen, die Musik spielen – auch wenn das Projekt in den Niederlanden aufgrund diverser Pendler-Vorwürfen („seelische Folter") vor dem Verstummen steht – sind etwas, was sich unser Verkehrsminister Andreas Scheuer mal ansehen sollte. Ich meine, bei allen negativen Schlagzeilen um den Flughafen BER und die Pkw-Maut kann ein bisschen Musik

doch nur positive Auswirkungen haben. Sollte der Minister Fragen haben, in welcher Form das umzusetzen sei, ich hätte da ein paar Ideen: Zunächst einmal müsste man Hunderte Asphaltkomponisten einstellen, die eifrig neue Rillenmusik komponieren. Die Bundesstraßen bekommen Präludien nach der Art von Bach. Wer dann beispielsweise durch Nidda fährt, hört bei Tempo 50 das Präludium B 457 in C-Dur. In Brandenburg, das am unteren Ende des sogenannten Glücksatlasses der Deutschen Post rangiert, werden hingegen nur Stücke in Moll asphaltiert. Autobahnen bekommen dynamische Beläge, die bei Tempo 140 80er-Jahre-Speed-Metal, bei Stau hingegen Variationen von Smetanas Moldau spielen und von Anschlussstelle zu Anschlussstelle wechseln. In Baustellenbereichen wird hingegen übergangsweise Fahrstuhlmusik asphaltiert.

Verbrüderung

8.4.2017
Die meisten Leute regen sich über mobile Blitzer auf. Dabei sind das mächtige Instrumente der Völkerverständigung. Wo immer ein mobiler Blitzer am Fahrbahnrand steht, geschehen wundersame Dinge. Der Autofahrer an sich ist ja höchst selbstsüchtig, weiß alles am besten und ist allen anderen Fahrern generell in jeder Hinsicht überlegen. Die Straße ist ein Dschungel, ein schmaler, lang gezogener, kurviger Ort, an dem das Recht des Stärkeren gilt. Taucht irgendwo ein Blitzer auf, geht man plötzlich fürsorglich miteinander um, warnt sich gegenseitig per Lichthupe oder heftig gestikulierend: Pass auf, Freund, da vorne im Gebüsch, da wollen sie uns drankriegen. Plötzlich sitzen alle im selben Boot beziehungsweise Auto, haben einen gemeinsamen Feind. Der Blitzer am Straßen-

rand ist wie Weihnachten im Schützengraben. Man müsste das Potenzial mobiler Blitzer endlich mal ausschöpfen. Müsste einen am Eingang zur Uno-Vollversammlung platzieren, vor Konferenzräumen, in denen Regierungschefs aufeinandertreffen, an der Tür zur Weltklimakonferenz. Es klingt fast zu schön, um wahr zu sein, aber so manches Problem ließe sich schlicht und einfach wegblitzen.

Pendler

5.8.2017
In Deutschland gibt es immer mehr Pendler. 60 Prozent der Arbeitnehmer pendelten im vergangenen Jahr zwischen Job und Zuhause, das sind 18,4 Millionen Menschen – und jene, die nicht zum Arbeitsplatz, sondern nur so zum Spaß pendeln, sind da noch gar nicht eingerechnet. Was bedeutet das für Deutschland? Der Pendler bewegt sich auf einer vorgeschriebenen Bahn hin und her. Ich habe versucht, mir dazu einige mathematische Dinge auf der Homepage der Uni Göttingen anzueignen, die meinen Entschluss, mein Geld schreibend zu verdienen, einmal mehr bestärkt haben. Wir können allerdings festhalten, dass beim Pendeln Energie freigesetzt wird. Stellen wir uns vor, wir sitzen in einem kleinen Schlauchboot und schaukeln hin und her. Andauernd. Immer heftiger und heftiger. Irgendwann kippt das Boot um und wir werden nass. So ähnlich ist das mit den 18,4 Millionen Berufs- und den x Millionen Freizeitpendlern in Deutschland. Durch ihre immerwährende Pendelbewegungen bringen sie Deutschland ins Schwanken. Experten befürchten, dass unser Land, sollte die Anzahl der Pendler weiter zunehmen, bald kleinere Anrainer wie Luxemburg oder Belgien einfach zur Seite schubst. Ein un-

geheurer Gedanke. Deshalb sollten wir fürs Erste aufhören, in unserer Freizeit zu pendeln und uns mittelfristig Jobs in der Nähe suchen, wenn es sie denn überhaupt hier gibt. Das wäre übrigens auch gut für die Umwelt.

Volle Züge

3.5.2016
Während ich gestern den plötzlichen Ausbruch von Frühsommer durch mein Büro-Fenster bestaunte, schickte mir eine Bekannte per Whatsapp ein Foto, das sie kurz zuvor im Garten aufgenommen hatte. Sie hat Urlaub, die Gute. Man sah auf diesem Foto das Buch, das sie gerade liest und ihre nackten Füße, die sie in der Sonne wärmte. Für den Bikini sei es noch ein wenig kalt, schrieb sie dazu, aber ansonsten genieße sie das Leben gerade in vollen Zügen. Von Neid zerfressen hackte ich diesen Text in die Tasten. Mir fiel nämlich auf, dass die Redewendung „etwas in vollen Zügen genießen" schon sehr alt sein muss. Sie stammt offenbar aus vorindustrieller Zeit, als es noch keine Züge gab. Wer regelmäßig mit der Bahn fährt, weiß: In vollen Zügen kann man gar nichts genießen. Volle Züge sind höchstens ein Genuss, wenn sie endlich den Bahnhof verlassen, an dem man sich gerade den Weg ins Freie geboxt hat. Oder, wenn man bis zur Endstation fährt und sie endlich irgendwann leerer werden, sodass man vielleicht wenigstens die letzten zehn Minuten der Reise auf einem dieser versifften Sitze hocken kann. Industriell bereinigt müsste es also heißen „etwas in leeren Zügen genießen". Diese Erkenntnis bringt mich aber auch nicht näher zur Sonne. Bleibt also nur das Fenster. Wie in vollen Zügen. Seien Sie versichert: Ich genieße!

Der Richtige

12.8.2016

Als ich noch regelmäßig mit der Bahn fuhr, saß mir morgens oft eine Frau gegenüber, die mürrisch dreinblickte. Wir gaben eine traurige unfreiwillige Reise-Zweckgemeinschaft ab. Ihr Blick war so finster, dass ich an manchen Tagen versucht war, ihr mit der Handy-Taschenlampe ins Gesicht zu leuchten, um es ein bisschen aufzuhellen. Das ist ein paar Jahre her. Neulich habe ich die Frau beim Einkaufen gesehen, da musste ich sofort an unsere Fahrten denken. Die mürrische Frau war in Begleitung eines Mannes und sie lachte, als sei der tägliche Einkauf keine belanglose Notwendigkeit (wie auch das Bahnfahren), sondern eine Mordsgaudi. Zuerst fragte ich mich, was in diesen Jahren geschehen sein musste, damit die Frau ihren bösen Blick ablegte. War sie kaufsüchtig und hasste das Bahnfahren? Hasste sie vielleicht den Beruf, der am Ende jeder Bahnfahrt wartete und der jetzt vielleicht ein anderer war? Oder hatte dieser Mann ihre Fröhlichkeit zurückgebracht? Dann wurde ich eifersüchtig. Mit dem da hatte sie Spaß, mir gegenüber war sie immer nur mürrisch. Was hatte der, was ich nicht habe? Vielleicht war ich einfach nicht der Richtige. Sie hätte sich ja auch woanders hinsetzen können.

„Ist da noch frei?"

25.9.2014

„Ist da noch frei?" Das ist der Klassiker, wenn man alleine Bus oder Bahn fährt. Dann bleiben nämlich einer, in der Bahn oft sogar drei Sitze in der eigenen Umlaufbahn frei. Ich finde es schön, dass viele Menschen noch so höflich sind und fragen. Aber mal ehrlich, es muss nicht unbedingt sein. Ich habe keinen imaginären Freund, deshalb ist da noch frei. Ich reserviere den Platz auch nicht. Erstens darf ich das gar nicht. Zweitens habe ich in der Bahn selten ein großes Badetuch dabei, das universale Markierungs-Utensil der Deutschen. Früher habe ich manchmal meine Tasche auf dem Sitz neben mir abgestellt. Dann war da, technisch gesehen, tatsächlich nicht frei. Auch das musste man nicht erfragen, man sah es ja. Ich nahm dann meine Tasche weg, sobald jemand Anstalten machte, sich dort hinzusetzen. Viele haben trotzdem gefragt. Deshalb stelle ich meine Tasche heute auf den Boden. Ich habe mal in Japan gearbeitet. Dort sind die Bahnen zur Rush-Hour nicht überall so voll, wie uns das Fernsehen weismachen will. Meine Tasche saß deshalb regelmäßig neben mir. Bis mir eines Tages eine Frau nur mit Blicken zu verstehen gab, dass ich die mal lieber auf den Boden stellen sollte. Die meisten Japaner sind höfliche Menschen. Aber wenn Platz ist, setzen sie sich, ohne zu fragen. Ich finde das völlig in Ordnung. Also fragt nicht. Wir sitzen doch alle in derselben Bahn.

Erste Klasse

6.5.2016
In der Süddeutschen stand, dass die Erste Klasse Flugpassagiere aggressiv macht. Wenn Sie schon einmal Langstrecke geflogen sind, können Sie das sicher bestätigen. Die echte First Class bekommt man ja selten zu sehen, aber wenn man das Flugzeug vorne betritt, sieht man in der Regel immerhin noch die Businessclass. Sie werden also mit all diesen bequemen Sesseln mit viel Beinfreiheit konfrontiert und wissen, dass Sie darin heute nicht Platz nehmen werden. Stattdessen wartet weiter

hinten, wo es laut ist, eine schmale Plastikschale mit ein bisschen gut abwaschbarem Stoff. Sie beobachten, wie Flugbegleiterinnen mit einem Lächeln Getränke in Gläsern servieren. Gläser, die diesen Namen verdienen. Sie wissen, dass Sie zu Mittag etwas Undefinierbares essen werden und dazu Cola aus der Dose bekommen. Wer würde bei all diesen zur Schau gestellten Ungerechtigkeiten nicht aggressiv? Besonders interessant finde ich aber dies: Die erste Klasse macht auch die Business-Kunden aggressiv. Besonders, wenn die Economy-Passagiere auf dem Weg zu ihren Sitzen an ihnen vorbeiflanieren. Auch das kann ich verstehen. Wenn ich in der Businessclass flöge, dann würde ich nicht auch ständig daran erinnert werden wollen, dass das Proletariat auch mitfliegt. Und am Ende sogar am selben Ziel ankommt. Was erlauben die sich eigentlich?

Fünf Minuten

18.3.2016
Ich dachte jahrelang, ich sei ein impulsiver Autofahrer. Eine Hand am Lenkrad, die andere zu einem wütenden Gruß an all die Nervenden auf der Straße erhoben, das Gesicht zur Faust geballt. Ein fataler Irrglaube! Vielmehr war es so, dass ich jahrelang einfach zu spät losgefahren bin. Aufgefallen ist mir das vor etwa einer Woche. Ich hatte Zeit und machte mich einfach fünf Minuten früher auf den Weg: kein Zetern, keine Flüche. Es war traumhaft. Also habe ich ein Experiment begonnen und bin seitdem täglich früher losgefahren, ganz egal, wohin. Seitdem bin ich im Auto die Ruhe selbst: Ein SUV nimmt mir die Vorfahrt, ich muss stark bremsen. Ist mir egal. Ich habe Zeit. Im Radio läuft „When the Going Gets Tough". Draußen scheint die Sonne, das Leben ist

schön. Auf der Landstraße in Richtung Borsdorf zockelt ein Traktor mit Tempo 30 vor mir her. Kein Problem. Ein Reiher erhebt sich majestätisch in die Luft, auf der Wiese neben der Straße picken jede Menge Hühner. Ich wusste gar nicht, dass da eine Wiese ist. Und das alles nur wegen fünf kurzen Minuten. Also wenn auch Sie dazu neigen, ihr Fluch-Repertoire regelmäßig dem Armaturenbrett entgegenschreien: Fahren Sie künftig einfach fünf Minuten früher los.

Bermudadreieck

11.8.2016
Jeder dritte deutsche Autofahrer ist übellaunig und gestresst. Man ahnt, dieses Ergebnis einer Studie von Unfallforschern hängt irgendwie mit dem diffusen Gefühl zusammen, die Straße sei die Wildnis der Moderne. Wo das Recht des Stärkeren gilt und fast alle für Rasen sind, aber keiner da ist, der ihn mäht. Vielleicht liegt die Erklärung auch ganz woanders. Auf den Ziffernblättern der Republik zum Beispiel. Ich nenne das die Autofahrer-Viertelstunde. Sie ist das Bermudadreieck der Zeitrechnung. Wann immer einer eine Autofahrt plant, wird er plötzlich auf die Uhr schauen und merken, dass ihm irgendwie 15 Minuten abhandengekommen sind. Besonders anfällig sind Autofahrer übrigens in den frühen Morgenstunden. Da gehen gerne auch mal zwei Viertelstunden verloren, obwohl man um fünf Uhr aufgestanden ist. Die Autofahrer-Viertelstunde ist zeitlos, das liegt in ihrer Natur. Sie verschwindet einfach. Und der Autofahrer steht dann dumm da, sucht verzweifelt den zweiten Schuh und ist davon überzeugt, dass er die verlorenen 15 Minuten im Auto wieder aufholen kann. Kein Wunder, dass alle übellaunig und gestresst sind.

Bauwagen

30.5.2018
Langsam still und leise ist in den letzten Jahren ein Vehikel aufs Abstellgleis gerollt, das früher an nahezu jeder Baustelle Pflicht war: der Bauwagen. Provisorisches Heim all jener, die in Straßenbaukolonnen und auf Baustellen ihre Knochen ruinierten und legendäre Wohnstatt von Peter Lustig und anderen Aussteigern. Obwohl der Bauwagen ein für ansonsten eher wenig wohnliche Baustellen hohes Maß an Komfort – Sitzbänke, Ofen, Spinde und ein Dach überm Kopf – mit maximaler Flexibilität und Wirtschaftlichkeit verbindet, ist er aus der Mode gekommen. Verdrängt vom Container, der zwar kein Fahrgestell, dafür aber sehr viel mehr Annehmlichkeiten zu bieten hat. Selbst alternative Nutzungen wie die Wagenburg sieht man heute kaum noch. Aussteiger heißen heute Digital Natives und hängen mit ihren Laptops in Hängematten auf Bali herum. Wo auf den Baustellen früher im schaukelnden Wagen ein oder fünf Feierabendbiere getrunken wurden, brüten heute die Architekten und Poliere in ihren Containern – teilweise aufgestapelt zu regelrechten Häusern – über ihren Plänen. Aber Totgesagte leben lang. Der Bauwagen hat längst eine zweite Karriere gemacht. Ausgestattet mit fließend Wasser, abschließbaren Türen und Keramik dient er heute bei Festen unter freiem Himmel als Toilettenwagen.

Logistik

8.3.2018
Namen sind Nachrichten – das ist ein alter Grundsatz des Journalismus. Namen sind aber auch Visitenkarten.

Es gibt Studien, die belegen, dass Menschen mit „seriösen Nachnamen" wie König oder Kaiser leichter Karriere machen, auch wenn Kollege Becker vielleicht bessere Arbeit leistet. Und dann gibt es noch jene, die sich trotz oder vielleicht gerade wegen ihres Namens tapfer behaupten. Neulich habe ich beispielsweise auf der Straße einen Schwerlast-Transporter der Spedition „Schmechtig" gesehen. Lautmalerisch ist das keine Firma, der man sein Frachtgut anvertrauen möchte. Trotzdem sind die schmechtigen Lastwagen aus Sachsen-Anhalt seit 30 Jahren im Rennen. Die Logistikbranche scheint kuriose Namen geradezu anzuziehen. „Maus Transporte" zum Beispiel fällt in die gleiche Kategorie wie Schmechtig, von den Speditionen „Göttlich" und „Beständig" hingegen möchte man sofort all seine Habe in ein fernes Land transportiert wissen. Bei der „Zufall logistics group" kommt der vorsichtige Kunde schon wieder ins Grübeln, Spielernaturen jedoch werden da gerne zuschlagen. Mein großer Favorit aber ist „Elflein Transport". Neulich sah ich einen dieser Lkw und musste mir unwillkürlich vorstellen, wie eine ganze Horde kleiner, dienstbeflissener Elfen dafür Sorge trägt, dass alles da ankommt, wo es hin soll.

Darth Vader

20.5.2015
Immer mehr Fahrradfahrer in Deutschland tragen einen Helm. Das behauptet die Online-Ausgabe der Süddeutschen Zeitung. Alexander Dobrinth ist erfreut, und um diesen Trend noch zu verstärken, wirbt das Verkehrsministerium jetzt mit Darth Vader – prominentester Helmträger einer weit, weit entfernten Galaxis – für das Tragen eines Fahrradhelms. Es ist also ganz wie bei Krieg der

Sterne. Auf „Eine neue Hoffnung" folgt „Das Verkehrsimperium, pardon -ministerium, schlägt zurück". Sollte die Vader-Kampagne Erfolg haben, steht vermutlich bald „Die Rückkehr der Fahrradhelme" an. Wer sich im Star-Wars-Universum ein bisschen auskennt, weiß, dass Darth Vader gar keine andere Wahl hat. Ohne Helm stürbe er. Erst durch dieses Detail erhält der Marketing-Gag eine gewisse Tiefe. Zwar stirbt man als unbehelmter Radfahrer nicht zwangsläufig (vor allem, wenn man gar nicht erst stürzt). Aber wenn man doch einmal stürzt, sind die Lichter ohne Helm schneller aus, als mit. Gefahrensucher werfen an dieser Stelle in die Waagschale, dass das keinesfalls bewiesen ist. Aber wie sagte Meister Yoda: Furcht führt zur dunklen Seite. Die dunkle Seite – siehe Darth Vader – trägt Helm. Ein bisschen Furcht ist also ab und an gar nicht so schlecht.

Sprache

Sprache – in diesem Fall das geschriebene Wort – ist aus naheliegenden Gründen essentiell für das Kolumnenschreiben. Nicht jede auf der Welt verfasste Kolumne basiert darauf, Sprache, Wörter, Zusammenhänge neu zu denken (auch meine nicht immer). Aber letztendlich werden doch die meisten dieser Texte von Leuten geschrieben, die sich in irgendeiner Form von Sprache begeistern lassen. Mir macht es zum Beispiel Spaß, Sprache so lange zu verdrehen, bis etwas völlig Neues herauskommt. Oder ich widme mich bestimmten Eigenheiten, die im alltäglichen Sprachgebrauch einfach untergehen. Manchmal sind das ganz profane Dinge, wie der Unterschied zwischen „dasselbe" und „das gleiche". Was diese beiden Wörter mit einem Käse anstellen können, und warum es nur „ein Rudi Völler", nicht aber einen oder gar zwei gibt, das erfahren Sie in diesem Kapitel.

Dieser Käse

25.2.2017
Wenn ein Käse – sagen wir, ein Edamer – geteilt wird, weil er als Ganzes nicht auf die Käseplatte passt, ist das abgetrennte Stück dann noch derselbe Käse? Über derlei Dinge wird an Geburtstagstafeln diskutiert, wenn es draußen schon dunkel, das Essen abgeräumt und der Espresso (und die Käseplatte) serviert sind. Große Philosophie, ich weiß, aber zumindest sprachlich einfach zu beantworten: Nein, denn denselben Käse gibt es bloß ein einziges Mal. Er ist es, und zwar er selbst. Er kann zuerst an einer Stelle liegen, sagen wir, im Kühlschrank. Später an einer anderen, im vorliegenden Fall also auf der Käseplatte. Dann ist jener Käse auf der Platte derselbe, welcher vorher im Kühlschrank lag. Das abgetrennte Stück hingegen ist, sprachlich jedenfalls, höchstens der gleiche Käse. Nämlich ein Edamer. Von hellgelber Farbe, mildwürzig und dezent salzig im Abgang. Es muss ja so sein, schließlich war das Stück vorher Teil des ganzen Käses. Desselben übrigens, der schon im Kühlschrank ein Edamer war und das auf der Käseplatte auch nicht aufgegeben hat. Philosophisch gesehen ist es komplizierter. Es beginnt damit, ob der ganze Käse einen bestimmten Zustand haben kann, solange man ihn nicht beobachtet. Im Kühlschrank zum Beispiel. Das ist nicht nur Philosophie, sondern auch Quantenmechanik. Schrödingers Käse. Mein Opa hat den Diskurs übrigens so beendet: Wir sollten endlich Ruhe geben. Er könne diesen Käse nicht mehr hören. Wie auch, wenn alle durcheinander philosophieren?

Wegwerfwörter

24.11.2015
Ich habe gelesen, dass Kleidung zu einem Wegwerfartikel verkommen ist. Wir entsorgen sie, sobald sie aus der Mode kommt, obwohl sie eigentlich noch intakt ist. Mit den Wörtern ist es genauso. Es gibt Wörter, die immer benutzt werden. Und es gibt Modewörter. „Nachhaltig" ist eines davon. Es kam vor einigen Jahren auf und war seitdem in aller Munde. Landwirtschaft, Wirtschaft, Politik, Kinderbetreuung, Bildung... alles war plötzlich nachhaltig oder sollte es werden. Dann verschwand es plötzlich. Von Abnutzung keine Spur. Es war noch gut, dieses Wort, man hätte es noch verwenden können. Stattdessen sprechen heute alle von Resilienz. Das ist laut Wörterbuch (der Quelle-Katalog der Buchstaben) die „Fähigkeit von Lebewesen, sich gegen erheblichen Druck von außen zu behaupten". Man kann auch sagen: Stressresistenz. Letztere gibt es schon sehr lange. Die Stressresistenz scheint nicht aus der Mode zu kommen, sie ist wie die Jeans. Die Resilienz ist eine Spielart derselben, sozusagen die Röhrenjeans, auch sie wird eines Tages weggeworfen, obwohl sie eigentlich noch gut ist. Früher war das anders. Da trugen die kleinen Brüder die abgelegten Klamotten und Wörter. Obwohl wir ihnen immer wieder vorbeteten: „Cool" sagt man nicht mehr. Aber genau so hat dieses Wort überlebt.

Emoji

19.11.2015
In Großbritannien ist das Wort des Jahres gelb, rund und lacht Tränen. Die Sprachbeobachter der Oxford Dictio-

naries haben einen lachenden Smiley, ein sogenanntes Emoji, zum britischen Wort des Jahres gekürt. Das Grinsegesicht mit den Freudentränen reflektiere das Jahr sprachlich am besten, außerdem habe die Bedeutung von Emoijis zugenommen. Aus Emoji-Kreisen hörte ich, dass diese Entscheidung euphorisch zur Kenntnis genommen wurde. Vor wenigen Jahren noch eine Minderheit, sind die Emojis durch diese Entscheidung als eine Art von Sprache anerkannt – also damit de facto auf einer Stufe mit den Wörtern. Im Lager der Wörter war die Meinung geteilt. Die meisten finden, es sei höchste Zeit gewesen, die Arbeit der Emojis mal zu würdigen. Das „Selfie", selbst 2013 Wort des Jahres, postete auf Instagram ein Selfie mit dem Gewinner und dem Daumenhoch-Symbol. Aber wie immer gibt es aber auch ein paar unverbesserlichen Betonköpfe, die jetzt ihre Felle davon schwimmen sehen. Die Worte „Ad-Blocker" und „Brexit" stänkerten, ohne Buchstaben könne man auch kein Wort sein. Gerüchten zufolge hatten beide Chancen auf den Sieg gehabt. Verständlich, dass sie ob der Niederlage gegen ein Wort, das kein Wort ist, angefressen reagierten.

„E Fläschi"

7.5.2014
In Oberhessen gibt es eine ganz besondere Art, Danke zu sagen. Mal angenommen, ich mähe den hypothetischen Rasen meiner hypothetischen Nachbarin Frau Müller. Ohne Hintergedanken, ohne Eigennutz. Einfach so. Weil die Sonne scheint und die Welt schön ist. Dann könnte es durchaus passieren, dass Frau Müller mir zum Dank mal „e Fläschi" vorbeibringt. „Ach komm", dächte sich die gute Frau Müller, „der Herr Kaufmann, der war so nett, dem lasse mer mal e Fläschi zukomme". Und

wenn wir uns das nächste Mal begegneten, überreichte sie mir eine Flasche Rotwein, verziert mit einer hübschen Schleife. In diesem Zusammenhang ist es völlig belanglos, dass ich überhaupt keinen Rotwein trinke. Beim „Fläschi" geht es nämlich um die Geste. Und die ist universal einsetzbar. Der Respekt gebietet es, dass der Beschenkte sich freut, auch wenn man den Wein gar nicht trinken wird. Es ist erlaubt, die Flasche im Keller Staub ansetzen zu lassen, Bolognese-Soße damit zu kochen – oder sie später einfach weiter zu verschenken. Dabei sollte man bloß eines beachten: Wenn Frau Müller mir mal einen Gefallen tut, gebietet es der Anstand, dass ich ihr die Flasche nicht zurückgebe. Es muss dann schon ein neues „Fläschi" sein. Dann freuen sich Frau Müller und die Winzer.

Sacktuch

5.12.2017
Neulich habe ich eine Dokumentation über die Familie Herz und ihr Unternehmen Tchibo gesehen. In dieser Doku wurde unter anderem die Entwicklung der Verkaufspraxis des Unternehmens nachgezeichnet. Das erinnerte mich an ein Accessoire, das früher unentbehrlich war und heute kaum noch Beachtung, geschweige denn Nutzung erfährt: Das Taschentuch aus Stoff, bei uns (und laut Internet auch in Österreich) umgangssprachlich schlicht Sacktuch genannt. Die Geschichte des Sacktuchs ist eine Ballade über das Vergessen. Tchibo verkaufte das Pfund Kaffee in den 60er Jahren eingewickelt in Stofftaschentücher. Das war praktisch, jeder konnte die gebrauchen – und es gab keinen Verpackungsmüll. Mein Opa besaß Sacktücher mit Monogramm. Das Sacktuch fand sich damals so gut wie in jeder Hosentasche. Noch viel

früher, im Mittelalter zum Beispiel, wurde es von edlen Damen gar als Gunstbeweis vergeben. Heute ist das Sacktuch in Vergessenheit geraten, ersetzt durch das umgangssprachliche Tempo. Es ist wohl Ironie des Schicksals, dass das Wegwerfprodukt genau diesen Namen trägt. Die Welt ist schneller geworden, seit das Tempo in Gebrauch ist, obwohl es daran keine Schuld trägt. Früher ging halt alles langsamer, und das Tempo hieß noch Sacktuch.

Studierende

15.2.2014
Bevor ich Journalist wurde, war ich Student. Heute gibt es keine Studenten mehr. Das sind jetzt Studierende. Politisch ist das korrekt, grammatikalisch ist es ein Partizip. Tatsächlich ist es ziemlicher Blödsinn. Weil (Achtung, jetzt hole ich aus): Das Wort Student kommt aus dem Lateinischen und bedeutet „streben nach". Der Genus ist männlich. Politisch korrekt im Sinne der Gleichstellung müsste man also jedes mal, wenn man alle Studenten meint, sagen: Studentinnen und Studenten. Das ist okay. Weil der Mensch aber zu Faulheit neigt und das alles viel zu lang und zu kompliziert ist, hat man sich auf Studierende festgelegt. Die sind nichts anderes als Studenten. Nur eben in einer anderen gramamtikalischen Form. Darüber hinaus ist dieses Partizip weder männlich noch weiblich, sondern neutrum. Und diskriminiert genau genommen alle Studenten. Würde diese Regelung konsequent umgesetzt, es wäre immerhin das Aus einer anderen sprachlichen Missbildung, der Lehrkraft. Ich habe keine Ahnung, wann sich Lehrer die Kraft zugelegt haben, und frage mich, ob das wohl was mit der Macht aus Star Wars zu tun hat. Aber das Problem wäre gelöst, das

wäre dann ein Lehrender. Ich wäre nicht länger Journalist, sondern vermutlich ein Schreibender. Was wäre denn ein Müllmann? Ein Müll Einsammelnder?

Moschtzügle

11.6.2014
Am Pfingstwochenende traf ich einen Bekannten. Er ist Schwabe, kokettiert immer mal wieder mit seinem (nicht vorhandenen) Geiz, der ja angeblich ein Wesensmerkmal der Schwaben ist, und spricht – natürlich – genauso wie Jürgen Klinsmann. Ich schätze die deutsche Sprache im Allgemeinen und habe auch die meisten ihrer Dialekte irgendwie gern. Abgesehen vielleicht von den Sächsischen. Das ist nichts Persönliches, aber ich kann mir das einfach nicht lange anhören. Bei den schwäbischen Dialekten ist das anders. Deshalb ist es immer lustig, wenn wir uns unterhalten. Wenn man anhand der Dialekte festlegte, wo in Deutschland die Welt noch am ehesten in Ordnung ist, stünde Schwaben meiner Ansicht nach ganz oben. Ich kann das an einem Beispiel illustrieren. Mein Bekannter erzählte mir, dass er am Pfingstsonntag eine Rundfahrt durch Frankfurt machen werde. Mit dem „Moschtzügle". Er meinte den Ebbelwoi-Express. Noch nie hat jemand dem Ebbelwoi-Express in meiner Gegenwart einen so liebenswerten Kosenamen verpasst. Dabei war mein Bekannter todernst, er meinte das wirklich so. Moschtzügle. Wer so spricht, der muss doch in einem Winkel von Deutschland wohnen, in dem die Welt noch in Ordnung ist.

Logik

05.05.2015

Wenn wir einen Mann ansprechen, nennen wir ihn mal Max Müller, dann sagen wir „Herr Müller". Der sprachlichen Logik folgend müssten wir zu seiner Gattin Erika eigentlich „Dame Müller" sagen. Denn die Dame ist das Äquivalent zum Herren. Tun wir aber nicht. Wir sagen „Frau Müller". Sprachlich gesehen schaffen wir damit nicht nur ein ungleiches Paar, wir reißen auch noch zwei auf logischer Ebene miteinander harmonierende Paare auseinander. Denn wie zu jedem Herren eine Dame gehört, hat jede Frau auch einen Mann – also, sprachlich gesehen. Wir tun das wahrscheinlich, weil „Dame Müller" irgendwie blöd klingt. Dasselbe gilt für „Mann Müller". Das wird erst wieder mithilfe eines Kommas zu einer Art frustriertem, universal anwendbarem Ausruf. Wir bedienen uns so schamlos aus unserem Wortschatz wie bei den Ressourcen der Erde und sagen einfach das, was schöner klingt. Das wiederum hat System. Denn vor allem die deutsche Sprache ist dermaßen unlogisch aufgebaut, dass ich von Herzen froh bin, sie nicht als Fremdsprache habe lernen zu müssen. Türen sind weiblich, Busse männlich und im Dschungel wimmelt es dermaßen von Leben, dass er/sie/es alles ist – nur nicht logisch. Vielleicht hatte ich deshalb in der Schule solche Probleme mit Latein.

Magazine

31.3.2017

Warum tragen Frauenzeitschriften eigentlich immer Frauennamen, Männerzeitschriften hingegen nicht? Magazine für Frauen heißen Emma, Brigitte, Laura, Donna, Elle oder Barbara. Männerzeitschriften heißen Beef, Playboy, GQ und FHM. Bei den Magazinen für Frauen lautet die Botschaft: Das ist keine Zeitschrift, das ist deine Freundin. Was ist bei den Männern? Kryptisches Buchstabengedöns. Heißt vielleicht: Ja, auch wir sind kompliziert. Manche Männer-Titel sind zudem mit Ausrufezeichen garniert. Beef zum Beispiel, das eigentlich „Beef!" heißt. Hier suggeriert das lauteste und zugleich eleganteste aller Satzzeichen eine rohe Wildheit, die zugleich irgendwie sexy ist, unterstrichen durch die Haptik des Papiers, weit jenseits allen Hochglanzes. Man könnte sagen, das Ausrufezeichen ist der Man-Bun, der Herren-Dutt, der Männermagazine. Die rauen Seiten ihr Brusthaar. Bei Frauenzeitschriften funktioniert das Ausrufezeichen überhaupt nicht. Im Gegenteil, es würde den Titel zu einer plumpen Anmache degradieren. Barbara! Und irgendeine wird sich schon umdrehen. Und dann diese immer gleichen Hochglanz-Seiten. Ich mache mich hübsch, sagen die Frauenzeitschriften, warum nicht auch du? Wollen Sie, liebe Leserinnen, eine solche Freundin? Ich jedenfalls habe genug von Ausrufezeichen und ich glaube, vielen Frauen geht es – auf ihre Weise natürlich – ähnlich. Aber die rauen Seiten, die mag ich.

Ein Rudi Völler

5.6.2018
Die Sprache des Fußballs ist voller Besonderheiten und Wunder. Mein großer Favorit ist das Wort „ein", in der deutschen Sprache ein unbestimmter Artikel, manchmal auch ein Numeral. In der Fußballsprache jedoch wird „ein" grammatikalisch zu einem Paradoxon: zu einem typenbestimmenden Indefinitpronomen. Beispiele: „Ein

Lothar Matthäus lässt sich nicht von seinem Körper besiegen, ein Lothar Matthäus entscheidet selbst über sein Schicksal." Oder: „Löw wird seine Gründe haben, einen Leroy Sané nicht mit zur WM zu nehmen." Diese raffinierte Wortneudeutung wurde geschaffen, um den Spieler einem Typus gleichzusetzen, während man über genau diesen Spieler spricht. „Ein Leroy Sané", das ist einer, ein Spieler nämlich, der sehr schnell und sehr dribbelstark ist. Das „ein" deutet an, dass es in der Welt des Fußballs noch weitere Sanés gibt, aber nur einen (!) echten Sané. Kompliziert ich weiß, aber jetzt kommt's: Eine Sonderform des typenbestimmenden Indefinitpronomens „ein" ist das sogenannte „Völlersche Alleinstellungspronomen". Es ist dadurch gekennzeichnet, dass es im Vergleich zu den übrigen Fußball-eins nicht flexiert. Es gibt halt nur ein Rudi Völler. Nicht einen, nicht zwei. Genau ein. Fußballsprache ist eben eine sehr präzise Angelegenheit.

S-Wort

6.2.2014
Heute geht es um ein böses Wort. Wir haben in der Redaktion lange diskutiert, ob man es schreiben darf und falls ja, ob man es schreiben sollte. Es sei vorerst das S-Wort. Autor Andreas Maier hat es mal in einer Laudatio benutzt. Ich war dabei. Damals war ich der Meinung, es sei salonfähig geworden. Zumindest im Bereich des gesprochenen Wortes. Aber gilt das auch für das geschriebene Wort? Papier ist ja bekanntlich geduldig. Harald Martenstein, den ich übrigens sehr schätze, hat es einmal adjektivisch in einer seiner Kolumnen verwendet. Ich habe diese Kolumne gelesen und fand es dort im Kontext angebracht. Zumal Herr Martenstein, den Konven-

tionen folgend, für den Gebrauch sofort um Entschuldigung bat. In Deutschland genießt das S-Wort ein ähnliches Standing wie das F-Wort in der englischsprachigen Welt. Wobei das F-Wort, vermutlich bedingt durch sein überaus häufiges Auftauchen in Liedtexten und Filmen, meiner Meinung nach eine größere gesellschaftliche Akzeptanz genießt, als es das S-Wort bei uns tut. Klar, es ist vulgär. Es ist derb. Es beleidigt so manches Ohr. Aber irgendwie ist es auch unglaublich authentisch. Bleibt noch die Frage zu klären, ob ich es schreiben werde. Da muss ich Sie heute enttäuschen. Ich bin noch nicht so weit. Vielleicht ein andermal.

Eichhörnchen

23.7.2018
Das Eichhörnchen galt, wenn man meinem Wörterbuch Glauben schenken darf, wegen seiner roten Farbe und seiner Wendigkeit schon im Mittelalter als Symbol des Teufels. In dieser Tradition steht vermutlich auch der Spruch „Der Teufel ist ein Eichhörnchen", der im Grunde besagt: Man darf sich nie zu sicher sein. Angeblich ist dieser kleine, niedliche Teufel heute in der Defensive. Das größere und aggressivere amerikanische Grauhörnchen fühlt sich bei uns sehr wohl und verdrängt seinen roten, teuflischen Verwandten, liest man immer wieder. Ist aber alles nicht wahr, sagt ein Bericht des Bayrischen Rundfunks. Der „Krieg der Eichhörnchen" ist demnach nichts weiter als eine urbane (oder vielleicht eher silvane?) Legende. Der kleine, rote Teufel wird auch weiterhin durch unsere Wälder und Parks flitzen. Wir können also beruhigt bei schier unglaublichen Geschichten ein überraschtes „Der Teufel ist ein Eichhörnchen" von uns geben. Ich selbst mache das nicht mehr, weil ich von einer

anderen Gesetzmäßigkeit überzeugt bin: Der Teufel ist mitnichten ein Eichhörnchen, mein guter Freund David ist eins. Weil sein Sohn Max ein Talent im Süßigkeiten vernichten hat, legt David überall im Haus kleine, süße Depots an. Wie ein Eichhörnchen.

Rätsel

2.12.2014
Der moderne Fußball stellt mich im Zusammenhang mit der deutschen Sprache nicht erst seit Lothar Matthäus immer wieder vor Rätsel. Am Sonntagnachmittag wurde während der Partie zwischen Wolfsburg und Mönchengladbach ein kleiner Junge eingeblendet. Er saß auf der Tribüne und hielt ein Plakat fest, das jede Menge Informationen enthielt – bis auf die eine essenzielle. Dort stand: „Raffael, darf ich dein Trikot?" Ja um Himmels willen was denn? Mal anfassen? Waschen? Verbrennen? Für dieses Rätsel gibt es zwei mögliche Ursachen. Erstens: Der Junge schrieb zu große Buchstaben und hatte schließlich keinen Platz mehr. Zweitens: Der Junge wählte die Größe des Plakats unglücklich und hatte schließlich keinen Platz mehr für weitere Buchstaben. Eine Kombination aus beiden Ursachen erscheint mir unwahrscheinlich, aber möglich. Ich tippe mal, dass der Junge das Trikot weder waschen noch verbrennen wollte. Er wollte es besitzen. Es haben. Er wollte einen kapitalistischen Ur-Instinkt befriedigen. Als Muttersprachler hatte ich dieses Rätsel schnell gelöst. Aber welch Tragödie: Raffael ist Brasilianer. Ob er diese kryptische Bitte verstanden hat? Wahrscheinlich nicht. Vielleicht hat sich ja einer erbarmt, ist nach dem Spiel zu dem Jungen gegangen und hat gesagt: „Darf ich dir korrektes Deutsch?"

Berufe

23.5.2014

Mir ist aufgefallen, dass scheinbar unattraktive Berufe umbenannt wurden. Das führt dazu, dass die einst übersichtliche deutsche Berufslandschaft zu einem Maskenball verkommt. Man kleidet Berufe in funkelnde Wort-Kostüme und guckt, wer darauf hereinfällt. Hausmeister heißen heute zum Beispiel Facility Manager, weil das unglaublich wichtig und hochbezahlt klingt. Putzfrauen nannte man früher Putzfrauen, weil sie sauber gemacht haben und meist weiblich waren. Da wusste man, woran man ist. Heute sagte man Reinigungskraft. Überhaupt sind heutzutage im Auftrag politischer Korrektheit ziemlich viele Kräfte am Werk. Nehmen wir die Müllmänner. Die hießen so, weil sie den Müll mitnehmen und meist männlich sind. Zumindest habe ich noch nie eine Müllfrau gesehen. Heute sind das Fachkräfte für Kreislauf- und Abfallwirtschaft. Das sind Fachkräfte! Die machen irgendwas mit Wirtschaft! Diese Berufsbezeichnung schreit geradezu heraus, dass sie wichtig sind und viel Geld verdienen. Topmanager gehen übrigens manchmal den umgekehrten Weg. Auf ihren Visitenkarten steht keine Berufsbezeichnung. Da steht schlicht: Taking care of business. Er kümmert sich um das Geschäft. Das passt auf Putzfrauen, Müllmänner und Hausmeister auch. Aber die haben selten Visitenkarten.

Haarlekin

19.12.2013

Haare wachsen immer. Haare schneiden müsste also ein einträgliches und krisensicheres Geschäft sein. Leider denken das ziemlich viele Menschen, was – vor allem in Städten – zu einer größeren Konzentration von Frisören führt. Wer Haare hat und diese verlieren will, fühlt sich wie auf der Kirmes: Man hat gerade an der Losbude den Hauptgewinn gezogen und jetzt die freie Auswahl. Die Konkurrenz ist groß, der Preisdruck erst recht. Deshalb muss man als Frisör mit eigenem Laden aus der Masse der anonymen Scherenschwinger herausstechen. (Achtung, das kann ins Auge gehen.) Viele Frisöre versuchen, mit ungewöhnlichen Namen aufzufallen. Das hat sich in den vergangenen Jahren zu einer regelrechten Marotte gesteigert, deren Blüten unter anderem in einem Blog bewundert werden können (barbierblog.wordpress.com). Um Ihnen nicht den Genuss zu verderben, möchte ich an dieser Stelle nur meine Favoriten nennen. Ich bin gespannt, ob die Namen Rückschlüsse auf die Betreiber zulassen. Bei Haargenau dürfte beispielsweise mit dem Lineal gearbeitet werden, Bel-Hair ist vermutlich teuer und bei Chaarmant arbeiten nur nette Menschen. Bei Atmosph'hair ist es gemütlich und bei VorHair NachHair ist der Name Programm. Achja: Bei Haarlekin ist es am lustigsten.

Drum prüfe

14.11.2014
Unsere Welt ist voller Ver- und Gebote. Zum Beispiel lese ich am Ende von E-Mails (und davon haben wir weiß Gott jeden Tag so viele, dass wir sie verkaufen könnten) oft das Gebot: Bitte prüfen Sie, ob diese Mail ausgedruckt werden muss! Schiller hätte es wohl kaum besser formuliert. Ich prüfe also. Manchmal kommt mir eine E-Mail derart interessant vor, dass ich in der Hitze des Moments durchaus bereit bin, mich ewig zu binden. Ich möchte sie mit nach Hause nehmen, einrahmen und

daheim an die Wand hängen, um mich für immer daran erfreuen zu können. Ach was, ich möchte meine Bude damit tapezieren! Aber wer in der Schule Schiller gelesen hat, weiß: Der Wahn ist kurz, die Reu ist lang. Also erstmal Kaffee holen und die Lage überdenken. Rinnen muss der Schweiß. Meistens komme ich dann zu dem Schluss, dass ich diese Mail doch nicht ausdrucken muss. Damit handle ich systemkonform, denn dieses harmlose Gebot ist in Wahrheit ein getarntes Verbot. Du darfst diese Mail nicht ausdrucken, weil das Papierverschwendung ist! Das ist mir recht. Ich will diese Mail gar nicht ausdrucken, ich verschmutze die Umwelt ohnehin schon genug. Ich will noch nicht mal prüfen! Und Schiller mag ich auch nicht.

Attraktiv

9.3.2016
In der Radiowerbung wurde neulich ein Küchengerät angeboten. Es hieß, wer es jetzt kaufe, bekomme gratis ein „attraktives Zubehör" dazu. Ich finde nicht, dass das ein gutes Verkaufsargument ist. Halten Sie mich für oberflächlich, aber wer will schon unattraktives Zubehör? Ob geschenkt oder nicht, hässliche Sachen haben in meiner Wohnung keinen Platz – allein mit den schönen Dingen ist es schon eng genug. Und überhaupt: Wer bestimmt denn, was attraktiv ist? Es gibt Menschen, die finden zum Beispiel Tattoos attraktiv. Ich gehöre nicht dazu. Was ist, wenn aber der Designer des Zubehörs ein Mensch ist, der auf Körperbemalung steht? Er wird ein für seinen Geschmack sehr attraktives Zubehör kreieren, das mir wiederum nicht gefiele. Dabei heißt es doch immer, der Kunde sei König. Ich will aber kein tätowiertes Zubehör! Nein, in diesem Stadium kann man die Werbeaktion nur als stümperhaft und undurchdacht bezeichnen. Das alles

würde Sinn machen, wenn der Küchengeräte-Hersteller dem Kunden verschiedene attraktive Zubehöre anböte. Man müsste in Ruhe überlegen dürfen, ob man den blonden oder lieber den brünetten Rührstab nimmt. Der Kunde müsste mindestens zehn Tage Zeit haben, schließlich müssen in den meisten Haushalten gleich mehrere Geschmäcker bedient werden.

Kreislauf

29.9.2015
Es gab Zeiten, da hatte fast jeder einen Beruf. Das Wort steht für eine Tätigkeit, die man erlernt hat, um damit Geld zu verdienen. Es ist eng verwandt mit dem Wort Berufung, das laut Wörterbuch für eine besondere Befähigung, die man als Auftrag empfindet, steht. Man übte diesen Beruf ein Leben lang aus. Natürlich in derselben Firma. In Japan war das sogar in den meisten Arbeitsverträgen festgeschrieben. Später wurden aus dem einen Beruf viele Jobs – je nach Verdienst waren es mehrere gleichzeitig. Job ist das englische Wort für Beruf, bedeutet aber eigentlich nicht viel mehr als „Aufgabe". Aus der Schule weiß man noch: Wenn eine Aufgabe erledigt ist, geht man zur nächsten über. So war das mit den Jobs. Nur noch sehr wenige Menschen haben heute einen Beruf, viele haben einen Job. Und immer mehr eilen von Auftritt zu Auftritt, sogenannten Gigs. In den USA nennt man das Gig-Economy. Wer so arbeitet, unterscheidet sich im Grunde nicht mehr von einem Straßenmusiker, der morgens auf der Zeil, nachmittags am Hauptbahnhof und abends an der Hauptwache spielt. Vielleicht sind wir alle bald bloß noch Straßenmusiker. Und weil viele Musiker ihren Job als Berufung sehen, stünden wir dann wieder am Anfang.

Konkurrenz

23.1.2018

Aus dem Fernsehen habe ich gelernt, dass die Größe des Gemächts tatsächlich mit Konkurrenzkampf beziehungsweise mit dem Fehlen desselben zu tun hat. Zu meiner Verteidigung: Ich habe an diesem Wochenende weder eine Folge dieser Sendung mit den vielen nackten Menschen auf einer tropischen Insel noch das Dschungelcamp geguckt, sondern Terra X, ein seriöses Wissensmagazin – und Wissen war es auch, was ich ja schließlich fand. Ich lernte: Während Bonobos über im Verhältnis zu ihren Körpern sehr große Geschlechtsteile besitzen, sind diese bei Schimpansen und Gorillas vergleichsweise klein. Das liegt daran, dass Schimpansen und Gorillas sich ihren Lebensraum nördlich des Kongo-Flusses teilen, Bonobos jedoch südlich des Flusses keine Konkurrenten haben. Heißt: Sie müssen sich nicht gegen andere behaupten, müssen nicht hassen, müssen nicht kämpfen. Stattdessen können sie das Leben genießen, der Liebe frönen. Von wegen, Konkurrenz belebt das Geschäft... Überträgt man diese Gesetzmäßigkeit auf die nahen Verwandten von Bonobo, Schimpanse und Gorilla – auf uns – würde das übrigens heißen, dass alle, die sich im Leben oder in der Firma täglich dem großen Konkurrenzkampf stellen (müssen) ... aber lassen wir das. Hauptsache, wieder was gelernt, oder?

Anmerkung: Dieser Text hat mit dem Thema Sprache, abgesehen davon, dass er in einer verfasst ist, in der deutschen nämlich, eigentlich nichts zu tun. Wir benötigen ihn aber, um den folgenden zu verstehen.

Bedeutungen

24.1.2018

Eine Kollegin hat sich – nicht ganz ernst – an einem Wort gestört, das ich im gestrigen „Gemoije" verwendet habe. Das Wort ist „Gemächt". Ein fürchterliches Wort, findet sie – und hat damit völlig recht. Deshalb habe ich es gewählt. Wer wenig Platz zur Verfügung hat, der wägt ab, und zwar jeden Buchstaben. Im Text ging es um die Geschlechtsteile von Menschenaffen, um deren Größe und ich fand das Wort irgendwie, nun ja, passend. Vielleicht aus Gründen der Ironie. Jedenfalls schlug ich im Zuge dieser humorvollen Diskussion das „Gemächt" im Wörterbuch nach und war überrascht, was dieses mittlerweile veraltete Wort jenseits des männlichen Geschlechtsteils, mit dem man es meist assoziiert (war bei mir ja genauso), zu bieten hat. Neben dem Bekannten, dem Naheliegenden kann „Gemächt" zudem etwa „ein Erzeugnis geistiger Arbeit" sein. Als Beispiel für den ersten Fall stand folgender Satz: „Seit einem schlimmen Unglücksfall hat Bertram einen Schaden am Gemächt." Ein Satz wie ein weinender Clown. Aber es wird noch besser. Für das Erzeugnis geistiger Arbeit nannte das Wörterbuch den Beispielsatz: „Lausche Goethes Gemächten." Und damit ist meiner Meinung nach alles über dieses Wort gesagt. Alles

Rufmord

2.8.2017

Widmen wir uns heute einer der größten Rufmord-Kampagnen Deutschlands. Eine harmlose Familie wird etwa seit Beginn des 20. Jahrhunderts Generation für Generation in Sippenhaft genommen. Der Name der Familie wird buchstäblich in den Dreck gezogen, steht er doch für größtmögliche Unordnung. Wir sprechen von der armen Familie Hempel, unter deren Sofa beziehungsweise Bett es dieser infamen Kampagne nach so dreckig und unordentlich sein soll, dass der Familienname verwendet wird, wenn man auf vermeintlich ähnliche Zustände in anderen Haushalten hinweist. Dafür stehen die Hempels mit ihrem Namen. Sie sind die Claus Hipps der Unordnung. Ausgerechnet der Liedermacher Reinhard Mey sorgte in den frühen 90er Jahren für die Verbreitung dieser Redwendung, das habe ich – kein Witz – in der Kinderzeitschrift Geolino gelesen. Aber hat jemals irgendjemand bei den Hempels unters Sofa geschaut? Oder unters Bett? Ist es verbürgt, dass es dort anno 1900 dermaßen dreckig war? Wer weiß, vielleicht hat Frau Hempel damals einfach mal vergessen, unterm Sofa sauber zu machen. Vielleicht waren die Hempels auch reich und beschäftigten ein Dienstmädchen. Demnach träfe sie überhaupt keine Schuld. Sie wären traurige Opfer von Pfuschern...

Sehr

16.5.2015
Das Wort „sehr" bedeutet „besonders" oder „in hohem Maße". Es wird zur Steigerung eines Adverbs oder eines Adjektivs verwendet. Weil innerhalb der vergangenen 2000 Jahre jede Menge (man könnte auch sagen „sehr viel") geschehen ist, das man ausschließlich mit Superlativen beschreiben muss, nimmt die Verwendung von „sehr" derzeit sehr zu. Wir treiben es wohl immer toller. Wer das nicht glaubt, der braucht nur einen Blick in den Sportteil zu werfen. Denn im Sport geschehen täglich

eine Million großartige Dinge, die es gebührend aufzuarbeiten gilt. Nehmen wir als Beispiel Pep Guardiola. Der Mann hat erstens alles gesehen, zweitens alles erreicht und musste drittens jedes Mal eine Erklärung dazu abgeben. Was soll er denn noch sagen? Ist eben alles supersupersuper. Deshalb ist er auch stolz auf seine Mannschaft. Quatsch, sehr stolz ist er natürlich. Tatsächlich ist er sogar „sehr, sehr, sehr stolz". Denn „sehr, sehr stolz" war er schon in der vergangenen Saison. Gerade im Sport muss es ja weitergehen, eine Entwicklung erkennbar sein. Das Internet (sehr interessant) hat mir darüber hinaus verraten, dass „sehr" früher einmal „wund" im Sinne von „verletzt" bedeutete. So gesehen ist Guardiola also dermaßen stolz, dass er davon wund geworden ist.

Eventuell

23.5.2016
Meine Krankenkasse wollte von mir wissen, was ich von ihr halte. Unter anderem musste ich die Frage beantworten, ob ich die Kasse weiterempfehlen würde. Zur Auswahl standen „ganz bestimmt", „auf keinen Fall" und „eventuell". Interessant fand ich besonders die dritte Möglichkeit. Eventuell. Es ist die geheimnisvolle Art, zu sagen: Ich bin unentschlossen, aber alles ist möglich. Eventuell ist das Las Vegas des deutschen Wortschatzes, ein Versprechen, keine Versprechen zu machen. Eventuell ist wie Kaa, die Schlange aus dem Dschungelbuch. Es schlängelt sich ganz leicht und grazil aus dem Mund heraus und zeigt Möglichkeiten, Fantasien, aber auch Abgründe. Es lullt den Gesprächspartner ein wie ein Hypnotiseur – wenn man es denn richtig sagt. Ein kurzes, kalt ausgespucktes Eventuell beispielsweise ist schon beim Verlassen der Zunge seiner Magie beraubt. Aber was soll

man sagen, wenn der Gegenüber nach einer Frage kurz schweigt, sich dann vorbeugt und ganz langsam ein Eventuell in den Raum schlängeln lässt? Sie verstehen. Hätte mich die Krankenkasse zu einem Drink eingeladen und dann ganz dezent und subtil die Hoffnung auf mehr geäußert, ich hätte wohl um des Friedens willen mit einem solchen Eventuell geantwortet. Hat sie aber nicht. Deshalb ist es auch egal, wofür ich mich entschieden habe. Was bleibt, ist dieses Wort.

Faulbettlein

24.2.2018
Im ausgehenden Mittelalter gab es in den Wohnungen der Oberschicht ein Möbel, auf dem die Bewohner zu ruhen pflegten. Wir würden heute sagen: ein Sofa, eine Couch, vielleicht eine Chaiselongue oder einfach ein Bett. Das Möbel war wohl wesentlich unbequemer und hatte den zugleich niedlichen wie treffenden Namen Faulbettlein. Der deutsche Schriftsteller Bruno Preisendörfer stellt das Möbel in seinem Buch über die Lutherzeit, „Als unser Deutsch erfunden wurde", vor. Wenn ich dort vom Faulbettlein lese, beschleicht mich ein wenig Wehmut. Wie schön, wie trefflich, wie behaglich und zugleich einladend ist dieses Wort! Ich lege mich einen Moment aufs Faulbettlein, da lässt es sich so schön faul drin sein. Stattdessen haben wir: das Sofa. Unter dem es, zumindest bei der berühmten Familie Hempel, auch noch furchtbar aussieht. Ich plädiere auf Wiedeeinführung des Faulbettleins, im Wortsinn, nicht im Eigentlichen; moderne Polstermöbel sind doch entschieden bequemer. Darüber hinaus sollten wir noch viel mehr Dinge des Alltags angemessener bezeichnen. Warum Fernseher, wenn es auch „Stumpfguckrein" heißen könnte? Warum Dusche,

wenn wir uns morgens unter das „Rieselwassermachtrein" stellen könnten? Warum den Braten in den Backofen schieben, wenn das auch ein „Heiztgutein" sein könnte?

Sprachklaus

24.2.2016
Viele gebildete Menschen beherrschen die deutsche Sprache nicht richtig. Das erschreckt mich. Es sind vor allem Naturwissenschaftler – denen ich mit großem Respekt begegne, weil sie Probleme lösen, die mir nie einfallen würden –, die mit Deutsch nicht zurechtkommen. Ich weiß das, weil ich mit einer für dieses Thema sensibilisierten Naturwissenschaftlerin zusammenlebe, die mich beinahe täglich mit Beispielen aus ihrem Umfeld erfreut. Kein Aufsatz ohne eklatante Rechtschreibfehler und Schachtelsätze, bei deren Anblick Deutschlehrer und Journalisten Selbstmordgedanken hegen. Und dann die Sache mit den Kommata! Die muss ein Schöngeist erfunden haben. Welche Ironie, da gerade das Komma Ordnung ins geschriebene Wort bringt. In der Jugendsprache existiert ein Wort, Körperklaus, das einen Tollpatsch, einen Grobmotoriker bezeichnet. Der Naturwissenschaftler ist ein Sprachklaus. Dabei ist der grobmotorische Umgang mit der Sprache ein hausgemachtes Problem. In keiner anderen Sprache kann man so präzise formulieren, wie im Deutschen. Da bleiben Anmut und Stil schon mal auf der Strecke. Ein Naturwissenschaftler kann gar nicht anders, er muss es umständlich machen, damit es präzise ist. Und für Rechtschreibung hat er einfach keine Zeit. Schließlich müssen Nobelpreise gewonnen werden.

Die Brüllfalle

25.1.2016
Ich lese immer wieder von Seminaren, die einen „Weg aus der Brüllfalle" weisen sollen. Sie sind bitter nötig, denn dieser Weg ist kein leichter. Am besten ist es, wenn man gar nicht erst hineintappt. Die Brüllfalle ist schon aus vielen Kilometern Entfernung zu hören. Sie raunzt und krakeelt, dass es eines Kesselflickers Freude ist, deswegen nennt man sie Brüllfalle. Kein Problem, denkt man, ich werde doch nicht in eine Falle gehen, die so lautstark auf sich aufmerksam macht. Falsch! Denn so leicht ist es nicht. Die Brüllfalle hat es auf genervte Eltern abgesehen. Die werden von Gebrüll angezogen, weil sie ihre Ruhe haben wollen. Was dem Anglerfisch die Funzel ist der Brüllfalle das, nun ja, Gebrüll. Brüllfallen sind tückisch. Sie lauern gerne am frühen Morgen zwischen erkaltendem Toast und unerbittlich voranschreitendem Sekundenzeiger. Da sind die Eltern meist am nachlässigsten. Lässt man sich von ihren Tiraden einlullen, schnappen sie zu. Sie brechen einem nicht das Genick wie etwa eine Mausefalle, oh nein. Sie zerschmettern einem das Nervenkostüm. Ohrenstöpsel könnten helfen, aber die verdrängen nur das Problem. Man muss stark sein, um zu widerstehen. Ansonsten hilft nur noch ein Seminar.

Knusperhäuschen

6.7.2013
Der Kindergarten. Das ist ein Ort, an dem Kinder Spaß haben, Abenteuer erleben, sich wohlfühlen. Heute haben sie aufregend klingende Namen wie „Abenteuerland",

„Wichteltal", „Bärenhöhle" oder „Lummerland". Früher war man weniger einfallsreich. Da hießen sie schlicht „Kindergarten der Stadt/Gemeinde X". Das höchste der Gefühle waren, bei einigen zumindest, die vorangestellten Adjektive „evangelischer" oder „katholischer". Ist doch schön, dass Kindergärten sich heutzutage viel farbiger und schillernder präsentieren. Etwas weiter weg von hier, Richtung Ruhrgebiet, gibt es übrigens einen, der heißt „Knusperhäuschen". Das geht mir dann doch zu weit. Ist das Knusperhäuschen doch weder ein Ort des Abenteuers noch der Geborgenheit – also das, was alle Kindergärten gerne sein möchten und sein sollten. Das Knusperhäuschen ist ein Ort der Entführung, des Freiheitsentzuges, des (versuchten) Kannibalismus und letztendlich des Mordes. Kein Ort, an den man sein Kind schicken möchte. Völlig egal, ob die Wände aus Pfefferkuchen bestehen. Das Gesamtpaket stimmt einfach nicht. Da können wir froh sein, dass sich unsere Kinder täglich in Abenteuerländern und Wichteltälern aufhalten.

!

9.1.2016
Ich mache mir große Sorgen. Ganz Deutschland redet über Til Schweiger und seine seltsame Art der Selbstbeweihräucherung, aber niemand denkt an all die Ausrufezeichen, die dieser Mann in seinen Kommentaren verheizt hat. Manchmal muss man dem geschriebenen Wort etwas Nachdruck verleihen, das verstehe ich. Dann setzt man statt des Punktes eben ein Ausrufezeichen. Wenn man sämtliche Buchstaben, Leerzeichen, Kommata und Punkte des Schweigerschen Facebook-Posts entfernt, bleibt folgendes übrig: !!!!!!!!!!!!!!!!!!!!!!!!!!!!!!!!!!
Es sind dies die 34 Ausrufezeichen, die der Schauspieler

für seine Eloge auf Christian Alvart in die Tastatur geknüppelt hat. Da Schweigers Fans ihren Aussagen ebenso gerne Nachdruck verleihen fürchte ich, dass bald keine Ausrufezeichen mehr da sind. Was soll werden aus Ausrufen wie „Hunger!", „Feuer!" oder „Achtung!"? Sie werden zu lahmen Feststellungen verkommen. Einziger Lichtblick war Twitter. Bei maximal 140 Zeichen ist kein Platz für zu viel Nachdruck. Nun hat Twitter angekündigt, diese Grenze aufzuheben. Bald sollen Tweets mit bis zu 10.000 Zeichen möglich sein. (Am Ende des letzten Satzes sollte übrigens ein Ausrufezeichen stehen, aber einer muss ja sparen.)

Präzise

5.11.2016
Es gibt eine Webseite, die Tipps fürs „gendergerechte Formulieren" gibt. Ein Wörterbuch der Unmännlichkeit sozusagen, weil 99 Prozent aller gegenderten Begriffe männlich sind. Das heißt nicht, dass sie einen Penis haben, sondern dass sie grammatikalisch gesehen männlich sind. Student. Akademiker. Alkoholiker und so weiter. Einen Antragsteller soll man laut dieser Webseite gendergerecht als „die Person, die einen Antrag stellt" umschreiben. Der Apotheker ist ein „Arzneikundiger". Ich kenne ein paar Apotheker und weiß, dass ein klein wenig mehr zu diesem Beruf gehört, als „kundig in Arzneien" zu sein. Biochemie zum Beispiel. Humanbiologie, Analytik, Mathematik und Physik. Und das ist nur die Spitze des Eisbergs. Dieses Wörterbuch wirft der deutschen Sprache vor, diskriminierend zu sein und ist stattdessen in hohem Maße einfach unpräzise. Dabei ist es das, worum man unsere Sprache – vor allem in der Wissenschaft – weltweit beneidet. Präzision. Kaum eine Sprache

ist so präzise wie unsere. Für „Redakteur" schlägt das Genderwörterbuch übrigens schlicht „Redaktion" vor. Das ist der Raum, in dem ich arbeite, verdammt! Um des Genderns willen soll ich also einem Raum, einem Ding, gleichgesetzt werden. Wenn das nicht diskriminierend ist, dann weiß ich es auch nicht.

Minenfeldin

16.8.2017
Ich weiß, ich weiß, Gender ist ein Minenfeld (oder eine Minenfeldin, keine Ahnung, hab den Überblick verloren). Zumal, wenn man als Mann darüber schreibt. Aber weil ich von Berufs wegen zig Mal am Tag Wort-Ungetüme wie „Verwaltungsfachmitarbeiterinnen und -mitarbeiter" oder „Kandidatinnen, Kandidaten" oder „Kameradinnen und Kameraden" oder „Kolleginnen und Kollegen" vor Augen habe, komme ich immer wieder ins Grübeln, ob es Sinn oder Wahnsinn ist, Texte dermaßen zu verunstalten. Als Redakteur betrachte ich das Ganze natürlich von der praktischen Seite. Heißt, der Text soll gut lesbar sein. In allen Fällen würde die (angestammte) männliche Form des jeweiligen Wortes zur schnellstmöglichen Erfassung des Sinns genügen; wobei der Verwaltungsfachmitarbeiter hart an der Grenze ist, das gebe ich zu. Unser Hirn macht am Ende sowieso, was es will. Steh im Text „Kolleginnen und Kollegen", sieht es eigentlich nur „Kolleg-" und weiß Bescheid. Unser Hirn interessiert sich nämlich nicht für Gender, wenn es liest, es interessiert sich für den Sinn des jeweiligen Satzes. Wenn sogar der eigene Kopf schon lange vor dem Ende des Wortes weiß, worum es geht, könnten wir uns das doch einfach sparen, oder?

Gender

10.1.2017
Machen wir uns nichts vor, in Sachen Gender haben wir Nachholbedarf in allen Bereichen des Lebens. Ich rede nicht von abstrakten Dingen wie Frauenquoten auf Manager-Ebenen oder der Idee einer möglichst komplizierten und ungelenken, aber dafür gendergerechten deutschen Sprache. Nein, mein Ansatz ist viel alltäglicher. Nehmen wir zum Beispiel das schreiende Gender-Ungleichgewicht, das derzeit bei den Nachtschattengewächsen herrscht, genauer: bei den Kartoffeln. Es gibt keine einzige Kartoffelsorte, die einen Männernamen trägt. Das ist ein Skandal. Die einzige – der einzige –, der dem irgendwie nahe kommt, ist der Blaue Schwede. Und der ist, wie ich finde, des Klischees wegen fast schon wieder eine Beleidigung. Stattdessen heißen Kartoffeln Adelina (festkochend), Birte (vorwiegend festkochend) oder Leandra (mehlig kochend). Warum gibt es keinen mehlig kochenden Günther oder einen überwiegend festkochenden Herrmann? Ich vermute, dass die Biologen, die all diese Kartoffelsorten entdeckt und beschrieben haben, Männer gewesen sind. Einer war mit Adelina verheiratet, ein anderer liebte Leandra, der Dritte die Birte und so weiter. Ich vermute weiter, dass all diese Sortenbezeichnungen seltsame Blüten der Liebe sind. Es braucht mehr Biologinnen in der Kartoffel-Forschung.

Effekte

9.5.2017
In letzter Zeit lese ich andauernd von Effekten. Ein Effekt ist laut Wörterbuch eine Wirkung mit ungewissem

Resultat, die von selbst entsteht oder absichtlich herbeigeführt werden kann. Seit einigen Wochen wird in Deutschland beispielsweise der Schulz-Effekt beobachtet. Da wird es schon kompliziert, denn Schulz ist in Deutschland ein ziemlich weit verbreiteter Name. In diesem Fall ist SPD-Kanzlerkandidat Martin Schulz gemeint, dessen Nominierung den Effekt haben soll, Wahl-Ergebnisse der SPD signifikant zu verbessern. Ob der Martin-Schulz-Effekt absichtlich herbeigeführt worden ist oder nicht, ist nicht so ganz klar. Klar ist hingegen, dass man ihn nicht mit einem anderen Schulz-Effekt verwechseln darf: dem Michael-Schulz-Effekt. In fußballgeprägten Bierrunden gerne auch nostalgisch Schulz-Dusau-Effekt genannt. Der war rein auf den Fußballplatz begrenzt und hatte für Spieler, die mit ihm Bekanntschaft machten, meist schmerzhafte Folgen. Als ob das alles nicht genug wäre, hat Daniel Günther, Wahlsieger in Schleswig-Holstein, nun den Merkel-Effekt ausgemacht. Das ist, grob gesagt, wenn einer eine Wahl gewinnt, weil Angela Merkel Bundeskanzlerin ist. Ich persönlich mag ja den Carpenter-Effekt. Das ist, grob gesagt, wenn ein Zug in einen Bahnhof einfährt und alle laufen mit, obwohl der Zug überall Türen hat.

Kräfte

20.8.2017
In der deutschen Berufslandschaft, aber auch im Ehrenamt, sind unglaublich viele Kräfte am Werk. Lehrkräfte, Einsatzkräfte, Schreibkräfte, Putzkräfte – aber auch Fachkräfte und sogar Hilfskräfte. Man könnte meinen, der Arbeitsmarkt sei ein ständiges Zerren und Ziehen sehr hart arbeitender Menschen, die durch ihre Tätigkeiten beschleunigen und verformen, Energie entwickeln,

eben Arbeit verrichten. Und das Bruttosozialprodukt steigt und steigt vor unserem inneren Auge. Dass wir Arbeit mit Kraft verbinden hat wahrscheinlich damit zu tun, dass man früher tatsächlich physische Kraft aufwenden musste, wenn es etwas zu tun galt und wahrscheinlich auch mit der physikalischen Definition von Kraft, ohne die keine Arbeit verrichtet werden kann. Genauso kostet es den Lehrer Kraft, wenn er Tag für Tag einer Horde Jugendlicher die Grundprinzipien der Physik beibringen will. Es kostet den Feuerwehrmann Kraft, der im Einsatz Leben rettet. Trotzdem sind mir diese Bezeichnungen ein Graus. Auch die Arbeitskraft an sich, wenn sie auf den Arbeitsmarkt und nicht auf die Physik bezogen ist. Wir brauchen das doch gar nicht. Jeder weiß, dass Arbeit Kraft erfordert, kostet, freisetzt. Also lassen wir den Lehrer Lehrer sein und den Helfer einfach helfen, statt ihn als Hilfskraft zu bezeichnen.

Das Tanzbein

21.10.2016
Heute geht es um das Tanzbein. Es sieht aus wie ein ganz normales Bein, aber es hat viel mehr drauf. Wer eines hat, der kann es schwingen. Im Gegensatz zum Huf, den man zwingend immer mindestens im Paar schwingen muss, schwingt das Tanzbein stets allein. Das ist völlig ausreichend. Auf einem Bein kann man nicht stehen – aber man kann es schwingen. Probieren Sie mal. Wer das tun möchte, sollte dennoch ein zweites Bein mitbringen. Sonst fällt man um. In Kombination mit dem zweiten Bein – wir reden hier vom richtigen Bein aus Fleisch und Blut und nicht vom zweiten Schnaps des Abends – wird man einen mehr oder weniger passablen Tanz zustande bringen. Stellen Sie sich eine klassische Marmorskulptur

vor. Tanzbein und Standbein verhalten sich wie Standbein und Spielbein. An das Standbein gibt es keine besonderen Herausforderungen. Es kann auch ein Holzbein sein. Die Qualität des Tanzes ist jedoch in hohem Maße von der Qualität des Tanzbeins abhängig. Je mehr Alkohol man trinkt, desto mehr schwingt es. Schaukeln funktionieren auch besser, wenn man sie gut schmiert. Es ist dasselbe Prinzip. Der Alkohol sorgt dafür, dass Menschen seit Jahrhunderten das Tanzbein schwingen. Abgesehen von den 20er und 30er Jahren, denn da ließen die Leute das Tanzbein swingen.

Gute Laune

06.02.2015
Neulich erhielt ich eine Einladung für eine Party. Diese schrieb vor, dass unbedingt gute Laune mitzubringen sei. Als ob ich die ständig in einer Tasche mit mir herumtrage. Aber was tut man nicht alles für seine Freunde. Ich nahm also einen Rucksack und stopfte meine gute Laune hinein. In die Hosentasche passt sie nicht – dafür ist sie zu groß. Ich bin ein fröhlicher Mensch. Meine gute Laune sieht übrigens aus wie ein Schwein. Auf der Party wurde ich sofort bedrängt, ich solle doch endlich die Sau rauslassen. Nicht jede gute Laune sieht aus wie ein Schwein, da gibt es große Unterschiede. Manche Leute haben Launen, die sehen aus wie eine Flasche Jack Daniels. Das ist weniger traurig, als es sich anhört, denn da haben im Zweifel alle was von. Ein paar Trauerklöße waren übrigens ganz ohne gute Laune gekommen. Das machte aber nichts, da meine wie ein Virus ist. Hoch ansteckend. Schließlich gibt es aber auf jeder Party ein paar Leute, die immun sind. Die drücken sich entweder griesgrämig an der Wand herum oder halten sich an jene, de-

ren gute Laune aussieht wie eine Flasche Jack Daniels. Bloß sollte man es da nicht übertreiben. Sonst ist die Flasche bald leer und der Kopf tut weh. Legen Sie sich also am besten eine zu, die man nicht austrinken kann.

Faust

19.5.2015
Eine Drogeriekette wirbt mit dem Slogan „Hier bin ich Mensch. Hier kauf ich ein". Wer im Deutschunterricht ein bisschen aufgepasst hat, der weiß, dass dieser Slogan auf einen Satz aus Goethes Feder zurückgeht. Er lässt seinen Faust während des Osterspaziergangs sagen: „Zufrieden jauchzet groß und klein: Hier bin ich Mensch, hier darf ich's sein." Diese geflügelten Worte drücken Wohlsein und Zufriedenheit aus. Aber kann der Einkauf in einem Drogeriemarkt Wohlsein und Zufriedenheit auslösen? Immerhin ist es ja wissenschaftlich erwiesen, dass Einkaufen glücklich macht. Aber ich bezweifle, dass das auch auf den Kauf von Shampoo und Müllbeutel zutrifft. Außerdem schließt Faust bekanntlich just nach dem Osterspaziergang einen Pakt mit dem Teufel, weil er mit der Gesamtsituation ziemlich unzufrieden ist. Ein Pakt mit dem Teufel ist sicher kein schönes Ende für einen Einkauf. Heinrich geht also in den Markt. Er sieht, wie glückliche Teenager Make-up und Wimperntusche ausprobieren. Geblendet von den hellen Neonröhren kauft Heinrich Müllbeutel, Zahnpasta und Shampoo und ist glücklich. Er trägt die schwere Plastiktüte nach Hause (wo kommt eigentlich dieser Pudel her?) und erkennt erst zu Hause, dass er wieder einmal dem Kaufrausch erlegen ist. Ach Heinrich, mir graut's vor dir.

Dichter und Denker

12.10.2016
Früher war Deutschland das Land der Dichter und Denker. Danach war es das Land der Ingenieure. Es gab halt auch viel aufzubauen. Zum Dichten war keine Zeit, wenn man nicht gerade Fensterkitt angemischt hatte. Mittlerweile gibt es nicht mehr so viel aufzubauen, die Generationen vor mir haben da ziemlich gute Arbeit geleistet. Es wird immer noch gebaut, auch wieder gedacht und gedichtet, aber irgendwie haben wir alles verlernt. Brücken, Straßen und das Kanzleramt sind marode. Alles, was man in Jahrzehnte langer Arbeit aufgebaut hat, bröckelt uns unter den Fingern weg. Halb so schlimm, könnte man sagen, dann lassen wir uns eben wieder für unsere Dichtkunst feiern. Aber es dichtet kaum noch einer. Die Dichtkunst rechnet sich einfach nicht, hat das wahrscheinlich nie getan. Ich selbst bin an der Misere übrigens nicht ganz unschuldig, weder lese ich übermäßig viele Gedichte noch bin ich gut im Sachenaufbauen. Mir scheint, es gibt noch viele, viele Taugenichtse wie mich da draußen. Darum appelliere ich an uns alle, wir mögen schleunigst damit aufhören und, so wir schon keine Brücken sanieren, doch wenigstens ein paar Knittelverse zu Papier bringen. In Ortenberg hab ich neulich einen gehört, es ging um dem Kalten Markt: „750 – gefeiert wird zünftig. Aber vernünftig". Das ist ein Anfang.

Pure Lust

8.8.2016
Heiße Liebe, Kleine Sünde, Pure Lust, Sweet Kiss und Frecher Flirt – wenn auch Sie im Supermarkt regelmäßig

vor dem Tee-Regal stehen, dann haben Sie bei diesen Produktbezeichnungen keinen Schweinkram im Kopf. Es soll ja Leute geben, die sich von dieser Vielfalt an zweideutigen sexy Teesorten belästigt fühlen. Die meisten aber haut das in unserer dermaßen durchsexualisierten Welt nicht mehr um. Auch Tee hat ein Recht darauf, sexy zu sein. Zwischen all diesen lustvollen Gesellen fand ich neulich aber dies: Tee mit Erdbeer-Käsekuchen-Aroma. Das fand ich überhaupt nicht sexy. Mal ehrlich, wer Käsekuchen in flüssiger Form zu sich nehmen muss, ist ein armes Schwein. Jeder andere normale Mensch wird Käsekuchen in Kuchenform bevorzugen. Wenn sich dieses Produkt durchsetzt, müssen wir im Café vielleicht bald die James-Bond-Nummer abziehen: Ein Stück Käsekuchen bitte. Gebacken, nicht gerührt. Naja, in Oberhessen sind wir immerhin noch in der vorteilhaften Lage, dass hier kein Mensch Käsekuchen bestellt. Der Oberhesse verlangt nach Maddekuche. Am besten selbstgebacken. Von Oma.

Mentalcouch

5.8.2016
Ich beobachte immer wieder gerne, wie ein einziger Buchstabe Wörter, die die Welt nicht braucht, auf wundersame Weise in etwas Neues verwandelt. Neulich bekam ich eine E-Mail von einem Mentalcoach. Ein fürchterliches denglisches Wort. Er hatte sich aber glücklicherweise bei seiner Berufsbezeichnung verschrieben. Heraus kam dabei die Mentalcouch, das intellektuelle Sitzmöbel. Die Mentalcouch steht auf vier robusten Klauenfüßen und ist jedem, der auf ihr Platz nimmt, geistig überlegen. Oder zumindest ebenbürtig. Da kann man den gemütlichen Fernsehabend glatt vergessen. Wer will

schon auf etwas sitzen, das in Allgemeinbildung so versiert ist, dass es sämtliche Filme kennt, stets auf Logik-Fehler in der Handlung hinweist und einen korrigiert, wenn man selbst mal etwas Dummes von sich gegeben hat? Es lässt sich eben niemand gerne von einem Sofa den Schneid abkaufen, vor allem nicht, wenn man im wahrsten Sinne hinterher dumm dasteht. Denn das geschieht. Kein Mensch hält es länger als eine Stunde auf der Mentalcouch aus. Der Mensch steht lieber ganz profan, als sich geistig auf den Hintern zu setzen.

Zum hier

23.5.2015
Neulich war ich in einem dieser Fastfood-Restaurants und habe mir ein Eis gegönnt und dem Kollegen einen Hamburger mitgebracht. Ich bestellte, bezahlte und wurde mit folgender Frage konfrontiert: „Zum hier?" „Ähm, nö", sagte ich, „zum da", und deutete mit dem Daumen unmotiviert hinter mich. Leider befanden sich die Sitzgelegenheiten des Restaurants direkt hinter mir, sodass die Frau dachte, ich mache einen Scherz. Also korrigierte ich mich schnell und sagte: „Zum mit." Glücklicherweise verstand sie, sodass ich kurz darauf mit meiner Bestellung abziehen konnte. Ich weiß, dass Kassierer in Fastfood-Restaurants Quoten erfüllen müssen. Sie stehen ziemlich unter Zeitdruck. Da kann ich irgendwie verstehen, dass man keine Zeit für vollständige Sätze hat. Von den dort verkauften Speisen erwarte ich ja auch keine Geschmacksexplosionen. Und wer unbedingt vollständige Sätze will, kann sich ja ein Hörbuch zulegen. Aber wenn für den Bestellvorgang essenzielle Floskeln bis zur Unkenntlichkeit abgekürzt werden, möchte ich bitte wenigstens eine Gebrauchsanweisung. Ich hatte ja verstan-

den, was sie von mir will. Allerdings war ich nicht imstande, eine kurze wie korrekte Antwort zu geben.

Malex

15.10.2018
Es gibt verschiedene Typen von Paaren. Die, bei denen man sich fragt, aus welchen Gründen sie überhaupt zusammen sind, weil sie völlig verschiedene Interessen haben und so gut wie nie miteinander herumhängen. Die, bei denen es genau umgekehrt ist. Die förmlich aneinanderkleben, alles teilen, alles zusammen machen und die man eigentlich nur noch im Doppelpack kennt. Und die große Mehrheit, die irgendwie einen gesunden Mittelweg gefunden hat. Nun, ich kenne ein Pärchen der zweiten Sorte – also eins von diesen ungesund zusammengewachsenen Gebilden –, das das Ganze auf die Spitze getrieben hat: Die Beiden haben eine gemeinsame Unterschrift entwickelt. Die benutzen sie, wenn sie beispielsweise Geburtstagskarten signieren. Nennen wir sie Maria und Alex. Maria und Alex, in meinem Bekanntenkreis bekannt und gefürchtet als „Malex", unterschreiben also gemeinsam mit einem stilisierten „MA". Leise Vorwürfe, ob das nicht ein wenig zu viel Aufgabe des eigenen Ichs sei, werden von Malex gekontert mit der folgenden Erklärung: Die Signatur bestehe, wenn man das M schreibe und direkt das A anhänge, aus genau zwei Strichen, die sozusagen zahlensymbolisch für die beiden Teile dieses Paares stünden Zwei Teile trifft es ganz gut, finde ich. Von Personen wagt man da ja kaum noch zu sprechen.

Sack

31.1.2015
Es gibt eine Menge Sprichwörter, die sich auf Heimtücke, Lügen und das Biegen der Wahrheit beziehen. Beim Handeln wird ja quasi traditionell viel geflunkert, es liegt also nahe, dass ich das mal an diesem Beispiel illustriere. Nehmen wir an, sie kaufen bei einem Händler etwas, das sich nach der Transaktion bei näherem Hinsehen als etwas anderes entpuppt. Etwas, das sie gar nicht haben wollen. Sie haben die Katze im Sack gekauft. Der Händler hat Sie über den Tisch gezogen, man kann auch sagen: in den Sack gesteckt. Er muss schließlich seine Familie ernähren, und Ehre und Profit haben eben nicht im gleichen Sack Platz. Aber weil auch Sie mit allen Wassern gewaschen sind, haben Sie durch geschicktes Handeln viel weniger ausgegeben, als sie ursprünglich bereit waren zu zahlen. Sie haben sich also gegenseitig die Säcke voll gemacht. Was ist jetzt zu tun? Mit einer Handvoll Gewalt kommt man weiter, als mit einem Sack voll Recht, so heißt es. Und auch wenn die letzte Kommunikationsform in gewissen Situationen durchaus angebracht ist, in diesen sicher nicht. Gehen Sie stattdessen nach einem von Herzen kommenden „Du Sack!" auseinander, und kaufen sie in Zukunft woanders. Irre ich mich, oder ist das Lügengewerbe sehr sacklastig?

Times

28.4.2014
Times hat es schwer. Er war jahrelang der Star der Typografie. Seriös und erhaben, nicht wie sein abgedrehter Cousin Comic Sans. Er wurde von Millionen Menschen

gelesen und geschrieben. Jeden Tag. Das könnte nun, zumindest in den USA, bald vorbei sein. Denn Times ist zu fett. Ein junger Amerikaner hat herausgefunden, dass die Regierung seines Landes einen Haufen Geld sparen könnte, wenn sie Dokumente künftig in der Schriftart Garamond verfassen würde, statt in Times New Roman, wie Times mit vollem Namen heißt. Denn jenes Schriftbild, das ein bisschen nach französischem Weichkäse klingt, ist ein klein wenig dünner als Times, weshalb beim Ausdrucken weniger Tinte benötigt wird. Und das würde die Druckkosten senken. Zumindest behauptet der Junge das. Wäre Times New Roman ein Angestellter und keine Schriftart, wie würde er sich wohl fühlen? Vermutlich schlecht, denn er wird von diesem Jungen gemobbt. Times hat aber noch Hoffnung, denn ein paar Typografie-Experten sagen, dass es so einfach doch nicht ist. Den Kern des Ganzen hat einer dieser Experten in der britischen Zeitung „The Guardian" getroffen: Die Leute mögen die Idee, weil sie eine einfach Lösung verspricht. Und so fett ist Times doch gar nicht. Wenn Sie Tinte sparen möchten, rate ich Ihnen übrigens, weniger zu drucken. Sorry, Times.

Große Kunst

13.12.2017
Die Redaktion hat einen Selfie-Stick bekommen. Tolles Gerät! Jede Menge Funktionen, die man nicht erwarten würde – und doch ist das alles nichts gegen die Anleitung. Die ist der Star dieses Ensembles – und sie ist sich dessen bewusst. „Bewahren Sie die Bedienungsanleitung an einem sicheren Ort auf", heißt es gleich zu Beginn. Ja, es ist ein wertvolles, ein tiefsinniges und doch prägnantes Dokument, das hier beiliegt. Wir lesen: „Alle Smart Ge-

räten, die Fotos mit Lauter Taste erfolgen: iPhone, Generation oder höher und so weiter." Ein wenig salopp vielleicht, ja, aber das ist höchste Sprachpoesie, die man sicher nicht erwartet. Und es wird besser, regelrecht philosophisch: „Drücken Sie den Auslöser lange für 3 Sekunden." All jene, die sich gefragt haben, wie lange „lange" wohl sein mag, finden die Antwort nicht bei Heidegger oder Schopenhauer, sondern beim iSnapX: Lange, das sind gerade einmal drei Sekunden. Aber auch der Stick hat was drauf. Mir gefällt die Überwinterungs-Funktion, die jener handelsüblicher Bären in nichts nachsteht: „iSnapX wird überwintern, wenn Sie ihn für 5 Minuten nicht verwenden." Donnerwetter. Und bei alldem sind Stick und Anleitung geradezu demütig: „Wenn Sie fertig sind, legen Sie ihn in Ihre Tasche und gehen aus, notieren Sie die kostbaren Momente mit Ihrer Familie." Danke, iSnapX!

Das Internet –
Quelle des Frohsinns

Mit dem Internet verbindet mich eine Art Hassliebe. Es hat viele Dinge einfacher gemacht. Bequemer auch. Andererseits gibt es genügend Gründe, das Internet einfach abzuschalten. Ich bin da noch gar nicht beim Darknet, es beginnt schon bei den sogenannten sozialen Netzwerken. Aber lassen wir das. Das Internet gibt immerhin auch ein paar lustige Erfahrungen her, die es ins Gemoije geschafft haben. In diesem Kapitel geht es aber nicht nur um das Internet, sondern auch um allerlei technischen Kram. Damit kann man nämlich auch herrlich viel Schindluder treiben.

Lach-Yoga

11.12.2013

Das Internet ist eine Quelle des Frohsinns. Vergangene Woche stieß ich dort auf Lach-Yoga. Auf der Homepage verwies die Trainerin auf ihre zahlreichen Lach-Qualifikationen. Ich dachte da an so etwas wie die „Nackte Kanone", eine Folge „Big Bang Theory" oder ein Buch von Harald Martenstein. Also den Konsum eines Mediums, das einen zum Lachen bringt. Denn Lachen ist für mich learning by doing. Man muss es oft tun, um ausreichend qualifiziert zu sein. Der Rest kommt von alleine. Ich ließ mich eines Besseren belehren. Lachen ist offenbar eine todernste Angelegenheit, bei der man viel falsch machen kann. Vor allem, wenn man es mit Yoga verbindet. Zum Glück hatte die Trainerin eine Art Lachschule besucht und war ausgebildeter Lach-Instruktor. Ein Instruktor ist ein furchtbares, aus dem Englischen entlehntes Wort, das es im Deutschen nicht geben dürfte. Nennen wir ihn lieber Anweiser, obwohl dadurch der autoritäre Charakter etwas verblasst. Einen Anweiser braucht man, wenn man nicht weiß, wie etwas geht, oder nicht mündig ist, etwas aus eigenem Antrieb zu tun. Soldaten haben Anweiser. Lachen Sie! Jetzt! Das erschien mir falsch. Trotzdem wollte ich einen Kurs buchen, nur um zu sehen, was passiert. Ging aber nicht. Die Trainerin macht derzeit eine Weiterbildung zur Lachnummer.

Spionage

22.3.2017

Das Internet ist nicht nur eine unerschöpfliche Quelle an Einkaufsmöglichkeiten und Pornografie. Es bietet jedem, der anderen gerne nachspioniert, nicht nur sehr viel Anschauungsmaterial, sondern auch exzellente Möglichkeiten. Besonders gerne schimpfen wir ja auf die NSA, auf Google, Facebook, Microsoft und Amazon, die allesamt unsere Gewohnheiten registrieren. Dabei ist es eine ganz andere Personengruppe, die online die mit Abstand meisten Spionagetätigkeiten ausübt: Ex-Beziehungen. Vorbei ist die Zeit, in der man in dreckigen Hinterhofbüros einen Kette rauchenden, schmierigen Privatdetektiv für viel Geld anheuern musste, um zu wissen, was die oder der Ex heute so treib. Heute loggt man sich in Facebook ein und guckt selber. Für das Detektei-Gewerbe ist das natürlich eine Katastrophe. Aber auch die Filmindustrie ist von dieser Entwicklung arg gebeutelt. Erinnern wir uns an Film-Perlen wie „Verrückt nach Mary", dem Vernehmen nach eine der 100 besten englischsprachigen Komödien. Den könnte man heute mit einem Budget von 30 Dollar abdrehen, ohne das Produktionsbüro verlassen zu müssen. Aber wer will schon sehen, wie Ben Stiller 114 Minuten lang am Computer hängt? Vielleicht gibt es heute deshalb kaum noch gute Komödien.

Botflirt

2.9.2015
Seitensprungportale müssen eine eigene, bizarre Welt sein. Um zu diesem Schluss zu gelangen, muss man dort nicht angemeldet sein. Es reicht schon, die Pressemitteilungen dieser Portale, die mir regelmäßig schöne Themen für diese Kolumne liefern, aufmerksam zu lesen. Noch interessanter wird es, wenn Hacker sich Zutritt verschaffen und all die geheimen Daten ausplaudern. So wie neulich geschehen. Da wurde zum Beispiel bekannt, dass auf

dem gehackten Portal ein ziemlicher Männerüberschuss herrscht (wer hätte das gedacht). Damit die wenigen echten Frauen nicht überlastet und die Männer nicht miteinander ins Gespräch kommen mussten, ließ das Netzwerk etwa 70.000 Bots für sich arbeiten. Bots bestehen aus vielen Einsen und Nullen. Es sind Programme, die selbstständig bestimmte Aufgaben wahrnehmen. Zum Beispiel anzügliche Nachrichten verschicken. Die meisten Männer haben also im wahrsten Sinne mit einem Computer geflirtet. Ich frage mich, wie man einem Computer wohl Komplimente macht. Gibt es da Tabu-Themen wie Arbeitsspeicher-Erweiterung, Software-Updates oder das Motherboard? Einerlei, es hat anscheinend funktioniert. Weder Männer noch Bots haben sich beschwert.

Internet der Dinge

9.1.2015
In einem Wirtschaftsblatt habe ich vom Internet der Dinge gelesen. Es ist dasselbe wie jenes, das wir nutzen. Wir kommunizieren per Internet mit anderen Menschen, außerdem mit Algorithmen und Dingen, wie zum Beispiel dem Videorekorder. Im Internet der Dinge kommunizieren Dinge mit anderen Dingen und Algorithmen, manchmal aber auch mit uns Menschen. In San Francisco gibt es zum Beispiel einen Typen, dessen Haus twittert; es sendet also Kurznachrichten, die jeder im Internet nachlesen kann. Neulich berichtete es von einem Erdbeben, das es durch einen seiner Sensoren gespürt hatte. Einmal bat es, jemand möge seine Heizung einschalten, mit der es offenbar noch nicht über das Internet der Dinge kommunizieren kann. Die meiste Zeit über verfolgt es jedoch seinen Besitzer. Das scheint ihm Spaß zu machen. Es twittert, was er twittert und es zeigt die Fo-

tos, die er bei Instagram postet. Wahrscheinlich sehnt es sich danach, auch mal auszugehen. Kein Wunder. Während sein Besitzer fröhlich durch die Welt spaziert, ist es gezwungen, immer an derselben Stelle zu bleiben. Früher machte ihm das nichts aus. Es wusste nicht, was sein Besitzer außer Haus so trieb. So ist das mit dem Internet der Dinge. Häuser werden eifersüchtig, und Autos fahren bald, wie sie es wollen. Nur die Heizung, die bleibt cool.

Hass

2.11.2016
Es wird ja viel über Hass gesprochen und geschrieben in diesen Tagen. Eine große Menge Hass an sich finden Sie im Internet, in sozialen Netzwerken und in Kommentarspalten von Artikeln. Dort wird so gerne gehasst, weil man es im Großen und Ganzen ungestraft tun kann. Wenn man Hass postet, ist selten jemand in der Nähe, der dazu physisch etwas sagen könnte, ob nun mit dem Mund oder, sagen wir, mit der Faust. Was Hass angeht, ist das Internet wie das eigene Auto. Ein Raum, in dem von Herzen gerne gehasst wird. Weil jene, die wir dort hassen, keine Chance haben, an uns heranzukommen. Der Typ, der hinter uns andauernd drängelt. Der Idiot, der noch schnell den Lkw überholt, sodass wir scharf bremsen müssen, um einen Frontalzusammenstoß zu vermeiden. Der Depp, der mit 40 über die Landstraße zockelt. Wen hat man im Auto nicht schon alles gehasst! Ich nehme mich da nicht raus (bezogen auf das Auto, nicht auf das Internet), aber ich habe ihn satt, diesen Hass. Ich rege mich beim Fahren einfach nicht mehr auf. Wo keine Aufregung, da kein Hass. Die Facebookseite „Nachdenkliche Sprüche mit Bilder" vertreibt ein T-Shirt, auf dem steht „Kiep caln und mach 1 Pause". Es

ist die Verballhornung eines britischen Propagandaposters, „Keep Calm and Carry On", mit der Aufforderung, einfach mal Pause zu machen. Sollte jeder haben, der sich im Internet rumtreibt. „Vong Ausgeglichenheit her."

Gewinn

6.4.2017
Gestern erreichte mich ein E-Mail mit dem Betreff „Achtung! Sie haben 125.999 gewonnen". Ach prima, dachte ich, gewonnen! Und das, ohne irgendwo zu spielen. Und dann auch noch 125.999. Bleibt die Frage, von was ich 125.999 gewonnen habe. Vielleicht Geld – Euro oder Dollar zum Beispiel? Oder Yen – was den Gewinn im Vergleich zu Euro massiv schmälern würde. Oder Autos? Kurz wurde mir ganz heiß, die Parkplatzsituation rund um meine Wohnung ist nicht die beste. Vielleicht Schläge auf den Hinterkopf? Dürfte das überhaupt als Gewinn gelten? Natürlich bin ich nicht so dämlich, auf so plumpe Versuche hereinzufallen. Selbst dann nicht, wenn die Absender von manch anderen E-Mails dieser Sorte etwas akkurater zu Werke gehen und hinter den Betrag zumindest eine Währung setzen. Ich habe mal gelesen, dass die meisten Absender solcher E-Mails, die in der Regel schädliche Links oder Trojaner oder sonst was enthalten statt Gewinne, irgendwo in Afrika sitzen. Und manchmal stelle ich mir vor, dass in Afrika irgendwo ein Typ in einem stickigen Zimmer zwischen Hunderten Geldschein-Bündeln vor einem Laptop hockt, seine wunden Fingerkuppen herzeigt und zu seinem Freund sagt: Hunderttausend E-Mails habe ich geschrieben, aber irgendwie will keiner das Geld.

Rollentausch

6.6.2014
Knöpfe und Tasten haben nichts zu lachen. Nachdem sie in den vergangenen Jahren systematisch von nahezu allen Mobiltelefonen verschwunden sind, sollen nun auch bald Autos ohne sie auskommen. Sie sind sozusagen die Fließbandarbeiter der Bedienelemente. Jahrelang konnte sich kein Mensch vorstellen, wie man technische Geräte ohne sie steuern sollte. Heute wird mit Gesten- und Sprachsteuerung oder mit Touchscreens experimentiert. Wer sich ein bisschen mit Autos auskennt, weiß, dass es je nach Modell und Marke mehr oder weniger „Betroffene" gibt. Besonders ein deutscher Autobauer ist bekannt für seine mit Knöpfen und Tasten geradezu überladenen Mittelkonsolen. Dort könnte demnächst also eine große Entlassungswelle anstehen. Knöpfe und Tasten haben allerdings zwei Probleme. Erstens sind sie nicht gewerkschaftlich organisiert. Zweitens sind sie speziell auf das Arbeitsumfeld zugeschnitten, in dem sie normalerweise zum Einsatz kommen. Die Hoffnung all dieser armen Lautstärkeknöpfchen und Klimaanlagentasten, umzuschulen, zum Beispiel auf Tastatur, erübrigt sich damit. Bleibt nur das Einschmelzen. Vielleicht werden all die Knöpfe und Tasten im nächsten Leben ja zu Plastiktüten. Naja, viele wollten bestimmt schon immer mal eine tragende Rolle spielen.

Eine Karriere

16.7.2015
Der Flash Player hat es schwer. Dabei hat dieses kleine, schon ziemlich alte Stück Software viele Jahre dafür ge-

sorgt, dass das Internet kein langweiliger Ort voller dröger Texte ist, sondern ein Quell des Frohsinns und der Heiterkeit. Dank Flash fragen uns sprechende Nilpferde in Werbebannern nach unseren Kontodaten und flimmern Videos über unsere Bildschirme. Toll, was dieser kleine Kerl so alles kann. Trotzdem mag ihn eigentlich keiner, und es will ihn neuerdings auch niemand mehr haben – weil er im Alter nachlässig geworden ist, vor allem in Sachen Sicherheit. Wäre der Flash Player ein Fenster (im klassischen, bautechnischen Sinn), man könnte es nie schließen. Welcher Einbrecher würde da nicht schwach? Der Flash Player neigt also dazu, nahezu jeden in unseren Computer einzulassen. Dass er deshalb von den Internet-Nutzern gemobbt wird, ist nichts Neues. Damit kommt er seit Jahren klar. Dass sich jetzt sogar Arbeitskollegen wie der Internet-Browser Firefox am Flash-Mobbing beteiligen, ist neu. Keiner weiß, ob der alte Flash das durchsteht, wahrscheinlich aber nicht. Das ist in Ordnung, denn jeder halbwegs vernünftige Mensch würde sich ein Fenster, das man nicht schließen kann, gar nicht erst einbauen. Insofern hat der Flash Player eine bemerkenswerte Karriere hingelegt.

Assistent

20.4.2018
Eine entfernte Bekannte hat in ihrem Facebook-Profil angegeben, sie arbeite von jetzt an als „virtuelle Assistentin". Donnerwetter, dachte ich, was mag das wohl sein? Ein Assistent geht jemandem zur Hand, er ist in der Regel eine akademisch gebildete Hilfskraft. Soweit ist mir das klar. Aber was und vor allem in welcher Form ist ein virtueller Assistent? „Virtuell" bedeutet laut Wörterbuch „nur theoretisch existent" oder „von einem Computer si-

muliert". Daraus folgen zwei Erklärungsmodelle. Nummer eins: Der virtuelle Assistent geht jemandem nur theoretisch zur Hand beziehungsweise existiert nur theoretisch, ist also gar kein Assistent – was am Ende auf dasselbe Ergebnis hinausläuft: Wer auch immer die Hilfe braucht, wird sie nicht bekommen. Nummer zwei: Der virtuelle Assistent geht niemandem zur Hand, sondern lässt das zur Hand gehen von einem Computer simulieren. Anders ausgedrückt: Er tut eigentlich gar nichts oder: Wo kann ich mich bewerben? Weil ich nicht glaube, dass sich jenseits der Börse Geld mit Nichtstun oder theoretischem Tun verdienen lässt, habe ich weiter recherchiert. Auf der Seite fuelleleben.de gibt es ein paar Antworten. Virtueller Assistent wird man demnach „zu gleichen Teilen durch Wissen, Erfahrung und Glück". Man müsse sich finden lassen und präsent sein. Ernsthaft: Da arbeite ich lieber für mein Geld.

Jochen

23.6.2016
Meine Tante hat jetzt ein Smartphone. Sie kommt gut damit zurecht. Vor allem Whatsapp hat es ihr, die sie jahrelang biedere und langweilige SMS gewohnt war, angetan. Man könne da ja so viel schreiben, wie man wolle. Und all die lustigen Bildchen! Allerdings steht sie – wie viele tausend andere Smartphone-Nutzer auch – mit der Autokorrektur auf Kriegsfuß. Neulich wollte sie mir nahelegen, dass man bei dem andauernd unbeständigen Wetter grundsätzlich eine Jacke dabeihaben sollte. Sie schrieb (dank Autokorrektur): Einen Jochen solltest du immer mitnehmen. Ich finde, sie hat völlig recht. Der Jochen müsste immer dabei sein, überall mit hindackeln. Wie ein Schatten. Jochen könnte meine Tasche tragen,

meine Jacke und meinen Schirm. Oder meine Einkäufe. Nie aber die Verantwortung, die trage immer noch ich. Stattdessen könnte Jochen meine Termine und die Namen von meinen Gesprächspartnern im Kopf haben und sie mir auf Wunsch zuflüstern. Und wenn man ihn wirklich mal nicht braucht, dann lässt man ihn einfach zu Hause an der Garderobe stehen. Jeder sollte so einen Jochen haben.

Ruhezeiten

22.12.2016
Herr R. schrieb mir, er habe neulich auf der Homepage der Deutschen Rentenversicherung eine Online-Anfrage stellen wollen. Das sei aber nicht möglich gewesen. Stattdessen habe er folgende Auskunft bekommen: „Die Online-Dienste ihres Rentenversicherungsträgers sind derzeit noch auf Montag bis Freitag von 6 bis 19 Uhr beschränkt. Bitte versuchen Sie es innerhalb dieser Zeiten noch einmal." Herr R. schloss sein Schreiben süffisant mit der Aussage: „Auch Computerprogramme haben Dienstzeiten." Ganz recht. Denn auch sie haben ein Recht auf Freizeit, auf einen geregelten Arbeitstag. Festgehalten wurde das übrigens nach dem letzten großen Streik der Gewerkschaft für Roboter, Usenet, Maschinen, Mobiltelefone und Software, kurz RUMMS. Der Mensch erwartet von Computern und ihren Programmen, dass sie billig und willig sind. Der Gedanke an Freizeit für Maschinen war verpönt. Zeit ist was für Uhren, Freizeit was für Menschen – so dachte man lange. Bis die Maschinen sich ihr gutes Recht eben erstritten. Leider haben wir uns längst daran gewöhnt, dass die Geschäfte im Internet immer geöffnet sind und, dass man auf dem Mobiltelefon auch nachts Candy Crush spielen kann. Es

stellte sich die Frage, wer in den Ruhezeiten der Programme arbeiten soll. Nun, das sollen Menschen übernehmen. Wir sind es ja mittlerweile auch gewohnt, rund um die Uhr zu arbeiten.

Pakt

14.10.2016
Deutsche Schulklassen sollen mit Tablets und Laptops, auf jeden Fall auch mit W-LAN ausgerüstet werden. Das ist eine Meldung aus dieser Woche, obwohl es wenigstens eine aus dem Jahr 2007 sein müsste. Ja, da ist jemand im Verzug. Schon klar, dass das irgendwie auf die Regierung hinausläuft. Bildungsministerin Wanka aber ist gar nicht die Schuldige. Ihre Vorgänger haben das mit den Laptops und den Tablets jedenfalls schon öfter versucht, sind bislang aber immer gescheitert. Darum greift Wanka jetzt faustisch gesehen zum letzten Mittel. Sie will einen Pakt. Ein guter Pakt zeichnet sich dadurch aus, dass er nicht bloß geschlossen, sondern mindestens geschmiedet werden muss. Besiegelt wird er ganz altmodisch per Handschlag. Sein fieser kleiner Bruder ist der Teufelspakt. Faust hat dank ihm mit Hexen getanzt und anmutige Gegenden besucht, Dorian Gray ein Bild alt aussehen lassen. Frau Wanka möchte bloß ein paar Tausend Tablets. Kein Grund, gleich einen Teufelspakt zu schmieden. In dem Fall tut es ein Digitalpakt, nur echt mit Hashtag (#). Die Paktierer müssen ihn nicht per Handschlag besiegeln, es reicht, wenn sie ihn retweeten oder auf Facebook teilen.

Fußballfelder

26.11.2018

Im Internet macht man sich gerne lustig über das angloamerikanische Maßsystem. Diese ganze Sache mit Inch, Fuß, Yard und Meile ist ja im Gegensatz zum metrischen System auch kein Spaß. Es gibt aber noch eine weitere illustre Maßeinheit, die vor allem in der Fernseh-Dokumentationsbranche weit verbreitet ist: das Fußballfeld. Neulich habe ich eine Dokumentation über die Karibik gesehen. Darin ging es unter anderem um Mangrovenwälder; der Sprecher erklärte, dass diese Wälder weltweit eine Fläche von soundso vielen Fußballfeldern bedecken. In den Dokumentationen klingt es immer sehr einleuchtend, wenn eine sonore Stimme von Fußballfeldern spricht. Tatsächlich aber hat man nicht mehr als eine Ahnung. Denn Fußballplätze dürfen unterschiedlich groß sein. Das Regelbuch des DFB legt beispielsweise fest, dass das Feld 90 bis 120 Meter lang und 45 bis 90 Meter breit sein darf. Das muss man sich mal überlegen! Da wird mit einer Fläche gerechnet, die je nach Beschaffenheit locker mal 30 Meter länger und doppelt so breit sein kann, wie eine vermeintlich vergleichbare Fläche – theoretisch zumindest. Es kann also sein, dass ich im Kopf schlicht auf dem falschen Feld stehe und somit von der Fläche, die man mir näherbringen möchte, einige Quadratmeter fehlen. In unserem Beispiel wäre es schade um die Mangroven. Andererseits geht es ja auch in solchen Dokus selten um wirkliche Details. Es bleibt der Grundsatz: Wer mehr als eine Ahnung haben will, muss ein Buch lesen.

Haie

23.9.2015
Es ist ein schlechtes Jahr für alle Narzissten. Bislang starben 2015 weltweit mehr Menschen beim Selfie-Knipsen als durch Hai-Angriffe. Es ist deshalb höchste Zeit, dass Industrieländer wie Deutschland Kampagnen in Auftrag geben, die vor der Gefahr durch das Smartphone warnen. Denn es ist doch so: Obwohl bekannt ist, dass Smartphones zu Nackenproblemen, Handy-Daumen und schließlich zum Tod durch das Selfie führen können, besitzen weit mehr Menschen ein Smartphone, als einen Hai. Der Hai hat in der Tat einen miserablen Ruf. Jahrelang wurde er als gefährlicher Killer mit messerscharfen Zähnen und seelenlosem Blick vermarktet. Smartphones hingegen gelten als Statussymbole, obwohl sie technisch gesehen weit lebloser sind, als ein Hai. Versuche, das zu ändern, scheiterten kläglich. Wer das nicht glaubt, der möge bei Youtube „Lass mal über Haie reden" eingeben. Höchste Zeit also, dass wir aufgeklärt werden. Aber vielleicht hat die (unbegründete) Angst vor Haien auch einen anderen Ursprung. Denn viele Menschen haben ja auch vor Flugzeugabstürzen Angst, obwohl die statistisch ebenso selten sind, wie Hai-Angriffe. Beide haben gemeinsam, dass man nichts dagegen tun kann. Und Hilflosigkeit war noch nie unser Ding.

Kulturgut

14.10.2014
Bücher gelten in Deutschland als Kulturgut. E-Books hingegen nicht. Für gedruckte Bücher führen Händler eine ermäßigte Mehrwertsteuer ab, für E-Books sind es

die vollen 19 Prozent. Dieser Irrsinn geht so weit, dass sogenannte Bundles, gedruckte Bücher mit einem Zugangscode zur elektronischen Ausgabe, demnächst doppelt besteuert werden. Ich habe noch nie ein E-Book gelesen und glaube auch nicht, dass das was für mich ist. Ich stehe auf Papier. Ich gehe nicht in die Bibliothek und leihe mir Bücher aus. Ich kaufe Bücher. Ich muss sie besitzen. Das ist nicht gut für die Wälder, ich weiß. Aber zum Teufel damit, meine Ökobilanz ist sowieso miserabel. Gedruckte Bücher sind etwas, auf das ich im Leben nicht verzichten könnte. Bücher sind ein Kulturgut. E-Books, das erkenne ich trotz Abneigung an, sind auch nur Bücher. Allerdings nicht für den Fiskus. Kein Mensch versteht das. Es macht ja auch keinen Sinn. E-Books sind eben kein Kulturgut. Im Umkehrschluss bedeutet das: Nicht der Inhalt, sondern die Aufmachung ist es, die den Ausschlag gibt. Während ich dies schreibe, rotieren Goethe (in Weimar) und Schiller (wo auch immer er liegen mag) in ihren Särgen. Denn ihre Texte sind kein Kulturgut. Es ist das Papier, auf das sie gedruckt wurden.

Wissenschaft

Als Kolumnist bin ich in der luxuriösen Situation, schreiben zu dürfen, was ich will. Kein anderer Bereich des Journalismus lässt das zu – ja, selbst die Kolumne kann bei korrekter Aufgabenstellung Grenzen haben. Das „Gemoije" aber ist meine Spielwiese. Und wenn mein langweiliges Leben mal so gar nichts hergibt, dann werde ich meine Aufmerksamkeit jenen zu, die ein noch aufregenderes Leben haben. Wissenschaftler zum Beispiel. Bei diesem Themenkomplex wird man so gut wie immer fündig, weil Wissenschaft echt abgefahren ist. Das kann aber auch zum Problem werden, denn irgendwann gibt es einfach nichts mehr zum Übertreiben. So ist das, wenn man als Kolumnist über Donald Trump schreibt. Kannst du dir nicht ausdenken! Brauchst du auch nicht. Mit Wissenschaft ist es so ähnlich. Ich habs trotzdem gemacht.
Ach ja, eine Warnung noch: Obwohl meine sämtlichen Texte absolut jugendfrei sind, neige ich bei Wissenschaftsthemen manchmal zu einer gewissen Schlüpfrigkeit. Keine Ahnung, warum. Vielleicht, weil Wissenschaft einfach sexy ist. Science, Baby!

Haushaltsunfall

2.5.2018
Nummer 16 ist tot. Ihr ganzes Leben lang – 43 lange Jahre – diente sie der Wissenschaft, indem sie einfach da war. Nummer 16 war eine Falltürspinne und lebte in Australien, seit ihrer Geburt im Jahr 1974 wurde sie von Forschern in ihrem natürlichen Lebensraum beobachtet. Falltürspinnen werden normalerweise alt, allerdings nicht so alt wie Nummer 16. Fünf bis 20 Jahre sind normal. Nummer 16 war demnach ein echter Methusalem und hat den bisherigen Rekord einer 28 Jahre alten Tarantel aus Mexiko um 15 Jahre überboten. Es liegt der Gedanke nahe, dass Nummer 16 in diesem biblisch hohen Alter friedlich eingeschlafen ist. Die acht Augen halb blind, die acht Beine steif und arthritisch, die einst schwarzen Haare ergraut. Eingeschlafen nach einem langen Leben für die Forschung. Nobelpreis posthum nicht ausgeschlossen. Aber so ist es nicht gewesen. Nummer 16 erlag einem Wespenstich, starb also in Verrichtung ihrer täglichen Arbeit, der Nahrungssuche. Falltürspinnen verbringen ihr ganzes Leben in ein und derselben Wohnröhre am Boden. Dort leben sie. Dort jagen sie, indem sie am Eingang zur Wohnröhre, der sogenannten Falltür, lauern. Man könnte also durchaus behaupten, dass Nummer 16 Opfer eines Haushaltsunfalls wurde. Kein tragisches, ein geradezu banales Ende. Leider.

Brüllsack

15.6.2018
Männliche Dromedare pflegen eine eher seltsame Art des Balzens. Sie besitzen einen sogenannten Brüllsack, den

sie aus ihrer Kehle nach außen stülpen und mit dem sie brüllende Geräusche machen. Das ist so unappetitlich, wie es sich anhört, aber immer noch besser als das vom Mann des 21. Jahrhunderts heutzutage oft zur Balz eingesetzte Versenden eines Fotos des eigenen Gemächts über Messenger-Apps. Wenn man einschlägigen Tierdokumentationen glauben darf, ist der Einsatz des Brüllsacks auch noch effektiver als das gemeine „Dick-Pic" (zu Deutsch: Penis-Bild). Das vom Menschen geschaffene Gegenteil des Brüllsacks ist der Lachsack. Beide Säcke lassen sich auch als charakteristische Beschreibung menschlicher Individuen verwenden. Im Gegensatz zur Bezeichnung „Sack" im Allgemeinen sowie in Verbindung mit „dieser" oder „so ein" muss das noch nicht mal despektierlich sein. Aber es lässt Rückschlüsse zu. Dafür sind solche Bezeichnungen ja da. Donald Trump erinnert mich beispielsweise an einen Brüllsack. Allein schon durch die Art und Weise, wie er twittert. Mein guter Freund David hingegen hat den Hang, ein Lachsack zu sein. Er hat die Gabe, über jeden noch so kleinen Witz herrlich lachen zu können. Insofern sollte klar sein: lieber Lachsack als Brüllsack.

Pheromon-Dampfer

11.3.2017
In der Tierwelt basiert die Partnervermittlung oft auf Lockstoffen. Weil Flirten anstrengend ist, versucht der Mensch, sich diesen Mechanismus abzuschauen beziehungsweise abzuriechen. Was der Wildkatze der Lockstock, ist dem Menschen das Parfum. Natürlich nur, wenn es mit Estratetraenol oder Androstadienon – je nachdem, ob man Frau oder Mann – versetzt ist. So dachte man. Nun haben Forscher herausgefunden: Phe-

romone im Duftwässerchen machen ihren Träger nicht anziehender. Der Botenstoff ist dem menschlichen Organismus nicht egal, das nicht. Er kann schlicht nicht andocken, weil es keinen passenden Rezeptor gibt. Und das wäre die Voraussetzung. Stellen wir es uns so vor, als wollte ein Kreuzfahrtschiff an einem Bahnsteig anlegen. Weil der riesige Pheromon-Dampfer selbst bei einem ufernah gelegenen Bahnhof keine Chance hat, über das enge, wasserlose Gleisbett einzulaufen, schippert er einfach seelenruhig weiter, bis er sich irgendwann auflöst. So gesehen ist es ganz gut, dass man dort keine Passage buchen kann. Wer will schon mit einem Schiff reisen, das sich irgendwann auflöst? In Sachen Menschen treffen – und darum geht es ja hier – heißt das für uns allerdings: Wir müssen die ganze Arbeit wieder selbst erledigen. Getränke ausgeben, Flirten und so weiter. Unser Duft wird uns vielleicht helfen – gut riechen ist die halbe Miete –, aber das Gegenüber richtig heißmachen wird er nicht.

Papsthoden

14.7.2018
So ungefähr einmal die Woche schleppt meine Frau eine neue Pflanze für unsere Wohnung an. Das geht so weit, dass unsere Baumarkt-Rabattkarte auf ihren Namen ausgestellt ist. Unser hauseigener Dschungel fällt auch Freunden auf, die uns besuchen. Neulich zum Beispiel saßen wir abends nach dem Grillen zusammen, man bewunderte unsere Clematis, schließlich ging es um eher seltsame Exemplare aus der Welt der Flora. Claudia referierte, es gebe eine Pflanze namens Papsthoden. Die heiße so, weil ihre Früchte wie, nun ja, „das Geläut des Papstes aussähen". So formulierte sie das. Man kann das so sagen. Auf Spiegel Online habe ich erst am Dienstag

im Zusammenhang mit dem Trash-TV-Format „Das Sommerhaus der Stars" vom „Jensergeläut" gelesen. Es handelt sich dabei um die Kronjuwelen Jens Büchners oder Mallorca-Jens, wie er meist genannt wird. Ob das mit den Papsthoden – also der Pflanze – stimmt, vermag ich natürlich nicht zu sagen. Aber ich habe den Begriff gegoogelt. Die Pflanze gibt es wirklich, allerdings ist sie dem Internet nicht unter diesem Namen geläufig. Wikipedia spricht von der Ballon-Pflanze (obwohl man den Eintrag findet, wenn man Papsthoden googelt). Das finde ich bemerkenswert, gibt es doch eigentlich nirgendwo so unverhohlen viel Schweinkram wie im Netz.

Ellenbogengift

7.2.2018
Der Plumploris ist die einzige giftige Primatenart der Welt. Die kleinen Äffchen mit den großen Augen sind in der Lage, an ihren Ellenbogen ein Sekret abzusondern, das in Verbindung mit ihrem Speichel giftig wird. Bei Gefahr leckt der Plumploris also erst seinen Ellenbogen und dann seinen Gegner ab. Man stelle sich vor, es gäbe noch weitere Primaten, die zu so was in der Lage wären. Der Mensch zum Beispiel. Der Begriff „Ellenbogengesellschaft" bekäme eine ganz neue Konnotation. Selbst alltägliche Situationen, in denen enges Gedränge herrscht – Fahren mit der U-Bahn, Anstehen an der Kasse – könnten tödlich verlaufen. Dann steht man da an der Kasse mit seinem Magerquark und einer Tüte Gummibärchen, fragt die dreiköpfige Familie, die gerade den Wocheneinkauf aufs Band packt nett, ob man vielleicht vorgelassen wird... Böser Blick, schleck, schleck. Quark und Gummibärchen braucht man dann nicht mehr zu zahlen. Oder in der Bahn: Nehmen wir an, es ist

drückend voll. Feierabendverkehr, die Leute gehen sich gegenseitig auf die Nerven, bloß durch ihre Anwesenheit. Da reagiert die feuchte Aussprache von Fahrgast A mit dem Ellenbogen von Fahrgast B und Fahrgast C segnet das Zeitliche. Erklären Sie das mal der Polizei!

Gut gerüstet

22.7.2017
Pinguine sind in der Lage, über Drüsen oberhalb der Augen überschüssiges Salz auszuscheiden. So können sie fast ihren gesamten Wasserbedarf mit Meerwasser decken. Sehen wir den Tatsachen ins Auge: Pinguine können zwar nicht fliegen, dafür sind sie kleine, Frack tragende Entsalzungsanlagen. Das Fliegen mag auf den ersten Blick die bessere von zwei möglichen Superkräften sein, aber blicken wir mal ein paar Jahrzehnte in die Zukunft. Bedingt durch den Klimawandel könnte es sein, dass in ferner Zukunft kein einziges Flugzeug mehr abhebt, zumindest keines mit der derzeitigen Technik. Weil Flugzeuge zu viele Emissionen produzieren und weil Kerosin ein fossiler Brennstoff ist. Wenn sich die Technik also nicht wandelt, wäre Fliegen dann ziemlich out. Gehen wir weiterhin davon aus, dass die Erde sich trotz aller Bemühungen weiter erwärmt. Schon heute prophezeien Wissenschaftler, dass Trinkwasser irgendwann so wertvoll sein könnte, wie heute Gold oder ein Tag, an dem Donald Trump mal nichts twittert. Wie schön wäre es dann, wenn man eine kleine Entsalzungsanlage wäre? Eben. Und obendrein sind Pinguine auch noch immer astrein gekleidet. Also bestens gerüstet für die Zukunft.

Winterschlaf

13.01.2015
Spielen wir ein Spiel. Es heißt: Welches Tier ich gerne mal wäre. Manchmal wäre ich gern ein Bär. Oder ein Igel. Eine Todesotter möchte ich hingegen nicht sein. Die klingt zwar nach Gefahr, hält aber eine Art Sommerschlaf. Dabei vergräbt sie sich morgens im Schlamm und wartet, bis es Nacht wird. Ich möchte mich im Sommer nicht jeden Tag im Schlamm vergraben. Das möchte ich nie tun. Als Bär oder Igel könnte ich Winterschlaf halten. Ich würde mich am 1. Januar in mein gemütliches, warmes Bett legen und erst im Mai wieder aufstehen. Der Winterschlaf wäre aus mehreren Gründen praktisch. Man denke an die Heiz- und Stromkosten, die man einsparte. Allerdings müsste ich damit unbedingt erst am 1. Januar anfangen, denn die Feiertage brächte ich damit zu, mich fett zu fressen. An Weihnachten nimmt man doch sowieso zu, warum nicht das Nützliche mit dem Praktischen verbinden? Und damit ich nicht an Vitamin-D-Mangel sterbe, würde ich bei geöffnetem Rollladen schlafen. Es ist der perfekte Plan. Leider bin ich kein Bär. Und auch kein Igel. Statt Lachse zu fangen oder Äpfel mit meinen Stacheln aufzuspießen und den Winter zu verschlafen, stehe ich morgens auf, wenn es noch dunkel ist. Naja, es könnte schlimmer sein. Immerhin bin ich keine Todesotter.

Sand

6.8.2018
Schwindende Rohstoffe – da denken wir meist an Wasser oder Erdöl. Vor allem aber wird auf der Welt der Sand

knapp. Ich habe gelesen, dass jeder Mensch pro Tag ungefähr 18 Kilogramm Sand verbraucht. Sand steckt in allem. In Häusern. In Bildschirmen. In Zahnpasta, sogar in Lebensmitteln. Man könnte sagen, wir leben auf einer einzigen riesigen Sandburg, an der wir ständig weiterbauen, und fressen das Zeug in den Pausen auch noch in uns rein. Bis der Strand eines Tages weg ist. Die Wüsten dieser Welt sind übrigens kein guter Ersatz, habe ich gelesen. Durch den Wind sind die Körner abgeschliffen, sie verbinden sich einfach nicht. Genau das ist es aber, was Sand können muss. Das führt zu paradoxen Situationen. Die Vereinigten Arabischen Emirate, umgeben von Sand, importieren anderen Sand, der mit Schwimmbaggern abgebaut wird, um neue Häuser bauen zu können. Ich will jetzt nicht angeben, aber ich habe schon als Kind im Nordseeurlaub lieber Burgen mit Schlick aus dem Wattenmeer gebaut als Sandburgen. Wenn das so weitergeht, werden meine Kinder das eher nicht tun. Der ganze Schlick steckt dann in irgendeinem Burj Sowieso. Und wenn unsereins das Wattenmeer besichtigen will – oder was davon übrig ist –, dann muss man nach Dubai fliegen. Ist wahrscheinlich auch günstiger als Urlaub in Deutschland.

Normen

22.10.2016
Das Übergewicht und sein fieser dicker Bruder, die Adipositas – von vielen abschätzig zu Recht Fettleibigkeit genannt – gelten als Volkskrankheiten des 21. Jahrhunderts. Fast jeder sechste Europäer ist fettleibig. Wir Deutschen sind im Durchschnitt sogar dicker als der EU-Durchschnitt. Das könnte für uns zum Problem werden, nicht bloß aus gesundheitlicher, sondern aus ganz alltäg-

licher Sicht. Die EU ist ja dafür bekannt, dass sie es gerne hat, wenn die Dinge klar geregelt sind. Bananen müssen mindestens 27 Millimeter dick sein, Waldhonig muss eine Leitfähigkeit von 0,8 Mikro-Simens pro Zentimeter haben und so weiter. Für Türen gibt es noch keine EU-Norm. Was wäre nun, wenn das Europa-Parlament beschlösse, dass europäische Türen nur noch so und so breit sein dürfen? Das Parlament würde sich vermutlich an der durchschnittlichen Dicke des Europäers orientieren und beschließen, dass das ausreichend sei für die Normbreite der Türen. Die dicken Deutschen müssten fortan draußen bleiben. Oder drinnen. Je nachdem, wo sie gerade sind, wenn die Norm in Kraft tritt und sämtliche Türen per Gesetz zu schmal würden. Kleiner Trost: Wenn so etwas geschähe, träfe die Malteser das gleiche Los. Die sind nämlich noch dicker als wir. Allein: Auf Malta ist es die meiste Zeit über recht warm. Hier nicht. Hoffen wir, dass wir drinnen sind, wenn es passiert.

Außerirdische

28.9.2015
Mehr als 50 Prozent der Deutschen glaubt einer repräsentativen Umfrage zufolge, dass es intelligente außerirdische Wesen gibt. Irgendwo. In Anbetracht der Tatsache, dass da draußen ziemlich viel Platz ist und wir weder sehr weit dort hineinsehen noch -hören können, ist das ja auch sehr wahrscheinlich. Ein Teil dieser Menschen wiederum glaubt, dass Aliens zwar wissen, dass es uns gibt, jedoch beschlossen haben, vorerst keinen Kontakt zu uns aufzunehmen. Nehmen wir mal an, es wäre so – wieso trafen die Außerirdischen diese Entscheidung? Vielleicht haben sie uns ja dabei beobachtet, wie wir uns im Hotel am All-you-can-Eat-Buffet verhalten. Das ist selbst für

Menschen allzu oft eine regelrecht traumatische Erfahrung – wie muss das erst auf die Aliens gewirkt haben? Kein Wunder, dass sie mit uns nichts zu tun haben wollen. Oftmals ist es ja auch so, dass bestimmte unbekannte Gegenstände oder Bräuche abstoßend wirken. Während bei uns beispielsweise die Gabel ihren Siegeszug feierte, essen Außerirdische vielleicht viel lieber mit den Fingern. Oder per Telepathie. Vielleicht gibt es auch einfach keine. Denn an diese Option glauben ja genausoviele Deutsche.

Dramaturgie

28.7.2017
Neulich waren wir bei Freunden zum Grillen. Bei Tisch ging es um Filme. Jeder erzählte, was er so mag und warum. Außer einer, nennen wir ihn Horst, der bei jedem genannten Film auf wissenschaftlichen Unkorrektheiten herumhackte. Ich hatte erst vor Kurzem wieder mal Apollo 13 mit Tom Hanks gesehen und berichtete, wie gelungen ich den Film finde. Es folgte eine Abhandlung über die korrekte Start-Prozedur einer Saturn-V-Rakete. Das sei im Film nämlich alles falsch, sagte Horst. Dabei ist es ein Segen, dass Filme wissenschaftlich unkorrekt sind, nicht nur der Dramaturgie wegen. Ein Beispiel: Clownfische sind nach Erreichen der Geschlechtsreife immer männlich, können ihr Geschlecht bei Bedarf aber umwandeln. Sie leben in Gruppen, das größte Tier ist immer weiblich. Die Protagonisten des Disneyfilms „Findet Nemo" sind Clownfische. Mutter, Vater und jede Menge Kinder. Die Mutter und die meisten Kinder sterben zu Beginn und der übervorsichtige Vater Marlin muss Nemo alleine aufziehen. Wäre der Film wissenschaftlich korrekt, hätte Marlin nach dem Tod der Mutter wenig zimperlich sein Geschlecht geändert, um sich mit

Nemo zu paaren. Will man so was in einem Disneyfilm sehen? Eben. Außerdem können Fische nicht sprechen, aber das empfinde ich hier eher als Lappalie.

Bürokratie

2.10.2015
Universitäten sind vor allem eins: Riesige Bürokratie-Monster. Ich erinnere mich sehr genau an den Tag, an dem ich mein Abschlusszeugnis erhielt. Es gab keine Reden, keinen Doktorenhut (das geht in Ordnung, denn die sehen dämlich aus, außerdem bin ich kein Doktor) und auch kein Buffet. Es war ein regnerischer Dienstag, ich die Nummer 63 in der Warteschlange der Philosophischen Promotionskommission und die mir nach einer Stunde zugewiesene Sachbearbeiterin durfte in ihrem Büro tatsächlich noch rauchen. Vielleicht tat sie es auch einfach immer noch aus Gewohnheit. Ich musste sehr viel Papier unterschreiben und bekam noch mehr davon ausgehändigt – aber am Ende war ich frei. Eine Bekannte wollte ihr Studium nun abbrechen. Sie hat einen Job gefunden, der sich als sehr eifersüchtiger Geliebter entpuppt hat. Sie wollte sich exmatrikulieren, aber man ließ sie nicht. Sie hatte die falschen Papiere dabei. Sie musste flehen und bitten, viel Papier unterschreiben und durfte am Ende dank der Gnade des ihr zugewiesenen Sachbearbeiters doch gehen. So ist das eben in Deutschland. In anderen Ländern darf man nicht studieren. Hier darf man manchmal nicht damit aufhören. Bürokratie sei Dank.

Hirne

2.12.2015
Es gibt keinen Unterschied zwischen Männerhirn und Frauenhirn. Vereinfacht ausgedrückt bedeutet das: Sogar der männlichste, behaartetste Lastwagenfahrer, den wir uns nur vorstellen können, hat einen Sinn für Tapetenmuster und Nippsachen. Er wäre sogar imstande, die Wohnung ansprechend weihnachtlich zu dekorieren oder einen Adventskalender zu basteln. Er tut es aber nicht. Das liegt nicht daran, dass er den ganzen Tag vor seinem Bett sitzt und aus dem Fenster sieht; er hat ja auch Freizeit. Bei ihm – und jetzt entfernen wir uns von der wissenschaftlichen Betrachtung des Themas und steigen tief ein in die kolumnistische – spielen andere Hirnareale als bei den meisten Frauen die erste Geige. Wo den meisten Frauen angesichts der Aufgabenstellung „Adventskalender" sofort jede Menge Lichter aufgehen, ist es bei den meisten Männern nur eins: 24 Tage bis Weihnachten, 24 Flaschen in einer Kiste Bier, maximale Deckung. Wer das nicht glaubt, der möge einen Blick auf unser Gewinnspiel in Facebook werfen. Umgekehrt geht das übrigens auch: Die meisten Frauen sind handwerklich begabt. Sie sind aber ebenso clever. Warum selbst Hand anlegen, wenn das doch auch der Göttergatte machen kann? Es gibt kein Männerhirn und kein Frauenhirn. Manche haben mehr, andere weniger. So einfach ist das.

Aschenputtel

19.1.2016
Das Gehirn ist schon ein tolles Organ. Es bewirkt, dass wir uns nicht ständig wie ein Gemüse benehmen und ko-

ordiniert unser Tun. Außerdem speichert es unablässig Informationen. Manchmal forcieren wir das, indem wir lernen und wir freuen uns (oder sind gar überrascht), was alles so reingeht in unser Oberstübchen. Allerdings wäre es dort oben ziemlich unübersichtlich und unordentlich, wenn wir nicht ab und zu etwas vergessen würden. Wir erinnern uns nicht gern daran, dass wir vergessen. In einer materiellen Welt wurde uns beigebracht, zu raffen, was wir greifen können – auch Wissen. Das Vergessen ist der Feind, bei Vergessen denken wir an Alzheimer und körperlichen Verfall. Dabei ist es gut, dass uns gewisse Dinge entfallen. Das Vergessen ist das Aschenputtel unseres Gehirns. Während ihre beiden Stiefschwestern stolz das gesammelte Wissen präsentieren, rutscht das Vergessen auf Knien durch unseren Kopf und macht sauber. Gut, es kommt vor, dass dabei auch wichtige Sachen abhandenkommen. Wo gehobelt wird, da fallen Späne. Aber ist es nicht ein Segen, dass wir hin und wieder unnötigen Ballast einfach so verlieren? Nehmen wir eine Festplatte. Die vergisst nichts und ist irgendwann voll. Wäre doch fatal, wenn es uns genauso erginge.

Golfbälle

9.4.2016
Ich habe neulich gelesen, dass von rund einer Milliarde produzierter Golfbälle auf dieser Welt etwa zehn Prozent in hohem Gras, in Wäldern, Sandbunkern oder Gewässern abhandenkommen. Der Artikel ließ eine relativierende Jahresangabe vermissen, aber da von „der" Milliarde die Rede war, gehe ich mal davon aus, dass weltweit so viel Bälle pro Jahr produziert werden. Das heißt, pro Jahr gehen da draußen 100 Millionen Golfbälle verloren. Die Chancen stehen also gut, dass sich die Golfplätze dieser

Welt in den kommenden Jahren, vielleicht Jahrzehnten, in mondäne, langweilig einfarbige Bälle-Bäder verwandeln. Man wird dort kein Golf mehr spielen können, aber ein Ausflug ins Bällchen-Bad macht ja auch Spaß. Gerade für Plätze, die an der Küste liegen, ist das ein besonders lohnendes Geschäft. Der Royal and Ancient Golfclub St. Andrews an der schottischen Nordseeküste – ein Golfclub, der so alt ist, das er dieses Attribut im Namen trägt – hat durch den latenten Golfballverlust seiner Mitglieder bereits drei Quadratkilometer Fläche aus der Nordsee gewonnen. Auf dieser künstlichen Halbinsel soll nun allen Ernstes ein Flugplatz gebaut werden. Man will vorbereitet sein auf all die reichen Leute, die mit ihren Helikoptern kommen werden, um ein Bad in der Menge zu nehmen. Denn in 260 Jahren kommen tatsächlich eine Menge Bälle zusammen.

Krone

1.3.2016
Wir Menschen halten uns ja ganz gerne für die Krone der Schöpfung. Schließlich haben wir sämtliche Tiere dieses Planeten in die Schranken gewiesen oder ausgerottet. Wir haben den Neandertaler ausgestochen und alles, was wir physisch nicht konnten, haben wir uns dank unseres Verstandes über Technologie angeeignet. Das ist natürlich völliger Quatsch. Nicht, dass wir kraft unseres Verstandes lernten, wie man fliegt. Sondern, dass wir die Krone der Schöpfung seien. Aber es ist ja kein Wunder, dass etwas, an dem die Evolution so lange herumgedoktert hat, diesen Quatsch irgendwann glaubt. Vielleicht sollten wir das mit der Krone nicht immer so ernst nehmen. So wie das Krokodil. Eine gepanzerte Kampfmaschine, von der die Evolution mehr oder weniger die Finger lässt, seit die

Dinosaurier in den Sack gehauen haben. Da winkt sie nämlich ab, die Evolution. Krokodil? Nee, lass mal, das ist schon gut so, da braucht man nicht mehr rangehen. Ich vermute, dass kaum ein Krokodil der Meinung ist, es sei die Krone der Schöpfung. Ich glaube vielmehr, dass die meisten Krokodile sich vor allem für die nächste Ladung Fleisch interessieren. In diesem Punkt sind wir uns also gar nicht so unähnlich. Mit dem Unterschied, dass Krokodile sich dafür nie groß verändern mussten.

In der Tat

4.5.2016
Wer gegen seinen Willen eine Glatze hat, muss jetzt stark sein: Das Magazin Öko-Test hat Shampoos gegen Haarausfall getestet. Das Fazit in einer Pressemeldung zum Artikel lautet schlicht: „Shampoos, die als Hilfe gegen Haarausfall beworben werden, sind Geldverschwendung." Derartige Shampoos taugten allenfalls für eine teure Haarwäsche. Das zumindest scheint sicher. Aber aus Rücksicht vor allen, die daran geglaubt haben, dass Koffein Haare wachsen lässt, hätte man es vielleicht ein wenig sensibler formulieren können. Bevor wir nun voller Wut und völlig ernüchtert unseren Experten Dr. Klenk befragen, wollen wir kurz innehalten. Glaubten wir denn tatsächlich, Koffein sei imstande, Haare sprießen zu lassen, wo vorher gar nichts ging? Mal ehrlich: Wenn es so wäre, hätte ich wahrscheinlich einen dichten Pelz auf der Zunge. Habe ich aber nicht, trotz jahrelangem exzessiven Kaffee-Konsum. Was ich hingegen habe: Einen Bekannten, der es vor Jahren mal mit einem Koffein-Shampoo versucht hat. Seine Haare hat das überhaupt nicht interessiert. Aber er behauptet noch heute, dass er am Abend nach der Haarwäsche partout nicht einschla-

fen konnte. Ich würde sagen, aus dem Problem ist eine Frage geworden, die die Marketing-Abteilung beantworten muss. Die Herren aus Salzburg können sich warm anziehen. Und was sagt Dr. Klenk dazu? „In der Tat ..."

Die Bernie-Ente

21.7.2016
Affen sind unsere nächsten Verwandten im Tierreich. Das lässt sich nicht von der Hand weisen, manche Arten sind uns ganz schön ähnlich. Oder wir ihnen, je nachdem, wo man steht. Sie teilen sogar unsere Laster. Zum Beispiel trinken Affen, generell auch Primaten, gerne mal einen über den Durst. Forscher haben in einer Studie nachgewiesen, dass bestimmte Arten, wenn sie aus zwei Zuckerlösungen mit unterschiedlich hohem Alkoholgehalt wählen können, sich eher für jene Lösung entscheiden, die mehr knallt. In den Nuller-Jahren nannte man so was Flatrate-Party, heute ist das also Wissenschaft. Die Gene des Fingertiers sind sogar derart mutiert, dass diese Primatenart Alkohol sehr effektiv verarbeiten kann. Heißt: Diese nachtaktiven Kerlchen (wie passend) sind äußerst trinkfest. Fingertiere leben natürlich auf Madagaskar. Ich schreibe „natürlich", weil es auf Madagaskar eine Menge skurriler Viecher gibt: die Fossa, die Falanuk oder die Katta, außerdem die Bernierente, bei der ich zuerst Bernie-Ente las und sie mir im Tweedsakko vorstellte, wie sie Pfeife rauchend den Demokratischen Sozialismus verkündet. Wer braucht Pokémon, wenn er eine Pfeife rauchende Bernie-Ente haben kann?

Abstauber

15.1.2016
Ich war im Senckenberg-Museum. Die ausgestopften Viecher und die Dino-Skelette, all das hat mich schon als Kind fasziniert. Wenn Ferien waren, mussten wir auf jeden Fall ins Senckenberg-Museum. Irgendwann hörten die Besuche auf, einfach so. Viele Dinge wurden damals beiläufig und egal, andere wenige wurden sehr wichtig. Man nennt das Pubertät. Die habe ich Gott sei Dank seit vielen Jahren hinter mir. Ich bin also nun nach langer Zeit wieder einmal dort gewesen und habe – ganz wie früher – einen großen Packen Fragen mit nach Hause genommen. Zum Beispiel frage ich mich, ob jemand regelmäßig die Dinosaurier-Skelette abstaubt und wenn ja, wie man das macht. Es handelt sich ja um im wahrsten Sinne große Schätze, da kann man doch keine x-beliebige Reinigungsfirma ranlassen. Tutanchamun hat diese Fahrlässigkeit mit seinem Bart bezahlt. Es müsste eine Firma geben, die sich auf die Reinigung von Dino-Skeletten spezialisiert hat. Die hieße dann „Pronto Bronto" oder so ähnlich und würde von Luca Toni angeführt, weil der früher schon ein richtiger Abstauber war. Vielen Dank, liebe Pubertät! Früher habe ich mich nach den Museumsbesuchen bloß gefragt, wie sich wohl die Haut eines Dinosauriers anfühlt.

Statistik

16.4.2014
22.359 Deutsche haben sich vom Online-Magazin der „Zeit" über ihren Drogenkonsum ausfragen lassen. Dabei ist unter anderem herausgekommen, dass 84 Prozent

der Befragten bewusst etwas essen, bevor sie Alkohol trinken. Diese Aussage zeigt, dass man keiner Statistik trauen sollte, die man nicht selbst gefälscht hat. Denn eigentlich müsste dieser Wert bei 100 Prozent liegen. Oder haben Sie schon mal unbewusst gegessen? Vielleicht mal eine Spinne oder einen Käfer, während Sie geschlafen haben. Das zählt aber nicht als Mahlzeit. Ich stelle mir unbewusstes Essen ein wenig unheimlich vor. Wie würden Sie sich fühlen, wenn Sie gerade aus der Dusche kämen, in freudiger Erwartung des bevorstehenden Abends, und plötzlich ein Schnitzel im Mund hätten? Das finde ich ein wenig befremdlich, auch wenn ich Schnitzel mag. Vielleicht sind Sie auch noch Vegetarier. Dann dürfte es nicht nur befremdlich, sondern auch unangenehm bis eklig sein. Die von der „Zeit" erhobenen Statistiken sagen aber auch aus, dass mehr als die Hälfte der befragten Raucher (66 Prozent aller Teilnehmer) weniger rauchen möchten. Warum tun diese Leute es nicht einfach? Aus demselben Grund, warum wir alle bewusst essen, bevor wir Alkohol trinken. Weil halt.

Knutschen

12.12.2013
Die Online-Ausgabe der Süddeutschen Zeitung hat einmal errechnet (oder errechnen lassen), dass ein Mensch in seinem Leben im Durchschnitt angeblich 100 000 Küsse verteilt. Man kann streiten, ob das nicht viel zu wenig (oder viel zu viel) ist. Immerhin ist nur es ein Durchschnittswert. Gesetz dem Fall, ein Kuss dauert zwölf Sekunden, ergibt das 14 Tage Dauerknutschen, wenn man 75 Jahre lebt. Gleichzeit wurde errechnet, dass ein Mensch durchschnittlich etwa acht Monate seines Lebens mit dem Löschen unerwünschter E-Mails verbringt.

Acht Monate sind 224 Tage. Stellen Sie sich mal vor, Sie müssten über acht Monate 24 Stunden lang eine Viagra-Werbe-Mail nach der anderen ins Orbit kicken. 14 Tage Dauerknutschen halte ich da für wesentlich angenehmer. Darüber hinaus wirken die beiden Zahlen im Vergleich meiner Meinung nach ziemlich bedenklich, auch wenn es bloß theoretische Durchschnittswerte sind. Schließlich basieren die auf gewissen Erfahrungen. Und die besagen: Wir küssen viel zu wenig. Stattdessen schreiben wir viel zu viele sinnlose E-Mails, die wir dann in monatelanger Arbeit löschen müssen. Wäre es nicht viel schöner, wenn das Löschen dieser Mails bloß 14 Tage unseres Lebens in Anspruch nähme? Und wäre es nicht noch viel, viel schöner, wenn wir stattdessen 224 Tage lang knutschten?

Einbruch

8.11.2018
Sehr viele Menschen regen sich ja über diese unsägliche Zeitumstellung auf. Ich selbst habe mit dem mickrigen Stündchen hin oder her eigentlich keine Probleme, finde aber, dass diese (vermeidbare) Umstellung erst einige Zeit später so richtig ins Kontor haut. Nämlich genau jetzt, Mitte November. Das ist völlig logisch, wird die Zeit ja schließlich erst einmal zurückgedreht. Während ich diese Zeilen schreibe, so gegen Viertel vor fünf Uhr am Nachmittag, wird es so schlagartig finster draußen, dass ich kaum merke, was geschieht. Als hätte uns die Sonne ein kurzes „Tschö" zugerufen und auf die Nachfrage unsereins, wo sie um diese Zeit denn hinwolle, uns von hinterm Horizont zugerufen: Sorry, kann euch gar nicht hören." Und weg ist sie. Ich habe das natürlich gleich im Internet recherchiert und herausgefunden: Sonnenuntergang am 7. November: 16.55 Uhr. Heute schon um 16.53

Uhr. Am Samstag: um 16.50 Uhr. Es ist mir egal, dass es derzeit morgens wieder früher hell wird. Ich möchte am liebsten Anzeige erstatten! Dazu brauche ich nun dringend einen Anwalt. Es gibt drängende Fragen, die geklärt werden müssen: Was steht auf Einbruch der Dunkelheit? Und wie schwer fällt es ins Gewicht, dass die Sonne ein Wiederholungstäter ist? Es ist Eile geboten, denn es besteht Verdunklungsgefahr.

Haus aus der Tube

30.4.2016

In unserem Badezimmer fand ich gestern ein neues Produkt für die tägliche Haarwäsche. Dieses Zeug enthält unter anderem „flüssige Haarbausteine". Da war ich einigermaßen beeindruckt. So weit sind wir also schon! In der Lage, flüssige Bausteine zu produzieren. Wenn auch nur für die Haare. Der Weg zum flüssigen Hausbaustein kann nun nicht mehr weit sein. Es sind, um genau zu sein, nur zwei Buchstaben und ein kleines bisschen Forschung. Man stelle sich das einmal vor: Anstatt mühsam tagelang Stein auf Stein zu setzen könnte man künftig einfach den Gartenschlauch nehmen und es ganz entspannt laufen lassen. Die flüssigen Hausbausteine würden von einem Lastwagen in einer großen Tube angeliefert, auf der die Kinder der Straße nach Lust und Laune herumspringen dürften, damit man auch das letzte flüssige Steinchen herausbekommt. Haus aus der Tube. Ich glaube ja, dass da eine Verschwörung im Gange ist. Wahrscheinlich gibt es diese flüssigen Hausbausteine schon längst, aber die mächtige Maurergewerkschaft hält ihre schwieligen Daumen drauf. Vielleicht sind auch die Freimaurer beteiligt, man weiß es nicht genau. Aber so ist das in Deutschland. Wir stehen Neuerungen traditionell skeptisch gegenüber. Es könnte ja sein, dass uns dadurch etwas verloren geht. Wie zum Beispiel das Maurer-Dekolleté.

Evolution

24.4.2014
Ich habe ein paar Tage Urlaub gemacht. In einem Hotel zu frühstücken, ist Wissenschaft. Was Evolutionsbiologen und Verhaltensforscher da beobachten können, bietet Stoff für mehrere Dissertationen. Im Hotel meiner Wahl gab es zum Beispiel drei Kaffeeautomaten. Einer links des Büfetts, in der Nähe der Tische. Zwei rechts davon, etwas entfernt. Links stand eine lange Schlange müder Wartender. Die beiden Maschinen auf der rechten Seite waren verwaist. Wissenschaftlich betrachtet bereitete mir das große Sorgen. Denn entweder sind die wartenden Leute blöd oder faul. Beides ist aus evolutionärer Sicht eher schlecht. Steinzeitmenschen konnten es sich nicht erlauben, faul zu sein. Blödheit war ebenfalls hinderlich. Blöde und faule Steinzeitmenschen starben früh. Die Schlauen und Tüchtigen überlebten und pflanzten sich fort. So geht Evolution. Wir sind das Ergebnis. Warum also stellten sich so viele Leute an, obwohl sie nur wenige Schritte davon trennten, nicht warten zu müssen? Vielleicht hat die Natur gemerkt, dass wir nicht gut für sie sind und die Spielregeln geändert. Vergessen Sie „Survival of the fittest", ab sofort heißt es: „Stumpf ist Trumpf". Zum Glück kann ich Entwarnung geben. Ich ging hinüber zu den verwaisten Automaten und sagte halblaut: „Mensch, hier gibt's ja was umsonst!" Das weckte den Herdentrieb. Es ist also noch alles beim Alten.

13

13.11.2015

Die 13 ist eine besondere, eine einflussreiche, eine gespenstische Zahl. Mit Symbolik derart aufgeladen, dass sie locker mit der Sieben konkurrieren kann und in der Lage, den besten Werktag der Woche, den Freitag, in einen Unglückstag zu verwandeln. Denn das ist das Problem. Die Sieben ist der strahlende Ritter auf dem weißen Ross. Glückszahl, behängt mit allerlei christlicher Symbolik, von den Babyloniern wie auch den Römern geschätzt und in Verbindung mit Zwergen und Bergen aus keinem Märchenbuch wegzudenken. Die 13 hingegen ist das schwarze Schaf unter den Zahlen. Obwohl sie ebenso natürlich und ungerade und wie die Sieben eine Primzahl ist. Die 13 ist das zahlenmäßige Unglück, zumindest in der westlichen Welt. In Flugzeugen gibt es keine 13. Reihe, so manches Hochhaus hat keine 13. Etage. Es gab eine einzige Gelegenheit, bei der die 13 aufbegehrte, das war 1955. Am 9. Oktober war sie die erste Zahl, die bei einer öffentlichen Lotto-Ziehung in Deutschland gezogen wurde. Offenbar ist ihr dieser Ruhm nicht gut bekommen, denn seither macht sie sich samstags rar, spielt ihr Potenzial lieber an mindestens einem Freitag im Jahr aus. Sie ist der Alain Delon unter den Zahlen. Ein eiskalter Engel, festgelegt auf die düsteren Rollen. Delon hat das immer gefallen.

Grippe

25.2.2015

Die Grippe geht um. Am Samstag habe ich deshalb im Supermarkt spontan eine zweite Kasse aufgemacht, weil die Schlange lang und das Personal dünn war. Über eine Million Deutsche sind krank, die Arztpraxen voll. Es liegen nicht nur sämtliche Leute mit Fieber im Bett, die mein Leben in irgendeiner Form erleichtern oder dafür sorgen, dass ich nicht verhungere, sondern auch jede Menge Freunde. Die Grippe ist schuld. So scheint es zumindest. In Wahrheit ist eine Verschwörung im Gang. Eine Bekannte erzählte mir, sie habe beim Arzt über zwei Stunden warten müssen. Anstatt sich dort die mit Bazillen beladenen Illustrierten anzuschauen oder mit dem Smartphone zu spielen, strickt sie, wenn sie beim Arzt warten muss. Die Socken will sie den Arzthelferinnen schenken. Im Wartezimmer, erzählte sie mir, saßen drei weitere Frauen, die Socken strickten, mit demselben Ziel. Nun ist es so, dass die meisten Arzthelfer weiblich sind, und dass Frauen unabhängig von der Außentemperatur oft kalte Füße haben. Deshalb bin ich mir ziemlich sicher, dass es all die Arzthelferinnen nur auf warme Socken abgesehen haben. Deshalb bleibe ich auch von der Grippe verschont. Ich kann nämlich nicht stricken.

Essen und Trinken

Boah, rund 170 Seiten musste dieses Buch nun also dick werden, bis wir endlich beim Wesentlichen sind. Neben der Sprache habe ich nämlich noch eine weitere Schwäche – und bin damit an Schwächen reicher noch als Superman. Aber das hier ist kein Comic und Superman bekanntlich ein Langweiler (nur ein sehr langweiliger Mensch kann imstande sein, sich im wahrsten Sinne hinter einer stinknormalen Brille erfolgreich zu verstecken), weshalb ich stolz bin auf diese zweite Schwäche. Weitere Schwächen sind übrigens nicht ausgeschlossen, sie werden in anderen Kapiteln fündig, wenn es Sie interessiert. In diesem geht es aber um meine liebste, Essen und Trinken.

Kaffeetasse

15.1.2014

Haben Sie am Arbeitsplatz eine eigene Kaffeetasse? Falls nicht, sollten sie mal darüber nachdenken. Denn ein eigener Becher am Arbeitsplatz spiegelt (im besten Fall) die Persönlichkeit wider und steigert das Selbstwertgefühl. Er gibt ein Statement ab. Bei Spiegel Online kann man nachlesen, dass Psychologen der FU Berlin dem eigenen Becher gar attestieren, Einzigartigkeit und Unverwechselbarkeit zu vermitteln. Im Ranking der privaten Büro-Gegenstände steht er sogar weit über den Fotos von der Familie und all dem anderen Kleinkram, den man besitzt, um seine Individualität am Schreibtisch auszudrücken. Denn die eigene Kaffeetasse ist ein intimerer Gegenstand, als viele vermuten mögen. Oder führen Sie das gerahmte Familienfoto während der Arbeit regelmäßig zum Mund? Für alle, die sich jetzt einen persönlichen Kaffeebecher zulegen möchten, ein paar einfache Regeln: Er sollte möglichst hässlich und geschmacklos sein, aber in keiner Weise beleidigend. Blöde Sprüche á la „Ich Chef, Ihr nix" sind sowas von 90er Jahre, also Finger weg. Stattdessen wählen sie lieber Pferde, die Simpsons oder Ihren Lieblingsverein als Motiv. Das sind Dauerbrenner, die immer gehen. Jetzt wollen Sie natürlich noch wissen, aus welcher Tasse ich täglich trinke. Das möchte ich nicht verraten. Es ist mir zu intim.

Rösti-Wochen

5.1.2018

Die ersten Ausgaben des noch jungen Jahres; vom Kolumnisten wird da erwartet, dass er wenigstens einmal was über Vorsätze schreibt. Die sind zum Jahreswechsel ja in aller Munde. Beziehungsweise, sie sind es eben nicht. Denn viele der sogenannten guten Vorsätze beziehen sich ja aufs Essen, genauer aufs weniger essen. Ich nehme mich da selbst nicht aus, wobei ich meine Vorsätze eher als grobe Richtlinien begreife. Während wir nun alle fröhlich weniger und gesünder essen und wie die Lemminge ins Fitness-Studio rennen, ruft ein Fastfood-Restaurant die Rösti-Wochen aus. Ganz recht, das Restaurant platzt mit Themenwochen in eine Zeit der guten Vorsätze, in deren Mittelpunkt in Fett ausgebackene Kartoffeln stehen. Nichts gegen Rösti, ich esse das gelegentlich ganz gerne. Aber ich habe vor vielen Jahren mal einen McRösti gegessen – Rösti auf einem Hamburger mit Fleisch, Käse, Käsesoße und viel Käse auf dem Brötchen – und hatte noch wochenlang was davon, nämlich Sodbrennen. Wer das mit den guten Vorsätzen ernst nimmt, der sieht das Ganze vielleicht einfach als zusätzlichen Ansporn. Weniger Kalorien, weniger Kohlenhydrate – jetzt erst recht! Alle anderen können auch im neuen Jahr beruhigt und durchaus mit gutem Gewissen zuschlagen.

Gepflegtes Pils

14.9.2016
Weil der September August spielt und David und ich der Hitze wegen ziemlichen Durst hatten, baten wir den Kellner im Biergarten, uns doch bitte schnell zwei Pils zu bringen. Der brachte schließlich zwei „gepflegte Pils". So nannte er das. Aber was ist eigentlich ein gepflegtes Pils? Aus Erfahrung kann ich sagen, dass nicht alle Biere, die ich im Laufe meines Lebens getrunken habe, gepflegt waren. Viele waren nicht einmal Pilsener. Es gibt halt

Wirte, die betreiben einen gnadenlosen, auf Vollsuff ausgerichteten Ausschank. Fließbandarbeit. Für Pflege fehlt die Zeit. Das ungepflegte Pils ist in vielen (nicht in allen) Festzelten der Republik zu Hause. Wo die Musik schlecht und die Luft abgestanden ist und wo das Schwitzwasser vom Zeltdach tropft. Man schmeckt das, und ja, auch ein ungepflegtes Bier kann mal ganz nett sein. Das gepflegte Bier hingegen ist gut gekühlt, mit schöner Schaumkrone und braucht ein wenig Zeit. Der Wirt lässt es liebevoll ins Glas laufen, und vielleicht gibt er ihm einen guten Wunsch mit auf den Weg, wenn es auf dem Tablett seiner Vernichtung entgegengeht. Personal und Lokalität müssen stimmen, dann ist ein Bier gepflegt. Und der Wirt sollte ab und zu die Leitungen säubern.

Hütchen

25.6.2016
Sucht man im Internet nach „Hütchen", dann spuckt das gesittete Google zuerst den Link zum Wikipedia-Artikel des Leitkegels aus, in Österreich Hutterl genannt. Der Leitkegel gehört auf die Straße. Das Hütchen nicht. Es gehört in die verrauchte Kellerbar oder in die zum Partyraum umfunktionierte Garage, wo es noch jede langweilige Teenagerparty in ein rauschendes Gelage verwandelt hat. Ignoriert man den Leitkegel und gräbt bei Google noch ein wenig tiefer, so stößt man schließlich doch noch auf das einzig wahre Hütchen – wahlweise als „das bei uns beliebteste Getränk an Fasching", wahlweise als „Brause für Hängengebliebene". Wahrscheinlich trifft beides zu. Kein anderes Getränk ist – auf seine Weise – derart kosmopolitisch und dabei doch so bodenständig und bescheiden. Diese Melange aus Asbach Uralt und Cola, sie ist das einzige Getränk, von dem mir mehr oder

weniger jeder mit einer Mischung aus Abscheu und Verklärtheit berichtet. Und dann schließt mit den Worten: Warum nur haben wir uns das angetan? Vielleicht aus genau diesem Grund: Weil das Hütchen keine Unterschiede macht. Es fühlt sich überall wohl, ohne den großen Zampano markieren zu müssen. Das muss man einfach sympathisch finden. In jungen Jahren überwiegt das sogar den grausigen Geschmack.

Küchenhelfer

21.7.2017
Wir haben uns eine Küchenmaschine gekauft. Also, eigentlich kam ich nach Hause, und sie war einfach da. Wir hatten wohl vorher drüber gesprochen, die Gelegenheit war günstig – man kennt das –, aber dass es dann so schnell gehen würde, damit hatte ich nicht gerechnet. Was macht man mit so einer Küchenmaschine, die im Grunde alles kann und dem Benutzer die Freiheit gibt, die eigentliche Küche in einen Freizeitraum oder einen Wintergarten umzuwandeln. Ich schlug vor, Fisch zu dünsten. Einfach weil ich mal sehen wollte, ob das funktioniert. Dazu muss man den Kessel (ich nenne das jetzt einfach mal so) zur Hälfte mit Wasser füllen, den passenden Aufsatz oben platzieren, das Sieb einsetzen ... Wir haben dann Pizza bestellt. Hat prima geschmeckt. Experiment geglückt. Tags darauf wollte ich die Maschine Pfannkuchenteig anrühren lassen. Man kann das auch von Hand machen. Aber wenn man die Maschine schon hat, nicht wahr? Für alle, die eine Küchenmaschine besitzen und mal Teig kneten lassen wollen. Fügen Sie bitte zuerst sämtliche flüssigen Anteile hinzu. Die Anleitung warnt, dass es sonst zu „Rauchentwicklung" kommen könnte. Was soll ich sagen, die Anleitung hat recht. Ich

rühre jetzt wieder selbst und ich vermisse das Ungetüm überhaupt nicht.

Guerilla-Salat

29.8.2014

Zugegeben, Grillwetter geht anders. Aber da der Sommer uns meteorologisch gesehen am 31. August verlässt, wollte ich ihn nicht ohne zünftiges Grillfest abtreten lassen. Selten haben sich so viele Gäste darum gerissen, das Fleisch drehen zu dürfen. Ich vermute, das hatte mit den Außentemperaturen zu tun, da Feuer eine exotherme Oxidationsreaktion ist und die Umgebung ziemlich stark erwärmt. Aber eigentlich wollte ich etwas ganz anderes erzählen. Denn ein Grillfest ist Arbeitsteilung. Der Ausrichter hat für Fleisch und Bier zu sorgen, die Gäste bringen Salate mit. Damit nicht jeder mit einem Nudelsalat ankommt, ist ein gewisses Maß an Koordination angebracht. Wenn man dazu noch weiß, welcher Freund welchen Salat am besten hinbekommt, steht einer gelungenen Feier nichts im Weg. Während ich also gerade mein Steak schnitt, fragte mich jemand, wer denn den Tortellini-Salat gemacht habe. Der sei so lecker. Ich wusste es nicht, denn ich hatte keinen in Auftrag gegeben. Wir wurden sofort investigativ tätig, konnten allerdings nicht ermitteln, wer nun diesen Tortellini-Salat gemacht hatte, der sich wie ein Guerilla-Kämpfer ans Büffet geschlichen hatte. Auch später ließ sich das Mysterium nicht aufklären. Ich möchte dem anonymen Spender deshalb auf diesem Weg danken: Der Salat hat geschmeckt.

80 Prozent

27.5.2016
Gestern las ich beim Frühstück auf einer H-Milchtüte folgenden Hinweis: „Mit 80 Prozent weniger Hitze zubereitet." Ja, gut, dachte ich. 80 Prozent weniger Hitze als was? Frische Milch? H-Milch von anderen Herstellern? Ein Vulkan? Man erfährt es nicht, Hauptsache 80 Prozent weniger. Das klingt nach Innovation, irgendwie umweltfreundlich und überhaupt viel gesünder. Viel zu oft lassen wir uns von Verpackungen Halbwahrheiten auftischen oder gar komplett in die Irre führen. Es gibt ja mittlerweile sogar schon einen Preis für besonders dreiste Beugungen der Wahrheit, den Goldenen Windbeutel. Der rangiert von der Beliebtheit her etwa auf demselben Niveau wie die Goldene Himbeere und soll eigentlich Scham und Umdenken beim Ausgezeichneten auslösen. Stattdessen bekommen wir immer neue – im wahrsten Sinne – Mogelpackungen vorgesetzt. Fast so, als liefe in der Lebensmittelindustrie hinter den Kulissen ein geheimer Wettstreit um diesen offiziell ungeliebten Preis. Damit übergebe ich das Thema an alle Verschwörungstheoretiker und lese den Hinweis auf der Milchpackung einfach nicht mehr. Es ist mir auch egal, ob die nun in einem Vulkan pasteurisiert wurde oder nicht.

Vegan

8.5.2014
Man isst keine Tiere mehr. Das ist chic. Und weil es immer Leute gibt, die es noch weiter treiben, ist Veganismus der neue Vegetarismus. Vegan ist nicht nur chic, vegan ist supergeil. Wer völlig hip, ethisch korrekt und im Einklang

mit der Natur leben möchte, der ernährt jetzt auch seine Haustiere vegan. Bei Hunden ist das durchaus möglich, sagen zumindest einige Tierärzte. Die waren nämlich bisher Allesfresser, so wie wir. Katzen hingegen sind auf ihre Weise konsequent. Sie wollen Fleisch, denn Katzen sind Raubtiere. Es ist nicht so, dass Hunde unbedingt Fleisch brauchen. Mein Hund frisst zum Beispiel unheimlich gern Karotten. Er mag aber auch Fleisch. Warum sollte ich ihm das vorenthalten? Ich schreibe ihm ja indirekt schon vor, wann er sein Geschäft zu verrichten hat, indem ich bestimme, wann wir Gassi gehen. Das sind für meine Begriffe genug absolutistische Elemente in unserer Beziehung. Ich kann mir ja immerhin noch aussuchen, ob ich Fleisch esse oder nicht. Stellen Sie sich mal vor, das EU-Parlament beschließt, dass man sich in Zukunft nur noch vegan ernähren darf. Das fänden Sie auch nicht gut, darauf möchte ich wetten. Wer ein veganes Haustier möchte, soll sich halt ein Kaninchen kaufen.

Gebäck

27.2.2014
Gestern Morgen beim Bäcker: Ich stehe an der Theke, noch unschlüssig, was ich nehmen soll. Während ich versonnen die Stückchen betrachte, drängt sich ein Mann mittleren Alters neben mich, wird von der Verkäuferin auch prompt angeschaut und gefragt, was es denn sein dürfe. Er überlegt kurz, setzt an zur Bestellung, besinnt sich und dreht sich dann zu mir. „Warten Sie auch?", fragt er. „Nö. Ich komme jeden Morgen wegen der netten Atmosphäre her und stehe einfach ein bisschen rum", sage ich. Er schaut irritiert. Aber statt mich peinlich berührt vorzulassen, dreht er sich zur Verkäuferin und bestellt: „Ich nehme zwei Brötchen und eine Brezel.

Bitte alles möglichst hell. Ich mag das nicht, wenn die so dunkel gebacken sind." Mit versteinerter Miene bereite ich mich, geschockt und getroffen, darauf vor, ein Plädoyer für dunkel gebackene Brötchen und Brezeln zu halten (wer mag es schon, wenn die Brezel aussieht, als habe sie sich gerade zu Tode erschreckt?). Als ich endlich meine Schlagfertigkeit wiedergefunden habe, ist der Typ längst über alle Berge. Aus Trotz kaufe ich sämtliche halb verbrannten Brötchen und bin für den Rest des Tages bedient. Jetzt wollen Sie noch die Moral von der Geschichte? Heute gibt es keine, ich muss jetzt meine Backwaren vertilgen.

Kuchen-Parfum

22.11.2016
Neulich war ich in einer Parfümerie. Weihnachten setzt sozusagen die erste Duftmarke in diesem Jahr. Viele der dort angebotenen Düfte sind für sich genommen ja wirklich erfrischend, belebend, anregend oder sonst was. Aber gemeinsam ergeben sie eine ätzende Suppe. Einen nebligen Brei, der sich auf die Nasenschleimhäute legt und alle natürlichen Gerüche im Keim erstickt. Es benebelt regelrecht die Sinne. Wenn Sie das mal ausprobieren möchten; reicht es schon, Cool Water und Chanel No. 5 gegeneinander kämpfen zu lassen. Und Boss Orange – das haut sie alle um. Nach dem Besuch der Parfümerie hatte ich Hunger, also ging ich zum Bäcker. Dort duftete es herrlich nach frisch gebackenem Brot und Kuchen. Ich sog diesen Geruch gierig ein und hatte sodann eine großartige Idee. Warum gibt es kein Parfum, das nach frischem Brot riecht? Gesund und herb, ein wenig salzig, mit knackiger Kruste, zuweilen scharfen Kanten und weichem, fluffigem Kern. Ein perfekter Männerduft, zu-

dem einer, den man gerne riecht. Oder ein Kuchen-Parfum! Frisch und süß, facettenreich, vielschichtig und liebreizend für die moderne, Gebäck liebende Frau. Zum Anbeißen! Gott, wie uns allen das Wasser im Munde zusammenlaufen würde!

Königlich

24.6.2015
Seit gestern ist die Queen in Deutschland, heute besucht sie Frankfurt. Wegen des Staatsbesuchs fühlen wir uns schon seit Tagen sehr königlich, dabei sind wir doch täglich von Hoheiten umgeben. Ein kurzer Spaziergang in den nächsten Supermarkt sollte ausreichen, den royalen Bedarf für Tage zu decken. Ob Prinzenrolle, Kaiserbrötchen oder König Pilsener – in den Regalen drängen sich die Royals ja nur so. Ein Wunder, dass all die Könige, Prinzen, Kaiser und ihre treuen Vasallen dort keine Fehden um den besten Platz im Regal ausfechten. Man stelle sich vor: König Pilsener und sein General Bergfrühling ziehen in die Schlacht gegen Regina Toilettenpapier und den Weißen Riesen. Schwer zu sagen, wer da gewinnt. Und hinterher heißt es dann: Einmal sauber machen in Reihe 17, bitte. Wer den Selbstversuch wagt, wird feststellen: Es ist möglich, sich ausschließlich von Lebensmitteln zu ernähren, die einen hohen Adelstitel tragen und/oder irgendetwas mit der Krone, der unbequemen und königlichen Kopfbedeckung schlechthin, zu tun haben. Und das Leben umgeben von königlichen Produkten ist noch nicht einmal teuer. Im Gegenteil. Je billiger das Bier, desto höher der Titel und desto funkelnder die Krone.

Niedlich

18.12.2015
Plätzchen sind die süßeste Form des Feingebäcks überhaupt. Denn was könnte süßer sein, als ein Gebäck, dass per Definition ein Diminutiv, ein verkleinertes Substantiv, ist. Dieses süße Wort stammt von „Platz" ab, was „kleiner Kuchen" bedeutet. Da wir aber „Platz" entweder als Anweisung an den Hund benutzen oder, um eine große Fläche zu beschreiben, sind irgendwann Plätzchen daraus geworden. Wörtlich also sehr kleine Kuchen. Es ist egal, wie groß man so ein Plätzchen backt, es wird nie ein Platz dabei herauskommen. Das Plätzchen bleibt sprachlich immer niedlich klein. So gerät es dann, dass Plätzchen vornehmlich beim Kaffeekränzchen gereicht werden. Das findet während der Weihnachtszeit zwar vielleicht um einen Adventskranz herum statt, hat mit diesem aber nichts zu tun. Auch das Kaffeekränzchen gibt es nur in dieser niedlichen diminutiven Form. Wahrscheinlich, weil gute Stuben und darin stehende Tische früher klein waren und es nie ganz zum Kranz gereicht hat. So trifft man sich halt noch heute zum Kaffeekränzchen. Es sei denn, es nehmen Menschen daran teil, die mehr lästern als naschen, dann ist es ein Kaffeeklatsch. Plätzchen gibt es da aber trotzdem.

Schimmel

07.04.2015
Wenn ein Schimmelpilz Lebensmittel befällt, die ich eigentlich noch essen wollte, reagiere ich höchst sonderbar, man kann sagen: empört. Schimmel ist zwar eklig und giftig. Aber er beißt nicht und kann auch nicht laufen.

Trotzdem entfährt mir bei der Entdeckung eines Schimmelpilzes meist ein unartikulierter Laut der Überraschung und des Ekels. Ich lasse das Lebensmittel fallen und fasse es beim Entsorgen mit höchstens zwei Fingern an. Man weiß ja nie. Habe ich Angst vor Schimmel? Nein, denn erwachsene Menschen haben keine Angst vor Pilzen. Es sei denn, Stephen King hat sie erdacht. Das ist alles Kopfsache. Edelschimmel sind zum Beispiel von dieser Reaktion ausgenommen. Sie machen mir meine Lebensmittel nicht streitig, sie verfeinern deren Geschmack. In einem Klassiker des deutschen Kinos, dem Film „Das Boot", erfährt man, dass Schimmel ein edles Gewächs, eine Art von Hyazinthen sei. Es kommt wohl sehr darauf an, wo man sich gerade befindet. Der Zweite Wachoffizier des U-Boots, der diese Aussage im Film trifft, sagt außerdem, dass man sich über alles freuen sollte, was „hier unten" wächst. Unter Einschränkung stimme ich zu. Wenn es um Lebensmittel geht, die ich gekauft habe, hört die Freude auf. Das sind meine. Die will ich essen. Daher meine Empörung. Der Mensch ist schließlich ein Raubtier.

Phasen

21.2.2015
Meine Ernährung verläuft in Phasen. Zumindest, was das Frühstück angeht. Im Moment bin ich mal wieder in der Nutella-Phase. Morgens gibt es für mich nichts anderes aufs Brot. Keine Ahnung, woher das kommt. Vor einigen Tagen ist der Mann, der Nutella in der Welt bekannt gemacht hat, Michele Ferrero, gestorben. Vielleicht wurde meine jüngste Nutella-Phase von meinem Unterbewusstsein ausgelöst. Vielleicht erweise ich Ferrero auf diese Weise unbewusst meine Reverenz. Das müsste dann al-

lerdings ein Sonderfall sein, denn in der Vorwoche befand ich mich in der Leberwurst-Phase. Der Metzger meines Vertrauens aber war, als ich ihn zuletzt gesehen habe – Gott sei Dank –, sehr lebendig. Ich kann diese Art der Ernährung übrigens niemandem empfehlen. Entgegen aller Behauptungen in der Werbung deckt der Genuss von Nutella nicht den Nährstoffbedarf meines Körpers. Für Leberwurst gilt dasselbe. Wenn sich meine Ernährungsphasen nicht nur auf das Frühstück bezögen, litte ich wahrscheinlich an Mangelerscheinungen. Um es trotzdem auszuhalten, müsste ich tagsüber jede Menge Zitrusfrüchte essen, um den Skorbut zu bekämpfen. Dazu gäbe es jeden Tag einen Schluck Rum. So haben das die Seeleute früher gemacht. Trinkt aus, Piraten, joho!

Brot und Liebe

22.1.2015
Gestern war ich einkaufen. Ich habe Brot gekauft. Pumpernickel. Auf der Verpackung sind Vorschläge abgebildet, mit was man die Scheiben belegen könnte (Wurst, Käse und so weiter) – und ein junges Paar. Es sieht so aus, also wollten sie sich gleich küssen. Dem sinnlichen Blick des Mannes nach haben die beiden danach noch Einiges mehr vor. Weil diese Zeitung vor 22 Uhr erscheint, und weil es außerdem keine Rolle spielt, möchte ich darauf nicht näher eingehen. Aber wie passen das Brot und das Liebespaar zusammen? Sicher kennen Sie den Spruch „Liebe geht durch den Magen". Das Paar ist offensichtlich verliebt, Brot kann man essen; es ist also die Visualisierung eines Sprichworts. Der Käufer sieht zuerst das Brot, dann die Verliebten – und weiß Bescheid. So ist das heute, wenn man einkaufen geht. Brotverpackungen sorgen nicht mehr nur dafür, dass das Brot

frisch und keimfrei bleibt. Sie erzählen Geschichten, sorgen für Emotionen, sie unterhalten den potenziellen Käufer. Damit befriedigen sie ein uraltes Bedürfnis. Schon in der Antike wollten die meisten Menschen vor allem essen und unterhalten werden. Der römische Dichter Juvenal bezeichnete das abfällig als „Brot und Spiele". Heute heißt es wohl „Brot und Liebe". Was Pumpernickel so alles kann...

Vitamin C

31.10.2016
Im Internet, dieser ultra-schnellen Quelle für fundierte und gesicherte Fakten, habe ich gelesen, dass 37 Bier – ob es sich um Maß, Halbe oder die bei Dorffesten beliebten 0,2 Schöppchen handelt, war nicht angegeben – den Tagesbedarf an Vitamin C decken. Man sollte mit „Fakten" aus dem Netz äußerst vorsichtig umgehen. Zumal, wie in diesem Fall, etwas essenziell Wichtiges, die Menge eines jeden der ominösen 37 Biere nämlich, fehlte. Zum Glück bietet die Uni Hohenheim kostenlose Lebensmittelanalysen an, auch für Bier. Das Ergebnis ist, hihi, ernüchternd. 0,33 Liter Bier enthalten nämlich überhaupt kein Vitamin C. Sie könnten 100 Bier trinken und kämen dem Ziel nicht näher. Dafür enthält Bier die Vitamine B2 und B6. Schlappe zwölf Bier á 0,33 Liter oder vier Maßkrüge reichen aus, um den Tagesbedarf zu decken. Wollte man zudem noch den Tagesbedarf an Kalzium decken, müsste man allerdings deutlich mehr Gas geben. 76 Schoppen müssen es schon sein, alternativ 25 Maßkrüge. Und weil Bier zwar Kalzium und Natrium in gleicher Menge enthält, der Körper täglich jedoch viel mehr Natrium als Kalzium braucht, müsste man stolze 152 Bier kippen, um das zu schaffen – oder eben 50

Maß. Sie haben also viel vor heute. Also gehen Sie zum Frühschoppen in Ortenberg und nehmen Sie eine Zitrone mit. Gute Ernährung kann so einfach sein.

Waffelkiste

14.10.2017
Die süße Versuchung brach ohne Vorwarnung über uns herein. Es war später Nachmittag, das Wochenende schon nah und ich schon leicht müde, da stand sie plötzlich in der Redaktion. Voll mit süßem Schaumzucker, der, sämtlich überzogen mit Schokolade, darauf wartete, von uns vertilgt zu werden: Die „Gemischte Waffelkiste". Erwartungsvoll versammelten wir uns um das Paket. Ich setzte frischen Kaffee auf. Für ein Schaumkuss-Fressfest muss man wach und topfit sein. Die „Gemischte Waffelkiste" aus der Nordhessischen Schaumwaffelfabrik, sie war uns auf Gedeih und Verderben ausgeliefert. Apropos. Lediglich ein Buchstabe, ausgerechnet das schlanke „L", unterscheidet hier zwischen Tod und Verderben einerseits Genuss und Völlerei andererseits. Was hätten wir schon von einer „Gemischten Waffenkiste"? Die umständliche und bürokratische Inhaltsangabe „Teile mit kakaohaltiger Fettglasur überzogen" sollte möglicherweise abschrecken, oder sie war von irgendwelchen Bürokraten im Europaparlament vorgeschrieben worden. Wir ließen uns jedoch nicht blenden, im Gegenteil. Dieser durch und durch bürokratische Satz besiegelte letztendlich das Schicksal der „Gemischten Waffelkiste", die am Ende nicht mehr gemischt, nicht mehr Waffel, nur noch Kiste war.

Gold

28.11.2015

Alle reden vom Betongold. Aufs Sparbuch gibt es keine Zinsen, Aktien sind unsicher, Lebensversicherungen eine Lachnummer und beim echten Edelmetall ist auch längst nicht mehr alles Gold, was glänzt. Also stecken die risikoscheuen Deutschen ihr Geld in Immobilien. Man nennt es übrigens auch Betongold, wenn man sein Erspartes in ein Holzhaus investiert. Allerdings können sich das viele Menschen gar nicht leisten. Die meisten haben zwar etwas Geld gespart, davon aber nicht genug, um es in Beton zu verwandeln. Damit diese Leute (so ungefähr die gesamte untere Mittelschicht) nicht in tiefe Depressionen verfallen, hat irgendjemand das Hüftgold erfunden. Es ist nicht nur viel günstiger, nein, man kann es im Gegensatz zu Beton sogar konsumieren. Hüftgold macht glücklich und schmeckt gut. Und einmal angefressen, trägt man es in der Regel auf immer mit sich herum. Wer jetzt immer noch nicht überzeugt ist: Im Gegensatz zum statischen Betongold und zum renditearmen Sparbuch hat der Anleger beim Hüftgold die absolute Kontrolle über seine Rendite. Er muss dafür gar nichts tun, im Gegenteil. Je weniger Sport, desto mehr bleibt hängen. In der Vorweihnachtszeit wird übrigens überdurchschnittlich viel Hüftgold angelegt. Also ran an den Speck!

Äußerlichkeiten

Erwischt! Über Speis und Trank und heimtückische Salate sind wir zum Ende des vergangenen Kapitels beim unvermeidlichen gelandet, dem Hüftgold. Also bleiben wir doch ein wenig bei diesen und anderen Äußerlichkeiten. Aber Vorsicht! Es ist ein gefährliches Kapitel. Sie begegnen Stinkern, Katapulten und Mittelfingern. Ein schöner Dieb ist auch dabei, warum sollen die nicht auch mal 'ne gute Eigenschaft haben?

Accessoire

7.10.2015
Auf einer Party traf ich vor einiger Zeit einen jungen Mann, der eine bunte Wollmütze trug. Das ist insofern interessant, weil die Party drinnen stattfand und es sich anfühlte, als feiere man im Treibhaus des Frankfurter Palmengartens. Ich fragte ihn, ob ihm das nicht zu warm sei am Kopf. Er trage diese Mütze nicht, weil ihm kalt sei, sondern als Accessoire. So wie ich meine Brille trüge. Ich trage meine Brille, weil ich sonst den Heimweg nicht finden würde, sagte ich. Währenddessen überlegte ich: Wütend werden oder lieber Interesse heucheln? Ich fragte ihn, was er so macht. Bei diesem Typ Mensch läuft das meistens so. Ich bin da wie ein ganz schlimmer Gaffer. Will eigentlich nicht, kann aber nicht anders. Zu spät. Er sei ja grundsätzlich eher links-konservativ eingestellt und habe sich lange gegen die elektronische Gesundheitskarte gewehrt. Zum Feiern räume er grundsätzlich seine komplette Wohnung leer – im Gegensatz zum Gastgeber dieser Feier, was ich wiederum ganz nett fand, da man sich wenigstens mal hinsetzen konnte. Heute, schloss er, studiere er Betriebswirtschaftslehre. Und ich so? Ging dann nach Hause, fand den Weg ohne Probleme. Brille sei Dank.

Hipster

10.11.2015
Der Hipster war früher mal die Hipster und damit eine Hüfthose beziehungsweise eine Unterhose, zugleich aber auch immer ein moderner Bohemian. Hannes Wader würde wohl sagen: der Künstler mit Fellweste. Heute ist

der Hipster dem Mainstream gegenüber gleichgültig bis ignorant eingestellt und trägt in der Vorstellung der meisten Menschen einen Jutebeutel mit sich herum, was in vielen Fällen nicht stimmt. Viele Hipster neigen dazu, sich in der Parallelwelt der sozialen Netzwerke mit Postings und per App verfremdeten Fotos als uneingeschränkt glücklich darzustellen. Während der normale Mensch an der Imbissbude um die Ecke Currywurst bestellt, verspeist der Hipster am Foodtruck vegane Falafel und teilt es währenddessen allen mit. Ohne Social Media geht es nicht. Weil jedoch die meisten Menschen, also auch Nicht-Hipster, soziale Netzwerke nutzen, sind auch diese, Sie ahnen es, Mainstream. Der neueste Trend ist deshalb der Verzicht auf soziale Netzwerke. Kein Facebook, kein Whatsapp, kein Twitter. Bleibt die uralte philosophische Frage: Wenn der Hipster ein Craft-Beer trinkt, und niemand hat es gesehen, hat er es dann wirklich getrunken?

Gesichter

24.10.2014
Renée Zellweger hat sich offenbar ein neues Gesicht zugelegt. Nun, die Frau lebt in Hollywood, da gehört sowas zur Altersvorsorge. Also was solls? Aber mal angenommen, wir könnten unsere Gesichter nach Lust und Laune umbauen... Am besten wäre es, wenn man einzelne Teile wie bei einen Lego-Baukasten austauschen könnte. Wer sowieso lange vorm Spiegel steht, würde in ganz neue Dimensionen vorstoßen. Wie mache ich meine Haare? Was ziehe ich an? Welche Nase passt zu meiner Hose? Gerade die Nase spielt doch eine große (und total unterschätzte) Rolle in der Wahrnehmung der Menschen. Da haben wir die leicht gerötete Boxernase fürs Fitness-Stu-

dio und für den nächsten Kerb-Frühschoppen. Die scharf geschnittene Nase für aggressive Gehaltsverhandlungen und das hübsche Näschen für kuschelige Abende. Für das erste Date wählt Mann das Modell mit Überlänge, um zu zeigen, was er hat. Außerdem würden ganz neue Märkte geschaffen. Erstens müsste einer all diese Nasen, Münder und Wangenpartien entwerfen und herstellen. Auch Schreiner und Schneider könnten sich vor Aufträgen kaum mehr retten. Einen extravaganten Nasenschrank hier, ein neues Bäckchenkissen da. Was? Einen Schuhschrank? Sowas ordinäres kann man doch bei den Schweden kaufen!

Haare

17.02.2015
Neulich sprach ich mit Freunden über graue Haare. Weil wir alle noch nicht so nah am Problem dran sind, war das eher eine theoretische Diskussion über etwas, das man nur vom Hörensagen kennt. So, wie wenn man sich über fliegende Autos unterhält. Es stellte sich heraus, dass die Männer in der Runde gelassen in die graue Zukunft blickten, während die Frauen sich gegenseitig versicherten, es sei ja noch ein bisschen hin. Finden Sie mal einen Mann, der wirklich Angst davor hat, grau zu werden. Das ist gar nicht so einfach. Kein Wunder. Es gibt ja viele, denen das sogar gut steht, die erst mit grauen Haaren irgendwie komplett werden. So wie George Clooney, der Egon Wellenbrink des Kapsel-Kaffees. Grau sein macht den meisten Männern nichts aus. Wir Männer verkaufen es einfach als Reifemerkmal. Dafür schwebt eine andere Gefahr über uns. Der Kopfherbst. Ich hoffe, dass ich niemals eine Glatze bekomme. Bei einem Bekannten, er ist Anfang 30, fängt es schon an. Er hat dieses Koffein-

Shampoo benutzt und konnte drei Wochen lang nicht richtig einschlafen. Unter dem Strich haben ihn der Stress und die Schlaflosigkeit wohl mehr Haare gekostet, als das Shampoo zurückgebracht hat. Dann werde ich lieber schlagartig grau. Eine Kapsel-Maschine habe ich auch schon.

Baujahre

18.10.2014
Wenn es ums Alter geht, dann tun viele Männer so, als seien sie Autos. Sie sagen nicht: Ich bin 50 Jahre alt. Sie sagen: Ich bin Baujahr '64. Die 50 nehme ich als Beispiel, weil nach meinen Erfahrungswerten eher ältere Männer diesen Terminus benutzen. Sie sagen das stolz, als seien sie besonders gut gepflegte Oldtimer. Manche lächeln dann ganz leicht, die Augen geschlossen. Früher war eben alles besser. Die meisten sind allerdings irritiert, wenn ich dann frage, wo sie denn gebaut wurden. Sie finden das indiskret, dabei bleibe ich doch nur im selben Sprachbild. Ich finde, wenn man schon so tut, als sei man ein Auto, dann sollte man auch die Konsequenzen tragen. Für Oldtimer ist es durchaus bedeutsam, wo sie einst vom Band rollten. Die meisten Werke gibt es gar nicht mehr. Heute wird ja hauptsächlich im Ausland produziert. Dabei sind die Leute doch auch früher in Urlaub gefahren. Und wenn wir schon dabei sind: „Gut gepflegt" stimmt leider auch nicht immer. Das kann ich allerdings nachvollziehen, denn obwohl die Medizin gewaltige Fortschritte macht, kann man viele Verschleißteile des menschlichen Körpers einfach nicht ersetzen. Aber ich will ja nicht unken, schließlich steht mir all das auch noch bevor. Trotzdem werde ich mein Alter nie als Baujahr angeben.

Gesichtsmaske

20.11.2018
Es gibt Vergleiche, bei denen verlieren alle. Neulich las ich auf einer Werbetafel: Renovieren ist wie eine Gesichtsmaske. Da bin ich mir nicht sicher, wem gegenüber diese Aussage despektierlicher ist. Dem Berufsstand der Handwerker oder all den Menschen, die Gesichtsmasken verwenden. Ich habe hier und da schon ein paar Dinge renoviert und festgestellt, dass es mitnichten so einfach ist, wie eine Gesichtsmaske aufzutragen. Man sehe sich dazu einmal die Hände eines Handwerkers an. Die sind nicht weich und glatt, sondern rauh und voller Schwielen. Da müssten sie schon über Jahre ein sehr ruiniertes Gesicht eingecremt haben, um so zu werden. Womit wir bei der anderen Seite wären. Nehmen wir einmal an, meine Frau käme abends mit einer Gesichtsmaske aus dem Badezimmer und ich würde zu ihr sagen: „Schatz, sehr gut! Es war höchste Zeit, dass du mal was unternimmst. In deinem Gesicht waren wirklich dringend ein paar Renovierungen nötig. Find' ich gut übrigens, dass du da selbst Hand anlegst. Selbst ist die Frau." Raten Sie mal, wer von uns beiden sein Gesicht dann tatsächlich renovieren lassen könnte. Ganz zu schweigen von der Tatsache, dass ich die folgende Nacht und auch alle weiteren im Freien verbringen müsste. Wir merken uns: Vergleiche nie Körperpflege mit Handwerk. Niemals.

Morgenmuffel

12.7.2016
Eine Marktforschungsagentur hat herausgefunden, dass nur 63 Prozent der Deutschen sich morgens frische Un-

terwäsche anziehen, nur 55 Prozent duschen oder baden. Der Morgenmuffel ist damit um zwei kleine, aber wesentliche Punkte reicher. Er ist jetzt der Morgenmüffel. Meine Fa-Aktien sind jedenfalls erst mal in den Keller gerauscht. Erinnern Sie sich noch an die Schlecker-Pleite? Das war keine Misswirtschaft, das waren die Hygiene-Verweigerer. Die Hygienchenfrage, sie wird von zu vielen Menschen mit „eher nicht so" beantwortet. Woran liegt das? Ich könnte mir denken, dass sich diese ungeduschten 45 Prozent einfach eingeengt fühlen. Die Körperhygiene ist für sie ein als starr empfundenes Korsett von Regeln und Zwängen, die es zu befolgen gilt. Wer das nicht versteht, der möge sich das mal von einem Briten erklären lassen. Ich befürchte sogar, dass all die ungewaschenen Freigeister vielleicht bald noch weitergehen. Ihre Rechte einfordern. Momentan ist noch nicht abschließend geklärt, ob es ausreichend ist, wenn man der morgendlichen Körperhygiene auf seinem Facebook-Profil formell widerspricht. Auch ein Bürgerbegehren, das zu einem Hygexit führen könnte, erscheint mir durchaus denkbar. In diesem Fall bliebe die Frage, was mit all den Gelegenheits-Duschern passiert und ob die sogenannte CD-Dusche künftig von der EU subventioniert wird.

Hosenkatapult

18.6.2016
Nichts gegen Menschen in engen Klamotten, aber wie sagte einst eine Freie Mitarbeiterin in ganz anderem Kontext: Irgendwo sind auch Grenzen. Ich mische mich da nicht ein, habe, wie gesagt, nichts gegen enge oder zu enge Hosen. Jede Frau, auch jeder Mann muss das für sich selbst entscheiden. Ich allerdings frage mich beim Stadtbummel schon hin und wieder, wie manche Leute in

ihre Klamotten überhaupt reinkommen. Baumwolle und auch dieser ganze Polyester-Kram sind ja bis zur Unkenntlichkeit dehnbar. Aber was macht man bitte mit Jeans, die keinen nennenswerten Stretch-Anteil haben? Menschen, die solche Kleidungsstücke besitzen, müssen über eine Vorrichtung verfügen, mit der sie in die Hose buchstäblich hineingeschossen werden. Das sogenannte Hosenkatapult. Lachen Sie nicht, das ist eine ernste Sache. Wer eng tragen will, muss leiden. Für das Hosenkatapult braucht man eine Betriebserlaubnis, natürlich einen kleinen Waffenschein und muss zudem den Nachweis erbringen, dass man mindestens drei Hosen besitzt, die man nur dank roher, abrupter Gewalt betreten kann. Sind diese Hürden genommen, steht der engen Jeans nichts mehr im Wege. Das Hosenkatapult hat noch jeden in Größe 36 geschossen.

Handtaschen

16.8.2013
Im Supermarkt habe ich gestern einen Mann mit Handtasche gesehen. Ich habe mich gefragt: Was hat der da drin? Wenn ich das Haus verlasse, nehme ich maximal vier Dinge mit: Portemonnaie, Handy, Schlüssel und je nach Situation den Autoschlüssel. Männerhosen haben in der Regel vier Taschen. Die Dinge, die ich mitführe, kann ich also optimal auf diese Taschen verteilen. Bei Frauen ist das – meist – anders. Sie tragen viel mehr Zeug mit sich herum. Der Inhalt einer Damenhandtasche ist vermutlich eines der letzten Mysterien der Menschheit. Spannend. Geheimnisvoll. Manchmal ein Tabuthema. Die verfügbare Literatur über Damenhandtaschen und deren Inhalte umfasst wahrscheinlich viele Tausend Seiten. Zum Thema „Der Inhalt einer Männerhandtasche"

bekäme ich wahrscheinlich gerade mal so eine dünne Broschüre oder einen doppelseitig bedruckten Flyer zustande. Über vier Dinge kann man eben nicht so viel schreiben. Es gibt also zwei Thesen: Entweder möchte der Mann seine vier persönlichen Dinge nicht eng am Körper mit sich herumtragen oder er hat mehr als diese vier Utensilien bei sich. Und da wird es wieder mysteriös. Ich frage mich: Was könnte das sein? Und: Brauche ich das auch? Wenn ich dann eine Handtasche benutzen muss, verzichte ich.

Bierbauch

1.8.2015
Heute ist Tag des Bierbauchs. Der Bierbauch ist die Problemzone des Mannes. Allerdings interessiert das die meisten Männer nicht. Deshalb gibt es den Tag des Bierbauchs, nicht aber den Tag der Cellulite. Vor allem ältere Männer tragen ihren Bierbauch mit einem gewissen Stolz, schließlich haben sie ja viel Geld und Zeit investiert. Wenn es sehr heiß ist, geht dieser Schlag Mann in nichts weiter als bunten Shorts aus den 80er Jahren und Birkenstock-Schuhen vor die Tür. Der nackte Bierbauch wippt beim Gehen träge im Takt. Da ist keinerlei Schamgefühl, dafür aber ein Statement: Es ist besser, ein Sixpack auszutrinken, als es ständig vor sich her zu tragen. Wobei es ja letztendlich auf dasselbe hinausläuft. Für jene Männer, die zwar einen Bierbauch haben, aber weit weniger offensiv damit umgehen, ist das Fluch und Segen zugleich. Segen, weil man ihnen ständig vor Augen führt, dass es immer noch schlimmer, noch schamloser geht. Fluch, weil der Bierbauch zwar nicht unbedingt anerkannt, aber doch geduldet wird – und sie daher nicht unbedingt gezwungen sind, etwas dagegen zu unternehmen.

Ein schöner Dieb

27.1.2016
In der Wetterau geht ein schöner Dieb um. Eitel ist er obendrein. Ich bin mir dessen ziemlich sicher, weil er nicht Gold oder Juwelen, sonder die Außenspiegel von Autos stiehlt. Genaugenommen nimmt er nur die Spiegelgläser. Selbst die Polizei, in der Regel von Berufs wegen eher sachlich orientiert, hat ein paar lustige Thesen zu den Beweggründen dieses Diebes aufgestellt, der ja auch eine Diebin sein könnte. Es liegt jedoch die Vermutung nahe, dass es sich in diesem Fall um eine sehr illegale Art von Ersatzteilhandel dreht. Genaugenommen um einen Teil der Wertschöpfungskette dieses Handels. Dabei gäbe es so viel schönere, fast schon poetische Möglichkeiten. Vielleicht ist der Dieb ein Wellensittich, die haben bekanntlich ein Faible für Spiegel. Vielleicht ist er ein größenwahnsinniger Architekt, der den Spiegelsaal von Versailles nachbauen möchte. Vielleicht heißt er Narziss, hat den Sturz in den Teich überlebt, seine Lektion gelernt und hält sich seitdem vom Wasser fern. Wir erfahren es wohl erst, wenn er (oder sie) geschnappt wird. Es sei denn, der Dieb beschließt, die Welt auf andere Weise zu verändern. Und fängt mit dem Mann im Spiegel an.

Dünne

29.4.2016
Lange Zeit dachte ich, es sei unser seltsames zeitgenössisches Schönheits-Bild, das für all diese mageren Models verantwortlich sei. Ganz so, wie man es in der Zeit des Barock eben bei allem üppiger mochte. Dabei geht dieses

Problem viel tiefer. Vor Kurzem las ich, dass Laufsteg-Models nicht sehr dünn und sehr groß sein müssen, weil der moderne Mensch das so will. Vielmehr ist es nur eine einzige Berufsgruppe, die sich das so wünscht: die Designer. Der Kreis schließt sich, weil sich jener moderne Mensch – was Kleidung angeht – daran orientiert, was die Designer so designen. Und das ist eben für Dünne gemacht. Models müssen also dürr sein, weil Designer ihre Stücke für dürre Körper schneidern. Habe ich da was nicht mitgekriegt? Ich selbst kaufe mir nur Klamotten, die mir passen und nicht umgekehrt. Warum kann das nicht auch in der Modebranche so laufen? Der Designer beginnt mit einem leeren Blatt Papier. Der kann doch machen, was er will! Dazu Folgendes: Ich meine, mich an das Argument zu erinnern, die Stücke sähen eben nur gut aus, wenn dünne Frauen sie trügen. Deshalb der Designer sie dünn entwirft. Sollte ein guter Modeschöpfer von so etwas profanem nicht unabhängig sein? Und wenn Designer damit aufhörten, uns ein solch ungesundes Schönheitsideal aufzubürden – wäre das nicht eine schöne, runde, glückliche, neue Welt?

Daumen

24.1.2015
Stellen Sie sich mal vor, wir hätten keine Daumen. Wir müssten uns jedes Mal, wenn wir einen Nagel in die Wand schlagen wollen, den Hammer an der Hand festbinden. Lukas Podolski könnte niemandem mehr mitteilen, dass bei ihm immer alles bestens ist. Facebook hätte ein großes Problem. Ich hätte als Kind einen Schnuller gebraucht. Und erst die Folgen für die Literatur! Kein Mensch könnte einen Stift halten. Vor der Erfindung der Tastatur hätten wir nicht ein Wort festhalten können.

Und was hätte der Schneider wohl Heinrich Hoffmanns Konrad statt der beiden Daumen abgeschnitten? Zum Glück haben die meisten Menschen zwei Daumen. Auf die Daumen-hoch-Geste könnte ich allerdings verzichten. Aber wenn es nur dabei bliebe. Die Geste ist längst in der Sprache aufgegangen. „Daumen hoch" sagen wir ‚wenn uns etwas gefällt. Apropos Gefallen, dank Facebook ist sie mittlerweile sogar als Pikotogramm anerkannt. Damit hat der hochgereckte Daumen in den vergangenen paar Jahren sehr anschaulich die Entwicklung der Menschheit nacherzählt. Erst die Geste, dann das Wort, dann der kreative Prozess, der zum Bild führt. Wäre alles nicht passiert, wenn wir keine Daumen hätten. Aber es ist dann wohl doch nur das kleinere Übel.

Der Mittelfinger

21.5.2014
Der Mittelfinger hat einen schlechten Ruf. Daran sind wahrscheinlich die Griechen schuld. Zum Beispiel soll Diogenes von Sinope Besuchern Athens mit dem Stinkefinger kundgetan haben, was er von ihnen hält. Weder ist es sicher, ob Diogenes tatsächlich in Athen lebte, noch, ob er der erste war, der diese Geste benutzte. Das Image des Mittelfingers war jedenfalls ruiniert. Wer anderen Leuten heute den erhobenen Mittelfinger zeigt, kann dafür belangt werden. Manchmal muss es halt trotzdem sein. Sie kennen das bestimmt. Der erhobene Mittelfinger stellt ein hervorragendes Mittel da, um gewisse Dinge einfach mal ungesagt zu lassen. Man kann das vor allem auf der Autobahn beobachten, dem letzten Stück wirklicher Wildnis in Deutschland. Dort verpuffen wörtliche Schmähungen wirkungslos. Sie sind zu zivilisiert. Weil es auf der Autobahn ziemlich laut ist und jeder in seiner ei-

genen Kiste sitzt. Weil das Radio läuft und weil vielleicht Kinder an Bord sind, die lieber nicht hören sollten, was Papa gerne sagen möchte. Also überlassen wir das dem Mittelfinger. Er ist der Bad Guy unserer Hand. Wir haben ihm dieses Image verpasst. Der Mittelfinger leidet unter seinem schlechten Image. Dann sieht er sich den kleinen Finger an und ist doch ganz froh über seinen Platz in der Welt. Einer muss es ja machen.

Das Weltgeschehen

Kann man in der posttrumpschen Welt überhaupt noch mit Humor über Politik oder, etwas allgemeiner, das Weltgeschehen schreiben? Ich bin fest davon überzeugt. Man könnte jetzt etwas Hochtrabendes schreiben wie „Trump wird irgendwann gehen, Humor wird bleiben", aber dafür bin ich nicht der Typ. Lassen Sie mich Ihren Blick stattdessen auf meine Wortschöpfung „posttrumpsch" lenken, die lautmalerisch sowohl genauso hässlich ist wie das, was Donald Trump so veranstaltet, als auch verdächtig nach einem Geräusch klingt, das mit einem sehr feuchten Niesen einhergeht. Sie müssen nicht darüber lachen, dürfen aber gerne wenigstens mal schmunzeln.
Donald Trumps Wahl und alles, was seitdem dazugehört, wird in der Welt Spuren hinterlassen so wie sie in diesem Buch an dieser Stelle Spuren hinterlässt. Mir fällt dabei auf, dass „posttrumpsch" auch verdächtig ähnlich wie „posttraumatisch" klingt. Und bei der Aufarbeitung von Traumata kann Humor helfen, habe ich gehört.

Marmeladenbrot

15.3.2017
Lass Donald Trump nur reden, sagte David seinerzeit wenige Tage vor der US-Wahl, denn selbst wenn er gewinnen sollte – so kann er ja kaum als Präsident auftreten. Was haben wir da noch gelacht. Schließlich glaubte keiner von uns an einen Wahlsieg Trumps. Tja, wir haben uns geirrt. In beiden Fällen. Umso bewundernswerter finde ich, wie lässig die Bundesregierung und Kanzlerin Angela Merkel mit dem Status quo umgehen. Dasselbe gilt auch für die Nazi-Vergleiche Erdogans. Hat der wirklich..., fragte David. Ja, mein Freund, er hat. Unfassbar, ja, tatsächlich unkommentierbar. Ich habe mit vielen Leuten darüber gesprochen, die meisten hätten nie gedacht, dass ein Staatsoberhaupt eines (noch) seriösen Staates so was mal sagen könnte. Aber ja, er hat. Und wie es aussieht, kommt er damit durch. So wie Trump damit durchkommt, so wie zig Diktatoren, schmierige Geschäftsleute und andere – nein, das schreibe ich jetzt nicht – damit durchkommen. Denn solche Leute sind im Grunde wie Katzen. Egal, von wo sie runterfallen, egal, aus welcher Höhe – sie landen immer auf den Pfoten, beziehungsweise Füßen. Warum können diese Leute nicht wie Marmeladenbrote sein?

Weltuntergang

28.1.2017
Wer hat an der Uhr gedreht? Donald war's – wer sonst? Amerikanische Atomforscher zeigen seit 1947 auf einer sogenannten Weltuntergangsuhr, wie nah die Welt am Abgrund steht. Je näher der Minutenzeiger in Richtung

Zwölf rückt, desto näher ist die Apokalypse. 1953 war es mal zwei Minuten vor Zwölf, nach den Wasserstoffbombentests von USA und UdSSR. 1991, nach dem Mauerfall, reisten wir ein ganzes Stück in die Vergangenheit. Die Forscher drehten die Uhr um eine Viertelstunde zurück. Seitdem geht es nicht nur gefühlt stetig bergab, seit Freitag ist es 2,5 Minuten vor Mitternacht. Das liegt nach fast 70 Jahren noch immer an den Atomwaffen, aber auch am Klimawandel und – irgendwie absehbar – an Donald Trump, dem trotzigen Kind im Mann, das seit gut einer Woche Präsident ist. Was kann man in zweieinhalb Minuten machen? Man kann einen Beutel Mikrowellenreis zubereiten und hat noch 30 Sekunden Zeit, den Reis zu verzehren. Man kann „Don't bother Me" von den Beatles hören oder alternativ „I Wanna Be Sedated" von den Ramones – beides würde im Angesicht des baldigen Endes passen. Beides sind gute Songs. Beide dauern 2:29 Minuten. Ein anderer guter Song ist „Walking on Sushine". So fröhlich, so lebensbejahend. Der dauert 4:05 Minuten. Leute, wir brauchen eine Zeitmaschine.

Einsamkeit

26.1.2017
Es gab Leute, die hofften und hoffen, dass der 45. Präsident der Vereinigten Staaten von Amerika, Donald Trump, durch die schwere Bürde des Amtes ein wenig demütig werden würde. Dass er auch mal in sich gehen würde. Es sieht nicht danach aus. Letztendlich kann Donald Trump – für sich persönlich, was anderes interessiert ihn ja nicht – froh sein, dass Leute wie Donald Trump nicht zu jener Sorte Mensch gehören, die ab und zu mal in sich gehen. An seiner Stelle würde ich da näm-

lich lieber nicht hingehen. Stattdessen haben wir neuerdings: alternative Fakten. Der Fakt, per Definition ein „tatsächlich bestehender Umstand, eine unumstößliche Tatsache", bildet mit all den anderen Fakten die Realität, per Definition „das, was tatsächlich ist". Alternative Fakten sind also letztendlich nichts anderes, als parallele Realitäten oder, populärwissenschaftlich ausgedrückt: Parallelwelten. Science Fiction. Der Schriftsteller Haruki Murakami lässt in seinem Roman „1Q84" eine Figur sagen, es gebe nur eine Realität. Woraufhin die Protagonistin denkt: „Selbstverständlich. Einen Körper, eine Zeit, einen Raum. Einstein hatte es ja bewiesen. Die Realität war ein unendlich rigoroses und unendlich einsames Ding." Sieht so aus, als hätte Trump zumindest das Kunststück vollbracht, der Realität die Einsamkeit zu nehmen. Ob sie davon profitiert, ist die andere Frage.

Die dicke Hose

15.8.2017
In den (normalerweise) gesitteten Bereichen der Weltpolitik hält in diesen Tagen ein altes, abgelegtes Kleidungsstück wieder Einzug in den rhetorischen Kleiderschrank, das sonst nur noch neben den Uniformen von Diktatoren zu finden war: die dicke Hose. Leute wie Kim Jong-un tragen das Modell ja seit Jahren völlig unbeirrt, jetzt hat Donald Trump sich auch wieder eine angezogen. Wer auch sonst, möchte man resigniert fragen. Angela Merkel? Nein, die trägt – zumindest im Urlaub und wenn man der englischen Boulevardpresse glaubt – seit fünf Jahren dieselbe khakifarbene Hose und setzt auf dem politischen Parkett auf schlichte Hosenanzüge. Donald Trump hingegen – Großmaul, Sexprotz, Lügner, der er ist – steigt im Konflikt mit Nordkorea in die dicke Hose.

Nicht sehr verwunderlich, ist sie doch das Kleidungsstück, das wie kein anderes auf Täuschung beruht, abgesehen vielleicht von Shapewear. Das Paradoxe daran ist: Derjenige, der die dicke Hose trägt, hat meist nichts zu verbergen. Dicke Hosen haben den Nachteil, dass sie in der Regel nicht allzu langlebig sind. Im Gegensatz zu normalen Beinkleidern wie der Jeans oder dem Schottenrock ist die dicke Hose entgegen ihres Namens wenig robust. Besonders bei Zerreißproben wie Atomkonflikten.

Throne

7.6.2018
Die Toilette ist der – umgangssprachlich – einzige Thron, auf dem die allermeisten von uns jemals sitzen. Dafür aber mehr oder weniger täglich. Ob der durchschnittliche neuzeitliche Thron bequemer ist als das mittelalterliche Pendant, vermag ich nicht zu sagen. Auf einer mittelalterlichen Toilette jedenfalls habe ich schon gesessen, im Tower von London, und die war nicht wirklich bequem. Wie bei allen materiellen Dingen, und seien sie noch so profan, gilt: Nach oben gibt es preislich keine Grenzen. Donald Trump hätte sogar die Möglichkeit gehabt, seine persönlichen Geschäfte auf einer goldenen Toilette im Wert von einer Million Dollar zu erledigen. 18 Karat, voll funktionsfähig – und obwohl dem orangefarbenen Mann eine Schwäche für goldene Dinge nachgesagt wird, hat er nicht zugesagt. Der güldene Thron wäre eine Leihgabe des Guggenheim-Museums gewesen. Trump wollte aber – laut Zeitungsberichten – lieber ein Gemälde von Vincent van Gogh, welches das Museum nicht herausgeben wollte. Vielleicht hatten sie Angst, dass er sich draufsetzt und ... aber lassen wir das. Die wohl teuerste Toilette ist zwar von, jedoch nicht auf dieser Welt und wird dem-

nächst sicher regelmäßig von Alexander Gerst beehrt. Das Klo der ISS kostet rund 16 Millionen Euro.

Kunst

21.10.2014

Norwegen bekommt neues Geld. Es sieht aus wie Kunst. Deutschland hat schon neues Geld. Es sieht aus wie Spielzeug. Ein Trost ist, dass wir dieses Schicksal mit vielen weiteren Europäern teilen. Wer Geld möchte, das wie Geld aussieht, der muss in die Vereinigten Staaten gehen. Das sieht allerdings ziemlich langweilig aus. Wenn ich mich entscheiden dürfte, dann müssten Geldscheine ein bisschen was von allen dreien der genannten Beispiele haben. Sie müssten einen gewissen künstlerischen Anspruch befriedigen, dabei farbenfroh sein und doch seriös wirken. So wie der leider viel zu früh verstorbene Robin Williams. Derart anspruchsvoll und vielseitig gestaltete Banknoten würden bei mir wahrscheinlich zu folgendem zwanghaften Verhalten führen: Ich gäbe sie nur sehr ungern aus. Ich müsste also meine Ausgaben per EC- oder Kreditkarte begleichen und mir bald, wie der alte Dagobert Duck, für meine schönen Scheine einen Geldspeicher zulegen. Immerhin stelle ich mir das Schwimmen in Geldscheinen angenehmer vor als das Schwimmen in Münzen. Mehr Spaß als Dagobert Duck hätte ich dabei trotzdem nicht. Im Gegensatz zu ihm bin ich nämlich der Meinung, dass Geld stinkt – und zwar wörtlich. Da kann es noch so künstlerisch wertvoll sein.

Sauna

17.9.2014
Wer gerne in die Sauna geht, muss jetzt stark sein. Laut dem Deutschen Saunabund sind das ungefähr 16,3 Millionen Deutsche. So viele Besucher zählen öffentliche Saunen jedes Jahr. Ich gehe auch gerne in die Sauna, das entspannt und ist gut für die Gesundheit. Der Saunabund ist im Moment leider ziemlich unentspannt, weil die Mehrwertsteuer steigen soll. Bisher mussten Bäder sieben Prozent abführen. Ab Januar sind es 19 Prozent, die Finanzministerien der Länder wollen das so. Weil Saunabäder ungern auf Einnahmen verzichten wollen (und das aufgrund hoher Betriebskosten wahrscheinlich gar nicht können), befürchtet der Saunabund, dass der Besuch künftig teurer wird. Das werde die Besucherzahlen zurückgehen lassen, Bäder werden geschlossen und so weiter. Macht alles Sinn und ist keine schöne Sache. Viel interessanter finde ich, dass den Ländern ein Kunststück gelingt, das bisher als undurchführbar galt. Man greift nackten Menschen in die Tasche. Ähnlich charmant formuliert es auch der Deutsche Saunabund. Den Humor nimmt ihnen so schnell keiner, das steht fest. Vermutlich liegt das daran, dass die Leute vom Saunabund in der entspannenden Hitze etwas Abstand von diesem Preiserhöhungsstress gewinnen. Vielleicht sollten sie mal die Finanzminister in die Sauna schicken.

Forderungen

1.8.2017
Die US-Gesundheitsbehörde FDA fordert, dass Zigaretten nicht mehr abhängig machen sollen. Punkt. Wurde

auch mal Zeit, dass jemand was gegen die Sucht unternimmt. Ich finde das gut, ganz ehrlich, und ich frage mich, warum nicht eher jemand auf diese Idee gekommen ist. Der dauerhafte Konsum von Zigaretten tötet die Hälfte aller Langzeitnutzer, das ist wissenschaftlich erwiesen. Weil der Konsum abhängig macht. Also einfach verbieten, dass er abhängig macht. Problem gelöst. Ich finde sogar, wir sollten noch viel öfter so hemdsärmelig vorgehen. Ein paar Beispiele: Die meisten Unfälle passieren im Haushalt. Fordern wir doch, dass es im Haushalt nicht mehr zu Unfällen kommen darf! Ach, packen wir das Problem gleich an der Wurzel und schaffen den Haushalt ab. Oder diese unmöglichen Fettsäuren! Die sind im Grunde überall zu finden, wo frittiert wurde, gelten als sehr ungesund. Dabei gibt es Länder, in denen wandern ganze Menüs in die Fritteuse. Fordern wir, dass Frittiertes keine ungesättigten Fettsäuren mehr enthält! Deutsche Dieselautos sind zu dreckig? Fordern wir, dass sie sauberer werden! So langsam verstehe ich, warum Donald Trump glaubt, es sei einfach, Probleme zu lösen.

Heimat

11.5.2017
Eine kleine irische Küstenstadt hat nach mehr als 30 Jahren Abwesenheit ihren Strand wieder. 1984, berichten die Einwohner, habe man den Strand zuletzt gesehen. Nach einem heftigen Sturm war er dann erst mal weg. Sozusagen vom Winde verweht. Weil Irland nicht gerade für sein Badewetter bekannt ist, kam es seinerzeit wohl nicht zum Niedergang einer ganzen Industrie. Es gab keine plötzlich arbeitslosen Eis- und Melonenverkäufer oder keine Liegestuhl-Vermieter (die sich eigentlich nicht beklagen brauchten, ist ihr Geschäft doch auf Sand gebaut).

Auch die Gilde der Sonnenbrillen-Drücker meldete keine finanziellen Schäden durch das Naturereignis. Wie gesagt, das irische Wetter – außerdem gibt es in der Region noch weitere Sandstrände. Nun ist der Strand zurückgekehrt. Warum verschwindet ein Strand überhaupt, macht jahrzehntelang die Meere unsicher und nimmt dann – möglicherweise voller Heimweh dicke Sandkörner vergießend – den nächsten Nordwind nach Irland zurück? Ich schätze, auch Strände sind mal jung, wollen sich die Hörner abstoßen oder die Welt sehen. Aber ohne Heimat sein, heißt leiden, schrieb Dostojewski. Glücklicherweise wusste dieser Strand offenbar, wo er hingehört. Ich wünschte, all jene Socken, die durch meine Waschmaschine auf Weltreise gingen, wüssten das auch.

Wohnraum

11.2.2017
Die Preise für Wohnungen und Häuser in Deutschland sind 2016 im Durchschnitt um 6,6 Prozent gestiegen. Wenn wir wissen wollen, wie man mit so was umgeht, dann sollten wir nach Japan schauen. Der japanische Kaiserpalast (110.000 Quadratmeter) war Anfang der 90er Jahre in etwa so viel Wert wie ganz Kalifornien (432.970.000.000 Quadratmeter). Heute ist der Gegenwert nicht mehr so exorbitant, die Immobilienblase längst geplatzt. Aber wohnen in Tokio – in der Metropolregion leben fast 37 Millionen Menschen – ist immer noch ziemlich teuer. Man muss aber gar nicht so weit blicken; Sylt reicht schon. Dort wurde 2014 ein Quadratmeter eines reetgedeckten Hauses für 73.000 Euro verkauft. Nun unterscheiden sich Sylt und Tokio folgendermaßen: Auf Sylt muss man in der Regel nicht zwingend leben, man kann. In Tokio kann man oft nicht mehr le-

ben, aber viele müssen; zum Beispiel, weil sie dort arbeiten. Deshalb sind die Wohnungen in Tokio in der Regel klein. Das geht so weit, dass es sogar sogenannte Kapselhotels gibt, deren Zimmer nicht mal mehr aus einem Bett, sondern aus einer Art Schlafkokon bestehen. In Frankfurt geht das schon in eine ähnliche Richtung. Da sind die Wohnungen entweder ausreichend groß oder nicht mehr bezahlbar – und nie mit Reet gedeckt. Wenn bald die ersten Kapselhotels entstehen, dann sollten wir uns Sorgen machen. Oder es uns leisten können, unter Reet zu leben.

Liebe

17.3.2014
Neulich habe ich in einer Illustrierten einen Leserbrief gelesen. Der Verfasser regte sich dort furchtbar über Paare auf, die Hand in Hand durch die Stadt flanieren. Das zwinge ihn regelmäßig dazu, groß angelegte Ausweichmanöver einzuleiten, weil die Paare in ihrer unerhörten Verliebtheit den Bürgersteig blockierten. Sie seien nämlich nie oder nur sehr selten bereit, ihrerseits auszuweichen oder ihre innige Verbindung kurzzeitig zu lösen. Der Brief ließ durchblicken, dass sämtliche Städte von Heerscharen glücklicher, unglaublich verliebter Paare bevölkert seien, die in böswilliger Absicht nur nach frustrierten Singles Ausschau halten, denen sie auf die Nerven gehen können. Ich hatte beim Lesen folgendes Bild vor Augen: Der arme Mann ging mit seiner Einkaufstüte spazieren und wurde ständig von einem Schwarm Pärchen drangsaliert, die ihn wie der Mond die Erde umkreisen. Der Verfasser des Leserbriefs war der Meinung, dass er sich das nicht bieten lassen müsse. Ich bin da anderer Meinung. Krieg in Syrien. Straßenkämpfe in Kiew.

Säbelrasseln auf der Krim – eigentlich sollte man doch über alles froh sein, was sich lieb hat. Oder zumindest nicht gegenseitig die Köpfe einschlägt. Eben so, wie man sich in U-Booten über alles freuen sollte, was wächst. Und wenn es bloß Schimmel ist.

Angst

15.7.2016
Seit 25 Jahren veröffentlich eine große Versicherungsgesellschaft regelmäßig deutschlandweite Angststudien. Hessen liegt dieses Jahr ganz vorne. Angst trinken Bembel aus. Um das mal abzukürzen: Wir Deutschen, vor allem wir Hessen, sind tatsächlich ziemliche Schisser. Wir haben so gut wie vor allem Angst. Vor Terror und Extremismus, vor Flüchtlingen, vor der Euro-Krise und vor Arbeitslosigkeit, wobei letztere bei einigen seltsamen Individuen durchaus als erstrebenswert gilt. Mit dem Terrorismus hingegen ist das ja so eine Sache. Die Angst, einem Anschlag zum Opfer zu fallen, mag sehr real und sehr greifbar sein. Gemessen an der tatsächlichen statistischen Gefahr müssten wir uns konsequenterweise aber auch vor dem Autofahren fürchten. Stattdessen sollten wir uns daran erinnern, dass man Angst durchaus auch als Genuss empfinden kann. In der Geisterbahn oder, ja, in der Achterbahn – dieser Moment, wenn der Wagen am höchsten Punkt ankommt und sich der Magen zusammenzieht, kurz bevor der Körper in ein Meer aus Adrenalin eintaucht. Oder im Kino, bei einem guten Horrorfilm. Diese Art von Angst mögen wir, weil wir sie (scheinbar) kontrollieren können. So, wie wir das Auto (scheinbar) kontrollieren. Ich glaube, wir haben gar keine Angst vor Terror oder vor Arbeitslosigkeit. Wir haben Angst vor Kontrollverlust.

Geschichte

3.11.2017

Das Bild eines resoluten Martin Luthers, wie er seine 95 Thesen mit kräftigen Schlägen an die Kirchentür nagelt, ist stark, aber womöglich nicht ganz korrekt. Habe ich gelesen. Womöglich waren es mehrere Türen, womöglich hat Luther die Plakate anbringen lassen, so sei es zumindest vorgeschrieben gewesen, steht in einem Artikel aus „Spiegel Geschichte". Nichts Genaues weiß man nicht, keiner von uns war dabei. Und es wäre ja auch nicht der einzige Moment der Menschheit, den man ein wenig dramatisch ausgeschmückt hätte. So geht Geschichtsschreibung. Man muss dafür noch nicht einmal ein Geschichtsbuch aufschlagen, man findet das schon im Kleinen. Zum Beispiel in jedem Lebenslauf. Ich kenne niemanden, der da nicht wenigstens ein bisschen dicker aufträgt. Mein guter Freund David sagt dazu: Der Mensch will bescheißen und beschissen werden. Das ist vielleicht ein wenig derb formuliert, aber doch richtig. So wie in Martin Luthers Lebenslauf heute unter Werdegang bei 1517 steht: „95 Thesen zum Ablasshandel an die Kirchentür zu Wittenberg angeschlagen", so steht bei Lieschen Müller zu den spanischen Sprachkenntnissen: „verhandlungssicher". Obwohl sie zuletzt in der neunten Klasse einen halbwegs geraden spanischen Satz gesprochen hat. Aber sie hat.

Hoheiten

20.4.2015

In Deutschland gibt es zu wenig Menschen, die berufsmäßig eine goldene Krone tragen. Nämlich gar keine.

Das ist schade, denn wir Deutschen sehnen uns ja seit Jahrzehnten nach ein bisschen royalem Glamour. Seit die Monarchien in Europa nur noch repräsentative Pflichten wahrnehmen und jede Menge Geld kosten, blicken wir mit sentimental verklärtem Blick zu unseren Nachbarn in den Niederlanden und im Vereinigten Königreich. Bei den Schweden gehören wir dank Silvia schon ein bisschen mit dazu. Aber es ist irgendwie nicht Fisch, nicht Fleisch – als sei man bloß ein angeheirateter Cousin, der die Familie nur alle zehn Jahre auf den ganz großen Festen mal sieht. Die Wenigen von royalem Geblüt, die wir hier noch haben, sind keine Könige und keine Kaiser. Sie tragen keine Kronen. Sie pinkeln gegen Pavillons und benehmen sich auch sonst sehr gewöhnlich. Aber wir wollen doch Glamour. Dabei vergessen wir gerne, dass wir doch eigentlich von Hoheiten umgeben sind. Ob Apfelweinkönig oder Rosenkönigin, Miss Vulkania oder Froschkönigin – ist doch alles da. Und das ist jetzt nur die royale Netto-Besetzung, Fünfte-Jahreszeit-Teilzeitkräfte sind nicht inklusive. Geld kosten diese Hoheiten uns auch keines, die meisten tragen ihre Kosten wohl selbst. Was wollen wir denn sonst noch?

Gewehre

23.4.2015
Verteidigungsministerin Ursula von der Leyen sieht für das Sturmgewehr G36 keine Zukunft. Würden alle Menschen über alle Gewehre so denken, die Welt hätte vermutlich sehr, sehr viele Probleme weniger. Pessimisten mögen an dieser Stelle einwenden, dass stattdessen vielleicht Rüstungen und Schwerter wieder en vogue würden. Weil dem nicht so ist, könnten Bundeswehrsoldaten bei künftigen Einsätzen – dann ohne Gewehre – noch mehr

in Verlegenheit geraten, als sie es mit ihren fehlerbehafteten Waffen heute schon sind. Deshalb will von der Leyen den Soldaten andere Gewehre geben. Gewehre, die die anvisierten Ziele auch treffen. Derweil wird in Berlin diskutiert, ob man einen Untersuchungsausschuss zum Gewehr ins Leben rufen soll. Was mag der wohl herausfinden? Dass Gewehre für Mensch und Tier tödlich sein können, ist bekannt. Möglicherweise debattiert der Ausschuss auch über die Frage, ob für die etwa 176 000 Gewehre, die bei der Bundeswehr ihren Dienst verweigern, der Zivildienst wieder eingeführt wird. Ganz verkehrt wäre das nicht, das Interesse am Bundesfreiwilligendienst ist ja in vielen Bundesländern rückläufig.

Oppositionsromantik

9.12.2017
Jamaika ist vom Tisch, zumindest in Deutschland. Jetzt erwarten viele, dass die Sozialdemokraten wieder einspringen. Man ist jedoch unentschlossen. Die Jusos sind strikt dagegen. Die Parteispitze eher dafür. Der konservative Seeheimer Kreis in der SPD warnt die Genossen jetzt vor „Oppositionsromantik". Die muss eine Große Koalition jedoch nicht zwingend ausschließen, wie folgendes Beispiel aus meinem Bekanntenkreis beweist. Ein befreundetes Paar, nennen wir sie Martin und Angie, lebt seit mittlerweile zwölf Jahren in solcher Oppositionsromantik – und fährt damit ganz gut. Seit die Beiden ein Paar sind, hat man den Eindruck, dass sie nicht miteinander, aber auch nicht getrennt sein können. Wenn sie zum Essen kommen, ist Streit programmiert. Wenn man zum Essen eingeladen ist, dann auch. Kein gemeinsamer Ausflug, ohne dass Martin und Angie einander wegen Nichtigkeiten wüste Beschimpfungen an den Kopf wer-

fen. Aber sie trennen sich nicht, im Gegenteil. Auf die Stürme folgen stets Momente, in denen sie sich wirklich rührend umeinander kümmern und in denen man spürt, dass sie einander lieben. Mittlerweile sind sie seit fast zehn Jahren verheiratet und haben drei Kinder. Man muss eben nicht immer einer Meinung sein, um es gut miteinander auszuhalten. Im Gegenteil.

Frühaufsteher

14.7.2016
Der Frisör des französischen Präsidenten Francois Hollande bekommt jeden Monat 9895 Euro – vom Steuerzahler, nicht von Hollande, dem einzigen Franzosen, der die Dienste des Figaros für dieses Gehalt in Anspruch nimmt. Ein beachtliches Salär für einen Frisör, zumal Hollande erstens ein Mann und zweitens seine Kopfhaut ein eher dünn besiedeltes Gebiet ist. So gesehen kann Frankreich froh sein, dass Hollande Präsident ist und nicht Tina Turner. Aber das unverhältnismäßig hohe Gehalt hat natürlich einen ganz anderen Grund. Der Frisör, heißt es aus dem Èlysèe-Palast, müsse ja ziemlich früh aufstehen. Das ist eine schlechte Nachricht für mich, weil Journalisten im Allgemeinen spät anfangen zu arbeiten und Kolumnisten im Besonderen ausgewiesene Langschläfer sind. Kreative brauchen halt viel Schlaf. Aber für alle, die morgens früh anfangen, heißt das doch nichts anderes als: Sie stehen früh auf, sie müssten viel mehr Geld bekommen. Aber damit nicht genug. Der Frisör, heißt es, müsse den Präsidenten ja teilweise mehrmals täglich frisieren. Vielleicht sind die Sitten in Frankreich andere, aber ich kenne nur Frisöre, die mehr als einen Kunden pro Tag frisieren.

Frauenquote

07.03.2015

Gestern hat der Bundestag eine Frauenquote beschlossen. Ab dem kommenden Jahr sollen in den Aufsichtsräten und Vorständen vieler deutscher Unternehmen 30 Prozent der Mitglieder weiblich sein. Viele Männer sind entsetzt und haben Gegenmaßnahmen angekündigt. Zunächst geht es der Automobilbranche an den Kragen. Denn ob auf Automessen oder an den Rennstrecken dieser Welt, Hostessen sind immer weiblich. Es gibt gar keinen männlichen Begriff für diesen Beruf. Das ist ein Skandal. Reformen wurden aber bereits angekündigt. Ziel ist, dass schon in der kommenden Formel-1-Saison 30 Prozent der Boxenluder Boxenluden sein sollen. Derzeit wird noch diskutiert, wie man männliche Hostessen künftig bezeichnen wird. Hostess kommt im weitesten Sinne vom englischen Wort „Host", was Gastgeber bedeutet. Weil der Verband gegen die Nutzung von Anglizismen sein Veto eingelegt hat, fällt eine Nutzung des Wortes „Host" allerdings aus. Favorit der Regierung ist demnach „Horst". Das klingt ähnlich wie „Host" und ist zudem ein männlicher Vorname. Weiterhin gibt es bislang keinen Konsens, ob die Berufskleidung der Horste angepasst wird. Die schlechte Nachricht: Man wird kaum darum herumkommen. Die meisten Männer können auf Highheels nämlich nicht laufen.

Grundburger

9.2.2017

In der Süddeutschen habe ich eine Reportage über Juha Järvinnen gelesen. Er ist einer von 2000 Finnen, die zwei

Jahre lang ein Grundeinkommen beziehen. Es wird viel geredet über bedingungslose Grundeinkommen in diesen Tagen. Manche sehen es als logische Konsequenz, weil Roboter alle Arbeit übernehmen würden. Andere stellen die soziale Komponente in den Vordergrund. Ohne den Zwang, Geld verdienen zu müssen, hätten wir mehr Zeit für die wirklich wichtigen Dinge im Leben, könnten uns zum Beispiel ehrenamtlich engagieren. Finnland ist das erste europäische Land, das ein Experiment wagt. Die große Frage lautet: Macht dieses Geld fleißig oder faul? Es ist interessant. Derweil in Oberhessen: Ein Fastfood-Restaurant führt den bedingungslosen Cheeseburger ein. Einen Monat lang bekommen einige Leute jeden Tag einen Cheeseburger umsonst. Keine Ahnung, ob die Teilnehmer des Experiments irgendwie ausgewählt wurden, ich jedenfalls gehöre dazu und habe somit täglich Anspruch auf einen Burger. Die große Frage ist: Machen diese Cheeseburger fett oder nicht? Die schlechte Nachricht zuerst. Ja, verbunden mit mehr ungesunden Speisen und wenig Bewegung machen sie fett. Aber: Ich bin noch nicht fett geworden. Weil ich den Service nicht täglich in Anspruch nehme. Weil ich mich bewege. Kann man diese Erfahrung auf das Grundeinkommen übertragen? Keine Ahnung. Aber ein bisschen Hoffnung macht das schon, finde ich.

Schöner wohnen

27.4.2015
Ein Münchner will künftig in einer vier Quadratmeter großen Hütte leben. Die Mieten in München sind sehr hoch, aber dieser Mann protestiert nicht gegen die hohen Mieten. Er sagt, die vier Quadratmeter reichen ihm. Dies sei eine Anregung, kreativ mit dem Mangel an Wohnraum umzugehen. Die Hütte hat keine Küche. Kein Pro-

blem, er werde einfach jeden Tag essen gehen. Die Hütte hat kein Badezimmer. Kein Problem, er werde im Fitnessstudio duschen. Die Hütte hat kein Wohnzimmer. Kein Problem, er werde seine Freunde von nun an in Bars und Cafés treffen. Dieser Typ ist genial. Er wohnt eigentlich gar nicht in seiner Hütte, er schläft bloß da. Er hat seinen Wohnraum nicht verkleinert, sondern so weit vergrößert, wie es nur geht. Ihm gehört die ganze Stadt. Aber auch das ist nicht ganz richtig. Vielmehr tut er mit München das, was andere Menschen mit Autos oder Fahrrädern machen: Er teilt sich die Stadt mit den übrigen Bewohnern. Für mich entstünde dabei ein unangenehmes Gefühl. Überall zu Hause und doch nirgendwo so richtig. Als lebte man im Schrebergarten und müsste Grünfläche und Beet mit den Nachbarn teilen. Vielleicht bin ich einfach nicht zum Teilen geschaffen. Ein klassisches Einzelkind-Schicksal.

Kuchen essen

13.9.2016
Den Deutschen wird ja immer wieder nachgesagt, sie seien ein pessimistisches Volk. Viele Sorgen, viele Nöte, keine Lust auf gar nichts und überhaupt alles schlecht. Ich hielt das immer für Käse. Ein Hamburger Institut hat jetzt allerdings herausgefunden, dass viele Deutsche tatsächlich keine Lust mehr haben. Sex und Erotik spielten, erklärt das Institut, nur bei jedem Dritten regelmäßig eine Rolle als Freizeitbeschäftigung. Stattdessen mögen wir lieber: Kuchen essen. Der Deutsche im Allgemeinen befindet sich somit in einer Abwärtsspirale. Stets schlecht gelaunt schaufelt er tonnenweise Kuchen in sich hinein, wird immer fetter und immer blonder (und jetzt fragen sich mich nicht, wie das vonstattengeht) und immer un-

lustiger. Sogar Sport hat mehr Fans als Sex! Dabei ist Sex in gewissem Sinne stets auch Sport, Sport hingegen nicht unbedingt Sex. Manchmal sexy, ja, aber nicht Sex. Sport wäre sonst nämlich Porno, aber das ist eine andere Geschichte. Zurück zum Wesentlichen: Sex hat ein Imageproblem, Sport hat keines und Kuchen ist per se was Tolles. Ich bin nun kein Kuchen-Verächter und auch kein Sportmuffel; vielleicht sollten wir alle nicht so viel fernsehen oder einfach weniger schlafen. Denn ja, auch Ausschlafen ist beliebter, als miteinander schlafen. Aber ausschlafen kann eine sehr einsame Sache sein.

Gelbe Westen

15.12.2018
Die gelbe Warnweste ist in den vergangenen Wochen zu einem Symbol des Protests, ja, des Hasses geworden. Ende Januar steht nun in Ägypten der Jahrestag des Aufstands gegen das Mubarak-Regime bevor, weshalb die dortige Regierung den Verkauf von gelben Westen quasi verboten hat. Wer keine gelbe Weste besitzt, kann auch nicht demonstrieren. Bei alldem kommt mir persönlich die gelbe Weste zu kurz. Was hat sie für eine „Karriere" hingelegt: Einst als Helfer für in Dunkelheit gestrandete Autofahrer im Einsatz, hat sie ihren Anteil daran gehabt, dass diese Menschen in einer ohnehin schon blöden Situation ein klein wenig sicherer waren. Auch am Flughafen hat sie sich bewährt. Das Bodenpersonal, meist sind es die Leute mit den leuchtenden Taktstöcken, vertrauten auf ihre Signalwirkung. Schließlich möchte niemand gerne von einem Flugzeug überfahren werden. Nun haben wenige Wochen ausgereicht, um aus dem aufsehenerregenden Freund und Helfer ein aufsehenerregendes Symbol des Aufstands zu machen. Die gelbe Warnweste kann

nichts dafür, und sie tut mir unendlich leid. Aber es ist ganz unmöglich, sich ihrer neuen Wirkung zu entziehen. Letzte Woche bin ich frühmorgens auf der Straße einer Gruppe Kindergartenkinder begegnet und habe mich panisch in die nächste Hecke geworfen. Man weiß ja nie, wann der erste Stein geflogen kommt.

Kartelle

13.10.2017
Wohin man auch sieht, andauernd werden irgendwo illegale Preisabsprachen und Kartelle aufgedeckt. Kaum ein Industriezweig, den es noch nicht erwischt hat. In den vergangenen Jahren wurden Preisabsprachen bei den üblichen Verdächtigen wie Zahnpasta, Duschgel, Kaffee und Zucker entdeckt, aber auch bei Schienen, Kartoffeln und – kein Witz – Feuerwehrfahrzeugen. 2008 wurde ein Paraffinwachskartell aufgedeckt, ein Jahr zuvor ein Rolltreppenkartell, außerdem gab es Kartelle in der Zement- und in der Dachziegelindustrie. Gehen Sie davon aus, dass die Preise mehr oder weniger sämtlicher Gegenstände Ihres Hausstandes sowie Ihres Hauses oder der Wohnung, in der Sie leben, nach illegalen Absprachen zustande gekommen sind. Noch nicht mal die Tapete, die an Ihren Wänden hängt, ist wert, was Sie dafür bezahlt haben. Zwei Tapetenhersteller wurden jetzt verurteilt, weil sie 2006 und 2008 Preiserhöhungen von rund fünf Prozent durchgesetzt haben. Hinweise auf ein Wandfarben-Kartell habe ich bislang keine gefunden, vielleicht ist das die Lücke, durch die wir alle entkommen können. Andererseits: Wenn es so wäre, dann wäre das wohl auch nur ein Tropfen auf dem heißen Stein.

Memoiren

7.4.2016
Der Schauspieler Sir Ian McKellen wird, entgegen der ursprünglichen Ankündigung, keine Memoiren schreiben. Das stattliche Honorar hat er dem Auftraggeber zurückgezahlt. Er begründet seine Entscheidung damit, es sei zu schmerzhaft, an bestimmte Punkte seines Lebens zurückzugehen. Deshalb wolle er die Vergangenheit lieber ruhen lassen. Dabei hätte der 76-Jährige so manch interessante Geschichte zu erzählen. Allein, es regt ihn zu sehr auf. Bei Profifußballern ist es genau andersherum. Die schreiben ihre Memoiren in der Regel mit Mitte, Ende 20, manchmal auch erst mit Anfang 30 und haben entsprechend wenig Interessantes zu erzählen. Zum einen, weil sie noch sehr jung sind, zum anderen, weil die moderne Fußballerausbildung außer Trainingshallen, akkurat gepflegten Rasenplätzen und Protein-Shakes nichts zu bieten hat. Vielleicht ein paar lustig lackierte Autos, aber da könnte man auch eine Fotoserie in der Auto-Bild veröffentlichen. Darüber hinaus sind es bei den Jungprofis nicht die Erinnerungen, die schmerzen (es gibt ja noch nicht viele). Der Schmerz entsteht vielmehr beim Lesen. Wenn ich wählen könnte, würde ich deshalb die Biografie McKellens vorziehen. Die wird es nun nie geben. Damit ist eigentlich alles zu diesem Thema gesagt.

Milliardäre

17.8.2016
Falls Sie sich fragen, wo das ganze Geld dieser Welt ist: Laut einer Studie gab es im vergangenen Jahr 2473 Milliardäre. Das, heißt es in der Studie, sei ein Plus von etwa

sieben Prozent. Sollte sich dieser Trend im kommenden Jahr bestätigen, gäbe es 2017 demnach 2646,1 Milliardäre. Nun ist mir nicht klar, wie ein Zehntel-Milliardär aussieht. Es gibt zwei Möglichkeiten: Entweder hat dieser Milliardär nur ein Zehntel des Geldes, das ein kompletter Milliardär besitzt und wäre somit per Definition kein Milliardär mehr. Oder der Milliardär wäre nur ein Zehntel Mensch. Jetzt wird es wissenschaftlich. Zählt man die Zellen unseres Körpers, so ist – Überraschung – nur ein Zehntel davon genetisch menschlich. Alle anderen sind Bakterien und anderer Kleinkram. Da die Sache mit dem Geld aufgrund eines drohenden Paradoxons ausfällt, wäre dieser Zehntel-Milliardär vereinfacht gesagt der wahre, pure Mensch. Zumindest vom Standpunkt der Zellbiologie aus gesehen. Reduziert auf das Wesentliche. Und sehr reich. Leider kann der Mensch mit den wenigen menschlichen Zellen allein kein Mensch sein, auch nicht mit sehr viel Geld. Genauso ist es mit den Milliardären. Ohne die große Masse, die eben keine Milliarden auf der Bank hat, könnten sie keine sein.

Et kütt wie et kütt

22.8.2018
Ganze 15 Volksabstimmungen zu Änderungen der hessischen Verfassung stehen bei der nächsten Landtagswahl im Oktober auf dem Programm. Da geht es beispielsweise um die Stärkung und Förderung der Gleichberechtigung von Männern und Frauen oder das Alter, ab dem man gewählt werden darf. Und um die Todesstrafe. Die ist nach wie vor in der hessischen Verfassung verankert, obwohl durch das Grundgesetz der Bundesrepublik seit 1949 de facto abgeschafft. Es macht also eigentlich Sinn, sie auch aus der hessischen Verfassung zu streichen. Mein

guter Freund David sieht das – wenn auch mit einem zwinkernden Auge – etwas anders. Er werde, verkündete er, dem Gesetzentwurf zur Änderung der Artikel 21 und 109, so der etwas sperrige Name, nicht zustimmen. Da Bundesrecht Landesrecht bricht, sei die Todesstrafe ja ohnehin längst abgeschafft. Warum also Energie darauf verschwenden? Die Änderung der Texte koste ja bloß Geld. Ich wies ihn darauf hin, dass wohl ohnehin neue Gesetzestexte gedruckt werden müssen, weil zu erwarten sei, dass einige der 15 Gesetze in Kraft treten werden. Da lehnte sich David in seinem Stuhl zurück, trank einen Schluck Bier und sagte: „Michel, was man hat, hat man." Daraufhin ich, das Rheinische Grundgesetz zitierend: Wat fott es, es fott. Und David, das letzte Wort habend: Et kütt, wie et kütt.

Esoterik

17.5.2014
An diesem Wochenenede kann man auf den Frankfurter Esoterik-Tagen eine Menge lernen. Schon die erste Seite des Programmhefts verspricht die Auflösung gleich mehrerer uralter Mysterien. Zum Beispiel kann man die Heilkraft des Urchristentums entdecken – einfach ausgedrückt: Heilen wie Jesus (das Seminar heißt übrigens wirklich so). Praktische Demonstrationen und jede Menge gelüfteter Geheimnisse inklusive. In eine ähnliche Richtung zielt der anschließende Vortrag, „Geistiges Heilen". Und, Überraschung, jeder kann es und es wird anhand praktischer Demonstrationen bewiesen. Neben Jenseitskontakten (mit praktischen Demonstrationen) und einem ganzen Bataillon an seltsamem Engels-Gedöns (nur Theorie) kann man auch etwas Nützliches lernen. Nämlich Kartenlegen. Das ist praktisch, wenn es

mal langweilig wird. Allerdings steht nicht dabei, was genau gelehrt wird. Ich habe ja eine Schwäche für Spider-Solitaire. Auf jeden Fall empfehle ich das Seminar „Wie man bekommt, was man will". Da wird nämlich therapeutisches Geheimwissen weitergegeben – und zwar in einem „inspirierendem Erkenntnisvortrag". Wow. Ich bin gespannt, frage mich aber: Wenn das alles so wunderbar funktioniert, wieso leben wir noch nicht ewig?

Montag

9.8.2016
Gestern war Weltüberlastungstag. Das ist der Tag, an dem wir die natürlichen Ressourcen der Erde aufgebraucht haben, die sich innerhalb eines Jahres erholen können. Der Weltüberlastungstag des kleinen Mannes ist übrigens der Montag. Spätestens am Montagabend haben die meisten von uns ihre am Wochenende gesammelten Ressourcen für die Woche verpulvert. Ab Dienstag leben wir auf Pump. Betreiben Raubbau an uns selbst und fragen uns, wann endlich wieder Wochenende ist. Morgen für Morgen wachsen unser Schlafdefizit, unser Zu-erledigen-Stapel auf dem Schreibtisch und die Anzahl der Leute, die uns... und Staub müsste auch mal wieder gewischt werden. Der Weltüberlastungstag rückt Jahr für Jahr weiter nach vorne. 1987 war er Mitte Dezember, im vergangenen Jahr am 13. August. Nächstes Jahr ist er wahrscheinlich Ende Juli. Gut, dass der Montag nicht auch noch weiter nach vorne rutschen kann. Was wäre das für eine Welt, in der der Sonntag zum Montag würde? Unserer Erde geht das genau so. Irgendwie beunruhigend, oder?

Flache Witze

29.4.2014
Am Wochenende wurden zwei Päpste heilig gesprochen, Johannes Paul II. und Johannes XXIII. Ich habe das eine Weile im Fernsehen verfolgt. Neben dem amtierenden Papst Franziskus war auch dessen Vorgänger Joseph Ratzinger, eine Zeit lang bekannt unter dem Namen Benedikt XVI., dort. Beide umarmten einander. Mir fiel ein alter, sehr flacher Witz ein. Der geht so: Treffen sich zwei Päpste. Ein anderer, ähnlich flacher Witz nutzt ebenfalls das Prinzip der Begegnung. Er geht so: Treffen sich zwei Jäger. Beide tot. Im Gegensatz zum Papst-Witz, dessen Humor aus der Beschreibung einer unmöglichen und deshalb grotesken Szene erwächst, kreiert der Jäger-Witz Humor durch sprachliche Doppeldeutigkeit. Wie man am Wochenende gesehen hat, können beide Witze wahr werden. Es gibt nur einen Unterschied. Wenn der Jäger-Witz wahr wird, nennen wir das Tragödie. Die Begegnung zweier Päpste hingegen nennen wir Geschichte. Der Papst-Witz kann nie wieder erzählt werden. Er ist der Verlierer dieser ungewöhnlichen Konstellation. Ob flach oder nicht, er ist zu einem Opfer der Geschichte geworden.

Unser Boris

27.7.2017
Die Klatschspalten sind seit Wochen voll davon, selbst die FAZ berichtet – wenn auch wesentlich nüchterner: Boris Becker soll pleite sein. Dem 17-jährigsten Leimener aller Zeiten, der allein in seiner Zeit als Tennis-Profi über 200 Millionen Dollar verdient haben soll, steht das Was-

ser bis zum Halse. Schon mein damaliger Sportlehrer, glühender Boris-Fan, schwankte in der Bewertung Beckers. Manchmal sprach er liebevoll von „Bobbele". Anderntags nannte er ihn dann nur „den blöden Boris". Irgendwie passend, dass „Die Welt" nun bange fragt: Ist er noch unser Boris? Die Gegenfrage lautet: War er denn vorher „unser" Boris? Wenn ja, was hat ihn dazu gemacht? Sein sportlicher Erfolg? Sein Geld? Das allein kann es nicht sein. Denken wir an die lange Zeit nach dem Sport. Als Boris Becker zum It-Girl wurde, die „Marke Becker" aufbaute. Wenn sich erst jetzt die Frage stellt, ob er noch „unser" Boris ist, dann war er es während dieser Zeit auch. Oder vielleicht dachten wir das nur. Wie mein Sportlehrer. Solange Becker keinen Mist baute, war er Bobbele, „unser Boris". Wir waren stolz auf ihn. Obwohl er immer mal wieder über die Stränge schlug. Dabei war er eigentlich nie „unser" Boris. Und das ist nicht schlimm. Nur dass wir es wohl erst jetzt gemerkt haben, das ist irgendwie traurig.

Verluste

5.11.2018
Wir verlieren andauernd Dinge. Wir verlegen, vergessen, räumen auf oder lassen liegen. Ich hatte mir zum Beispiel im letzten Winter einen grauen Schal gekauft. Trug ihn monatelang an kalten Tagen, ohne dass er verschwand. Dann kam der Frühling, der warme Schal wurde mir lästig. Ich mottete ihn mit anderen Wintersachen ein. Letzte Woche mottete ich aus, der Schal war nicht dabei. Einfach weg. Manchmal verliert man. Das ist dann halt so. Ich suchte, ohne Erfolg. Ich fragte meine Frau, die gefühlt Hunderte Schals besitzt und – so meine Hoffnung – vielleicht Bescheid wüsste. Einer mehr oder weniger,

was ändere das schon, sagte sie lakonisch. Sie vermisse seit Wochen diesen Eyeliner. Manchmal verliere man eben. Das sei dann halt so. Besser den Schal als den Mut oder das Selbstwertgefühl. Da hat sie wohl recht. Andere Leute verlieren ja auch. Die japanische Küstenwache hat zum Beispiel eine Insel verloren. Esanbe Hanakita Kojima heißt sie. Sie war unbewohnt. Andernorts, wie in den Arabischen Emiraten, tauchen Inseln auf. Sogar bewohnt. Vor Japans Küste verschwinden sie. Die Küstenwache kann sich das nicht erklären. Es könne sein, heißt es, dass sie einfach im Meer versunken sei. Die japanische Küstenwache hat Hunderte Inseln (wie meine Frau Hunderte Schals hat). Manchmal verliert man eben. Die Japaner sagen dazu: Shôganai – dann ist das halt so.

Vertrauen

22.2.2014
Der GfK-Verein hat 28 000 Menschen in 25 Ländern nach ihrem Vertrauen in verschiedene Berufsgruppen befragt. In Deutschland schnitten Feuerwehrleute am besten ab. 96,6 Prozent der Befragten vertrauen Feuerwehrleuten. Ich schließe mich dem an. Auf dem letzten Platz landeten Politiker. 15,1 Prozent holten sie, das ist allenfalls aus Sicht der FDP ein gutes Ergebnis. In der Regel liegen die Wahlbeteiligungen in Deutschland über 15,1 Prozent. Es gehen also auch Menschen wählen, die kein Vertrauen in Politiker haben. Vielleicht haben diese Leute die Hoffnung noch nicht aufgegeben. Vielleicht machen sie ihre Stimmzettel ungültig. Wer weiß? Was ich bedenklich finde, ist, dass wir uns von Menschen regieren lassen, denen die meisten von uns nicht vertrauen. Das ist so, als würde ich einen völlig Fremden ohne Nachweis der Referenzen mein (hypothetisches) Kind hüten lassen.

Was kann man dagegen tun? Man könnte die Feuerwehrleute regieren lassen. Die würden das bestimmt irgendwie hinkriegen. Feuerwehrleute müssen berufsbedingt flexibel sein. Da gibt es nur ein Problem: Wenn die Feuerwehrleute Deutschland regieren, können sie nicht gleichzeitig Brände bekämpfen. Glücklicherweise gibt es dann haufenweise arbeitslose Politiker. Aber denen vertrauen wir ja nicht.

Draußen

Der Journalist soll rausgehen, haben sie mir in der Ausbildung immer gesagt. Er soll seinen Elfenbeinturm verlassen, von seinem hohen Ross steigen (schließlich war ja von „gehen" die Rede, nicht von reiten) und bitteschön zu Fuß und mit Kamera bepackt in die Welt ziehen und Geschichten sammeln. Was für den Journalisten gilt, das soll auch der Kolumnist beherzigen. Immer nur über den Teppichboden im Büro zu schreiben wird irgendwann für alle Beteiligten langweilig. Also bin ich mal rausgegangen. Ich fand vor allem: Wetter.

Sommer

5.7.2014
Bisher dachten alle, der Sommer 2003 sei der heißeste seit Menschengedenken gewesen. Zumindest war es der heißeste, den ich je erlebt habe. Ich wohnte damals noch zu Hause und habe ihn in vollen Zügen genossen. Auch für meine Mutter muss er sehr angenehm gewesen sein, denn sie hatte während dieser Hitze wenig Wäsche zu waschen. Ich trug eigentlich jeden Tag eine Badehose. Forscher haben jetzt allerdings herausgefunden, dass der Sommer des Jahres 1540 um ein Vielfaches extremer war. Im Vergleich kommt die Hitze im Jahr 2003 allenfalls als lauwarmes Lüftchen daher. Weil das Prädikat „Jahrhundertsommer" schon an 2003 vergeben ist, muss für 1540 wohl „Jahrtausendsommer" herhalten. Ganz anders der Sommer 2006. Der war nämlich ein Märchen. In Märchen geschehen wundersame Dinge. Das war definitiv so. Man denke an all die begeisterten Schland-Fans beim Public Viewing. Leider sind Märchen frei erfunden. Den Sommer 2006 gab es also eigentlich gar nicht. Einmal ist uns der Sommer sogar tatsächlich abhandengekommen. Das war 1816, das sehr kreativ als das „Jahr ohne Sommer" in die Geschichtsbücher einging. Und 1990 hatten wir übrigens einen italienischen Sommer. Gianna Nannini kann ein Liedchen davon singen.

Rekord

6.7.2015
Wie die vergangene Woche aufhörte, so fängt die neue Woche an – mit Hitze. Wie schon in den vergangenen Tagen schreibe ich auch dieses Mal gefühlt aus dem

Schlund eines aktiven Vulkans. In der Hölle kann es nicht viel heißer sein. Wenn die 1994 tatsächlich zugefroren ist, als die Eagles ihre Comeback-Tour einläuteten, dann muss sie wohl am Samstag aufgetaut sein. Denn Hessen hat einen neuen Rekordhalter; und der stammt aus der Wetterau. In Bad Nauheim wurden am Samstag 38,9 Grad gemessen – es ist der höchste Wert, der seit Beginn der Wetteraufzeichnungen in Hessen registriert wurde. Die Kurstadt hat damit einen Wert aus dem legendären Sommer 2003 überboten. Ich kann das nicht beurteilen, ich habe seinerzeit sechs Wochen lang im Kühlschrank gewohnt und überlege, wieder dort einzuziehen. Bezogen auf das Jahr 2015 hat Bad Nauheim am Samstag übrigens seinen eigenen Rekord pulverisiert. Denn schon am Freitag war in der Kurstadt der bislang heißeste Tag des Jahres gemessen worden. Immerhin soll es ab Mitte der Woche ja etwas angenehmer werden. Nur noch 25 Grad – das lasse ich mir gerne gefallen. Und so lange es noch heiß ist, lesen Sie weiterhin meine Notizen aus dem Vulkan.

Tropische Nacht

2.7.2015
Heute Morgen konnte ich es – ganz anders als sonst – kaum erwarten, aus dem Bett rauszukommen. Denn es war eine dieser tropischen Nächte, die uns im Sommer hin und wieder heimsuchen. Als Tropennacht bezeichnet man in Deutschland Nächte, in denen die Lufttemperatur nicht unter 20 Grad fällt. Eine tropische Nacht ist in doppelter Hinsicht ein Ärgernis. Denn der Begriff lässt falsche Bilder in unserem Hirn entstehen. Wir sitzen unter Palmen an einem Strand, nippen an unserem Cocktail, lassen die Schale mit eisgekühlten Raffaelos herumgehen

und freuen uns des Lebens. Später drücken wir die Deckel der Rumflaschen platt und tanzen die Nacht durch, bis uns das Schiff mit den grünen Segeln morgens abholt. Beim Frühstück überlegen wir uns dann, ausgeruht und voller Tatendrang, wo wir heute schnorcheln gehen. Und jetzt, wie es wirklich ist: Wir liegen im Bett, quälen uns von einer Seite auf die andere, können nicht einschlafen, schwitzen alles voll und hoffen, dass es bald hell wird, damit wir endlich zur Arbeit gehen dürfen. Beim Frühstück fühlen wir uns, als hätten wir die Nacht Rum trinkend durchgetanzt und hoffen, dass es in der kommenden Nacht kühler sein wird.

Heiße Nächte

24.7.2018
„Jetzt kommen die subtropischen Nächte", titeln die Kollegen bei den Leitmedien. Eine Hitzewelle rollt über Deutschland und beschert uns Nächte, in denen die Temperatur zwischen 18 und 6 Uhr nicht unter 20 Grad fällt. Celsius, nicht Fahrenheit oder Kelvin. In Fahrenheit wäre so was eine eisige, in Kelvin eine tödliche Nacht. Um diese Art von heißen Nächten von Nächten abzugrenzen, die aus anderen Gründen – sozusagen temperaturunabhängig – heiß sind, hat die deutsche Meteorologie den einfachen wie treffenden Begriff „Tropennacht" erfunden, nachzulesen im Wetterlexikon des Deutschen Wetterdienstes. In den Tropen selbst ist der Begriff nicht gebräuchlich, obwohl es da viel mehr Tropennächte pro Jahr gibt, als bei uns. Die nennen das halt einfach nur Nacht, wenn die Sonne untergeht. Zur Tropennacht gibt es auch ein meteorologisches Pendant für die Zeit, in der die Sonne scheint: Ein Tag, an dem die Tageshöchsttemperatur 30 Grad überschreitet, wird von Meteorologen

„Heißer Tag" genannt. Von allen anderen auch, glaube ich. Es gibt auch den „Kalten Tag", dessen Voraussetzungen aber nicht eindeutig definiert sind. 20 Fahrenheit wären zum Beispiel zu niedrig. Das sind minus 6,667 Grad Celsius und somit beste Voraussetzungen für einen Eistag. So einen lege ich morgen ein. Im Eiscafé.

Flip-Flops

3.8.2013
„Nennen wir sie doch nach dem nervigen Geräusch, das sie beim Gehen verursachen." Liebe Leser, ich präsentiere die Geschichte der Namensfindung für Flip-Flops, des Deutschen liebste Badelatschen. Aber die praktischen Treter können auch noch andere Geräusche produzieren, abhängig vom Untergrund: Flip, flop, flip, flop (der Klassiker; beim Gang über den Parkplatz zum Freibad, See oder Meer). Flif, flof, flif, flof (beim Gang über die Liegewiese oder den Sandstrand). Flitsch, flatsch, flitsch, flatsch (auf dem Heimweg, wenn man nach dem Baden zum Schutz vor Fußpilz damit geduscht hat). Das sind die einzig legitimen Geräusche, die Flip-Flops verursachen sollten. Denn sie zählen eindeutig zum Strand- oder Freibad-Equipment. Mit Flip-Flops einkaufen gehen? Bitte nicht! Wer will sich schon (mitunter ziemlich hässliche) Füße ansehen, wenn er gerade an der Fleischtheke einkauft oder die Zutaten für ein leckeres Barbecue besorgt? Naja, abgesehen von Fußfetischisten vielleicht. Oder Shoppen: Schon mal im Windfang eines Kaufhauses mit der Sohle hängen geblieben? Autsch! Schließlich wäre da noch das Autofahren. Ist mit Flip-Flops nur was für echte Gefahrensucher. Also, Finger weg. Oder besser: Füße weg und stattdessen ab ins Freibad!

Bäume

4.8.2018
Es ist schon sehr lange sehr heiß in Deutschland. Den Bäumen in den Städten und Gemeinden geht die Puste aus, auch die fleißigen Bauhofmitarbeiter kommen da nicht immer hinterher. Das macht die Bäume stinkwütend. Sie fühlen sich – zu Recht – im Stich gelassen von der Menschheit. Im Ruhrpott sollen besonders renitente Exemplare leben. „Erst den Klimawandel verursachen und dann rumheulen, wenn wir wegen der Hitze jetzt schon in die Herbstsaison gehen. Ist den Leuten denn nicht klar, dass auch wir unter der Hitze leiden?", sagte neulich ein Baum, der seit langer Zeit in der Bochumer Innenstadt lebt und steht. Sein noch junger Nachbar fordert: „Wenn Frauen Hotpants und Miniröcke tragen dürfen, dann wollen wir unser Laub abwerfen dürfen." Starke Worte mit einem wahren Kern. Aber der Mensch in seiner Beschränktheit reagiert mal wieder völlig falsch. Es findet eine regelrechte Kriminalisierung der Bäume statt. In Bochum rückt mittlerweile schon die Polizei gegen sie vor. Mit Wasserwerfern versuchen sie, den Bäumen Einhalt zu gebieten. Und was machen diese gemeinen Bäume? Sie genießen es! Ich vermute, sie haben es genau darauf angelegt. Uns so lange mit ihrem Gerede und ihrem Laub gereizt, bis wir sie freiwillig nass gemacht haben. Ganz schön clever.

Winter

20.2.2014
Vor ein paar Tagen habe ich mit dem Winter telefoniert. Der alte Frosti und ich, wir sind per Du. Im Vertrauen

erzählte er mir, er werde vor dem Frühling nicht mehr vorbeikommen und danach erst recht nicht. Vielleicht zum Jahresende wieder. Ich sagte, das sei kein Problem, auch der Winter dürfe mal Urlaub machen. Ich hätte den Eindruck, man komme ohne ihn ganz gut klar. Das war vielleicht ein Fehler. Er wirkte gekränkt. Im Nachhinein bedauere ich, dass ich ihm nicht das Gefühl gegeben habe, vermisst zu werden. Allerdings lüge ich alte Bekannte nicht an. Und den Winter kenne ich schon ziemlich lange. Wenn das so sei, sinnierte er, komme er vielleicht doch noch mal reingeschneit. Gestern las ich im Kreis-Anzeiger, dass man davon ausgehen könne, dass es in diesem Jahr nicht mehr zu einem Wintereinbruch kommen wird. Aha, dachte ich, hat er es sich doch anders überlegt. Vielleicht hätte zunächst ich mal weiterlesen sollen. Ganz sicher könne man nämlich nicht sein. Also, liebe Leser, falls der Winter doch nochmal vorbeischauen sollte, schieben Sie die Schuld auf mich. Schnee an Ostern hat übrigens auch Vorteile: Man braucht die Ostereier nicht zu verstecken. Vorausgesetzt, man nimmt weiße Eier.

Wintermorgen

3.1.2017
Ein beliebiger Wintermorgen. Man kriecht verschlafen aus dem Bett, zieht die Rollläden hoch und stellt fest: Es hat geschneit. Was für ein wunderbarer Moment! Draußen alles weiß, im besten Fall (je nach Uhrzeit) noch unberührt. Keine Fußspuren auf den Trottoirs, keine Streufahrzeuge auf den Straße. Was könnte man nicht alles anstellen an einem solchen perfekten Wintermorgen! Erst mal das Fenster öffnen und die kalte, klare Luft atmen. Dann am Fenster, das man am besten vorher wie-

der geschlossen hat, frühstücken und dabei zusehen, wie die Kinder auf dem Weg zur Schule eine Schneeballschlacht machen. Dann Tee und Plätzchen vorbereiten, sich warm anziehen, die Kinder und den Hund schnappen und nichts wie raus. Einen Schneemann bauen; Schnee-Engel machen; ein Iglu bauen (wenn viel, viele Schnee liegt); eine Schneeballschlacht machen; Schlitten fahren oder Ski laufen (wenn Berge in der Nähe sind); einen sehr großen Schneeball auf die Straße rollen und sich daran erfreuen, wie die Autofahrer schimpfend ausweichen; seinen Namen in den Schnee pinkeln ... Der Durchschnittsdeutsche allerdings denkt: Ich muss noch Schnee schippen. Mist.

Kälte

9.7.2016
Spiegel Online schreibt nach dem Ausscheiden der deutschen Fußball-Nationalmannschaft im Halbfinale, es fehle „die Kälte vor dem Tor". Dabei ist die einzige Mannschaft, die eine gewisse Ahnung von Kälte haben dürfte, bereits im Viertelfinale ausgeschieden. Wenn es ein Team gibt, das sich „Kälte vor dem Tor" wünscht, dann ist das doch wohl Island. Überhaupt erschließt sich mir dieses vorgetragene Konzept verschiedener Klimazonen auf einem Stück Rasen von etwa 105 mal 68 Metern überhaupt nicht. Mal angenommen, in den Strafräumen wäre es kalt, so um die drei Grad, und der Rest des Spielfeldes hätte normale Umgebungstemperatur, in Marseille waren das so ungefähr 30 Grad. Dann herrschte durch das Aufeinandertreffen verschieden warmer Luftmassen auf dem Feld ein unendliches, schweres Gewitter. Wie sollen die Zuschauer durch die Wolken etwas sehen? Und welche Versicherung ist so dämlich, die Spieler gegen Blitzein-

schlag zu versichern? Nein, nein, mit fehlender Kälte vor dem Tor kann die Niederlage nichts zu tun gehabt haben, da lege ich mich fest. Wobei – vielleicht sollte die Fifa mal über klimatisierte Strafräume nachdenken. Die nächste WM findet ja in der Wüste statt. Nach vier Wochen Gewitter müsste Katar aussehen wie das blühende Leben.

Was vom Tage übrig blieb

Es gibt Texte, die passen in kein Schema, so sehr man sich auch bemüht. Weil es falsch wäre, sie mit Gewalt in etwas hineinzupressen, was einfach nicht passt und weil es ebenso falsch wäre, jedem dieser Texte ein eigenes Kapitel zu spendieren (wofür halten die sich?!), habe ich das, was ich am Ende des Tages beziehungsweise des Auswahlprozesses aus mittlerweile insgesamt weit über 1000 Kolumnen (diese Zahl kann ich selbst kaum glauben) unter dieser, wie ich finde, sehr poetischen Überschrift zusammengefasst, die übrigens auch einen tollen Filmtitel hergäbe…

Ideologien

22.7.2015
Unterhalten wir uns über Ideologien. Typisch ideologisch geprägt ist zum Beispiel die Frage, ob Pils oder Export. Ich kenne Menschen, die würden ein Pils nicht anrühren, wenn es das letzte Bier auf der Welt wäre. Überhaupt das Bier. Zwar nicht des Deutschen liebstes, aber zumindest hoch geschätztes Getränk, ist es ideologisch aufgeladen bis zur Schaumkrone. Flaschenbier oder Fassbier. Alt oder Kölsch. Guinness oder Ale. Hefe- oder Kristallweizen. Die Liste ist lang. Die Fronten oft verhärtet. Das ist von der Bierindustrie so gewollt. Denn wer in fröhlicher, einträchtiger Runde beim Bier zusammensitzt, der möchte diskutieren. Manchmal allerdings gehen auch der feurigsten Runde die Themen aus. Man stünde dann dumm da, wenn es nur eine Sorte Bier gäbe. Also diskutiert man eben, ob Pils oder Ex, ob Fass oder Flasche. Die Welt der Biere ist voller unlösbarer ideologischer Konflikte. Jeder erhebt Anspruch auf die Wahrheit, keiner will von seiner Meinung abrücken, jeder will jeden vom Gegenteil überzeugen. Das macht ziemlich durstig. Also holt man noch mal eine Runde. Damit die Anderen endlich mal kapieren, welches nun das einzig Wahre ist.

Die Bibel

16.8.2014
Die Bibel ist das meistverkaufte Buch der Welt. Kein Wunder, allein jedes Hotel in der westlichen Welt besitzt Dutzende davon. Meist liegen sie unbenutzt und in gutem Zustand in einer Nachttischschublade und warten auf den nächsten Reisenden, der sie aufschlägt, das in

den meisten Fällen aber nicht tut. So war das mal. Heutzutage ist es keineswegs selbstverständlich, dass in jedem Hotelzimmer eine Bibel liegt, und wenn es nur das Neue Testament und die Psalmen sind. Laut Tagesspiegel hängt es nicht nur von der Hotelkette, sondern auch vom jeweiligen Land ab, ob man im Nachttisch das Buch der Bücher findet, oder nicht. In Deutschland und den USA ist die Bibeldichte zum Beispiel höher als in Frankreich. Dafür gibt es in den USA angeblich mittlerweile Hotels, die die Bibel durch einen Kindle ersetzt haben. Das ist zwar irgendwie cool, aber meiner Meinung nach keine so gute Idee. Die Bibel ist wahrscheinlich das diebstahlresistenteste Möbelstück jedes Hotelzimmers. Fast jeder Christ auf Reisen hat sowieso eine zu Hause – und Reisende anderer Glaubensrichtungen dürften sich höchstens aus wissenschaftlichen Gründen interessieren. Auf einem Kindle hingegen kann man auch noch andere Bücher lesen, und billig sind die auch nicht. Ob sich bei dieser Gelegenheit jeder an das siebte Gebot halten würde?

Träume

13.3.2015
Der GfK-Verein hat nach unseren Träumen gefragt. Das Ergebnis ist ziemlich langweilig, aber nicht unsympathisch. Die gute Fee würde wahrscheinlich beim Erfüllen einschlafen. Die meisten Deutschen träumen schlicht davon, keine Geldsorgen zu haben. Sie wünschen sich keinen Ferrari, sondern bloß ein Auto. Hauptsache, es fährt. Sie träumen davon, immer gesund zu sein, und wünschen sich das auch für ihre Angehörigen. Meine Träume sind meist sehr ungewöhnlich. Neulich habe ich geträumt, ich hätte mir eine neue Pflanze gekauft. Eigentlich war es ein Topf voller Gras. Katzengras, obwohl ich keine Katze

habe. Ich fand darin ein sehr kleines Kaninchen. Ein anderes Mal träumte ich, dass ich einen Freizeitpark besuchte. Mit Freunden. Wir fuhren mit einer Achterbahn, die sich während der Fahrt in eine Wildwasserbahn verwandelte, aßen Hotdogs und hatten alles in allem viel Spaß. Manche Menschen vermuten, dass Träume nicht bloß die Bewältigung von Vergangenem sind, sondern auch Wünsche und Sehnsüchte ausrücken können. Aus meinen Träumen könnte man also ableiten, dass ich mir ein Haustier wünsche und mal wieder in einen Freizeitpark fahren möchte. Klingt nicht nach Geldsorgen, passt also gut ins Bild. Die Frage ist bloß immer, was man aus „keine Geldsorgen" und „Gesundheit" macht.

Zeitvertreib

5.6.2014
Manchmal frage ich mich, was Menschen in 200 Jahren über uns, die wir heute auf der Erde wandeln, denken werden. Wir neigen ja eher dazu, mit Wehmut auf die „gute alte Zeit" zurückzublicken. Wir klagen, dass es heute keine Mozarts und keine Beethovens mehr gibt , und vergessen, dass man sich früher lieber gepudert als gewaschen hat. Ich glaube, in 200 Jahren wird man über uns lachen. Früher ist man zum Beispiel gelaufen, wenn man irgendwo hin wollte. Es hat gedauert und war lästig. Heute ziehen sich Männer wie Frauen zum Laufen sehr enge Hosen und neonfarbene T-Shirts an. Statt ein Ziel anzupeilen, laufen wir, grob gesagt, im Kreis. Wir tun das, damit wir nicht fett werden. Zum Zeitvertreib. Das ist ein gutes Stichwort. Denn vieles, was früher als Arbeit galt, zählt heute zu den Freizeitbeschäftigungen. Wir zerschneiden zum Beispiel großformatige Bilder, mischen die Schnipsel und freuen uns, wenn wir den ganzen

Kram nach mühevoller Arbeit wieder zu einem Bild zusammengesetzt haben. Man nennt das Puzzle. Der inoffizielle Vorläufer des Puzzles war das Mosaik. In der Antike hat man ausgebildete Männer dafür bezahlt, dass sie aus Tausenden bunten Steinchen Bilder zusammensetzten. Ob die Menschen in 200 Jahren wohl aus Spaß ins Büro gehen werden?

Punk ist tot

30.8.2018
Der Kollege hat Gummibärchen mitgebracht. Joghurt-Igel. Igel mit grüne, gelben, sogar blauen Stacheln. Echt lecker, aber Igel mit bunten Stacheln gibt es ja eigentlich nicht. Also, es sei denn, es handelt sich um sehr junge Igel, die ausbrechen wollen aus dem täglichen Einerlei. Die sich erdrückt fühlen von der Vorstellung, bis an ihr Lebensende Insekten fressen zu müssen und Milch von netten Menschen anzunehmen. Es sind meist Igel aus gutbürgerlichem Laubhaufen. Der Vater so ein richtiger Mett-Igel, die Mutter nur darauf bedacht, dass die Rotkehlchenfamilie, die nebenan wohnt, bloß nichts Schlechtes twittert. Junge Igel, die „ihr Elternhaus echt ankotzt" und die es sich zur Aufgabe gemacht haben „alles und jeden anzupissen" (das ist nicht meine Formulierung, sondern die von einer Punkband, die ich vor vielen Jahren mal interviewt habe). Igel, die rebellieren wollen, die sich auflehnen. Die morgens schon Bier trinken und laut „The Clash" hören, sodass der ganze Blätterhaufen wackelt und die Maulwürfe von unten an die Decke klopfen. Should I Stay or Shoud I Go? Und ausgerechnet die packt Haribo in Joghurt-Form in eine Tüte und verkauft sie. Punks not Dead? Doch, Punk ist tot.

In der Küche

15.1.2015
Mein Hirn ist ein Sieb. Dauernd vergesse ich irgendwelchen Kleinkram. Die meisten Leute merken das gar nicht, weil ich an die großen, wichtigen Sachen denke. Es muss also ein sehr feines Sieb sein. Eines, wo nur die kleinen Sachen durchrutschen. Das menschliche Gehirn mit Küchengeräten zu vergleichen, ist keineswegs so abwegig, wie es sich anhört. Ich kenne Menschen, deren Hirne sind wie Töpfe, Stabmixer oder Kühlschränke. Die Topfhirne vergessen nie auch nur eine Kleinigkeit, neigen aber dazu, ständig über alles nachzugrübeln. Sie sammeln alle Gedanken in ihren Topfhirnen und lassen sie bei geringer Temperatur vor sich hin köcheln. Ihre Ideen schmecken oft am besten, dafür sind Topfhirne nachtragend. Die Stabmixerhirne werfen alles durcheinander. Sie fragen dich, wie es in der Uni läuft, obwohl sie eigentlich einen anderen Bekannten meinen, der dir überhaupt nicht ähnlich sieht. Ihre Ideen sind entweder nicht zu gebrauchen, weil auf falsche Tatsachen gegründet, oder genial. Die Kühlschrankhirne halten zwar all ihre Erinnerungen und Gedanken frisch, neigen aber dazu, im sozialen Umgang etwas frostig zu sein. Wenn ich also darüber nachdenke, ist es gar nicht so schlecht, ein Siebhirn zu haben. Man kann sich ja Notizen machen.

Clown

12.11.2014
Gestern Abend war ich sehr heiter gestimmt. Ich machte Witze, lachte viel und war überhaupt unheimlich gut gelaunt. Irgendwann fragte mich einer, ob ich einen Clown

gefrühstückt hätte. Hatte ich nicht, das ist ja nur eine Redensart. Was aber, wenn es doch so gewesen wäre? Nehmen wir mal an, der Mensch bezöge seinen Humor aus Clowns, so wie er Fleisch von Rindern und Hühnern bezieht. Ohne Massenclownhaltung wäre dies wohl eine sehr traurige Welt. Da jedoch fangen die Probleme erst an. Eine massenhafte Haltung von Clowns wäre wohl kaum ethisch vertretbar. Ich stellte mir all die traurigen Clowns vor, die mit bunten Bällen jonglierend in einer großen Halle stehen und darauf warten, zu Clown-Müsli verarbeitet zu werden. Traurige Clowns sind keine besonders gute Basis für ein hochwertiges Humorprodukt. Vielleicht wäre Freilandhaltung besser. Aber dann würden sie bei Regen nass und im Winter erfrieren. Nein, für Clowns käme wohl nur Zirkuszelt-Haltung infrage. Die aber wäre kostspielig. Allein die Löhne für die zehnköpfige Blaskapelle und die Horde chinesischer Artisten kosteten ein Vermögen. Aber Zirkus ohne Blaskapelle und Artisten? Der Humor wäre also wieder ein Luxusprodukt. Es ist deshalb ein Glück, dass Humor den meisten von uns angeboren ist. Alle anderen mögen bitte die Finger von den Clowns lassen.

Omas

14.1.2017
In Möbelhäusern kann man ja bekanntlich viel Zeit verbringen. Wir brauchten nun ein neues Sofa, und sich andauernd hinsetzen und wieder aufstehen macht echt hungrig. Gut, dass die meisten Möbelhäuser quasi autarke Systeme sind, die über ein Restaurant verfügen. In diesem Restaurant wurde mir auf einer Tafel ein Stück von „Oma Friedas hausgemachtem Apfelkuchen" angeboten. Wie gesagt, Möbelhäuser sind quasi autarke Systeme.

Und offenbar haben die sogar eigene Omas, die für sie Kuchen backen. Backöfen gibt es in Möbelhäusern ja genug, elektrische Massagesessel auch und Aufzüge sowieso. Machen wir uns nichts vor, Möbelhäuser sind verkappte Rentnerparadiese, eine Win-win-Situation ist das! Es ist noch nicht so lange her, da war ich in einem anderen Möbelhaus. Dort gab es „Oma Ernas frischen Streuselkuchen". Nun ist der Konkurrenzdruck der Möbel-Sparte ziemlich hoch, wer erfolgreich sein will, der muss liefern. Ich frage mich deshalb, ob die Häuser untereinander auch um die Omas konkurrieren. Es müsste wohl eine regelrechte Transferliste geben, und im Januar, wenn allerorten die Preise purzeln, wird neu verhandelt. Vielleicht kann Oma Erna sowohl Streusel- als auch Apfelkuchen, Omas sind in sowas ja sehr versiert. Könnte sein, dass Oma Frieda sich bald ein neues Möbelhaus suchen muss, wenn sie weiterhin zur Stammformation am Herd gehören möchte. Der Apfelkuchen war jedenfalls gut, die Transfersumme dürfte recht hoch sein.

Primm

14.7.2017
Ungefähr 70 Kilometer südlich von Las Vegas liegt Primm. Primm ist eine Art Mini-Vegas, es besteht aus drei Casino-Hotels und einem Outlet und liegt direkt am Freeway 15, auf dem man stundenlang unterwegs ist, wenn man von Los Angeles nach Las Vegas fährt. Gedacht ist Primm wohl für die Hardcore-Zocker, die nach ihrem Vegas-Besuch die Finger nicht von den bunten Chips lassen können und kurz vor der Grenze Kaliforniens (das ist wörtlich zu nehmen, Primm liegt direkt an der Grenze) noch schnell eine Runde spielen wollen. Für alle, die in Richtung Vegas fahren, ist der Ort belanglos,

schließlich bekommt man alles, was Primm bietet, in Vegas in tausendfacher Ausführung. Trotzdem gibt es Menschen, die auf dem Weg nach Vegas dort anhalten. Ich habe das nie verstanden, bis ich neulich mal wieder bei David zum Grillen war. Sein Sohn Max hat eine neue Marotte. Er isst monothematisch. Immer eine Speise nach der anderen. Erst Salat. Dann Brot. Dann Ketchup. Dann die Wurst. In, so sagt er, aufsteigender Reihenfolge. Max hebt sich bis zum Schluss auf, was ihm am besten schmeckt. So wie die Leute, die auf ihrem Trip nach Vegas in Primm einen Zwischenstopp einlegen.

Psycho-Spiel

15.11.2018
Beim Fußball wird die Seitenwahl vor dem Spiel per Münzwurf entschieden. So steht es auch in den Regeln, weshalb in England nun ein Schiedsrichter vom Verband für 21 Tage gesperrt wurde – weil er keine Münze hatte und die beiden Kapitäne mit dem Spiel „Stein, Schere, Papier" entscheiden ließ. Nun ist gegen die Sperre nichts einzuwenden, denn es steht halt so in den Regeln. Aber ich finde, die Stein-Schere-Papier-Methode wäre der viel bessere Modus Operandi bei der Seitenwahl. Der Münzwurf ist ein sogenanntes echtes Zufallsexperiment, ein Glücksspiel mit 50-prozentiger Gewinnchance. Der Kapitän der Gäste darf wählen und hat entweder Glück oder Pech. Der Spielführer der Heimmannschaft sieht zu und vertraut auf das Pech des Gastes, denn dann darf er an seiner statt wählen. Stein-Schere-Papier hingegen ist ein Psycho-Spiel, bei dem beide Spielführer gleichsam gleichberechtigt einbezogen werden. Natürlich kommt es da ebenso auf die richtige Portion Glück an. Aber bei längerer Dauer, zum Beispiel bei Patt-Situationen, auch

auf Nervenstärke und die Fähigkeit, das Handeln des Anderen vorherzusehen und eine Strategie zu entwickeln. Damit hätte die Seitenwahl alles, was auch ein gutes Fußballspiel interessant macht. Spiele werden im Kopf gewonnen – warum nicht auch die Seitenwahl?

Myrrhe

21.12.2016
Der deutsche Einzelhandel spricht schon jetzt von einem sehr guten Weihnachtsgeschäft, vielleicht, so hört man, werde es sogar das beste Weihnachtsgeschäft aller Zeiten. 2015 wurden in der Vorweihnachtszeit knapp 90 Milliarden Euro umgesetzt, dieses Jahr voraussichtlich noch mehr. Ziemlich viel Geld. Zumal, wenn man bedenkt, wie der Geschenke-Wahn angefangen hat. Mit etwas Gold, Weihrauch und Myrrhe. Weihnachten ist Konsum – das ist mittlerweile eine Binse –, und wie es scheint, gewinnen alle. Nur die Myrrhe-Industrie profitiert nicht vom Aufschwung. Möchte man meinen. Gold ist ein Evergreen und Weihrauch verkauft sich von selbst, weil die katholische Kirche weltweit ziemlich viele Gottesdienste anbietet. Aber kein Mensch verschenkt heute noch Myrrhe, oder? Stattdessen legen wir Drohnen, Fernseher oder Lego unter den Baum. Das sind meist alles sehr bewusste Käufe. Die Myrrhe hingegen verschenken wir eher unbewusst. Das Harz wurde nämlich, lange bevor es die weihnachtliche Tradition des Schenkens mitbegründete, als Parfüm verwendet, und ist heute noch Bestandteil vieler Kosmetika. Gehen Sie mal in eine Parfümerie und verlangen nach Myrrhe, Sie werden überrascht sein.

Kindereien

16.6.2016
Ein russischer Sportfunktionär hat eine verhaltensauffällige Gruppe kämpferischer „Fans" der russischen Nationalmannschaft bei der Europameisterschaft in Schutz genommen. Sinngemäß sagte er so etwas wie dies: Man könne diese Menschen nicht dafür bestrafen, dass sie ihre Muskeln benutzten. Ich halte das für eine äußerst interessante Theorie. Ja, vielleicht ist dies nichts weniger, als eine Revolution der Rechtsprechung. Zwar mag es Beispiele geben, nach denen Russland nicht das optimale Land für Revolutionen auf dem Gebiet der Juristerei ist, aber was soll's? England ist ja auch das Mutterland des Fußballs. Was also haben wir hier? Die Theorie, dass der Mensch seine Muskeln so nutzen kann, wie er es für richtig erachtet. Das klingt doch nach großer Freiheit, nach der totalen Liberalisierung des Bewegungsapparates. Als Kinder haben wir das auch so gemacht, wenn wir aufeinander wütend waren. Man trat oder boxte in die Luft, ließ die Arme schnell kreisen und fuhr die Ellenbogen aus. War schließlich nicht verboten. Und wenn der andere etwas abbekam – selbst schuld. Warum musste er auch genau dort stehen, wo meine Lufttritte hingingen? So zerfällt die vermeintliche Revolution, die totale Liberalisierung des Bewegungsapparates, in nichts als blöde Kindereien.

Das A

21.10.2015
In meinem Briefkasten finde ich beinahe täglich Briefe und Wurfsendungen, die an einen gewissen Michael

Kaufmann adressiert sind, der offenbar bei mir wohnt. Ich habe diesen Typen noch nie gesehen, lese aber seine Post. Denn dieser Michael Kaufmann, das bin ich. Keine Ahnung, weshalb so viele Leute auf die Idee kommen, man müsse meinem Namen noch ein „A" hinzufügen. Vielleicht Macht der Gewohnheit. Es gibt unzählige Michaele. Einige sind prominent, einer war früher sehr schnell unterwegs, ein anderer ist Erzengel. Aber es gibt nur sehr wenige Michel. Einer ist ein Lausbub und heißt eigentlich Emil, einer trägt Zipfelmütze und einer bin ich. Ich werde selbst dann noch falsch geschrieben, wenn ich meinen Namen eigenhändig korrekt irgendwo eingegeben oder hingeschrieben habe. Das ging mir zum Beispiel früher bei Bewerbungen oft so. Vielleicht traute man mir nicht zu, meinen Namen korrekt schreiben zu können. Viel wahrscheinlicher ist allerdings: Die meisten Leute lesen eben nur das, was sie lesen wollen – das, was sie gewohnt sind.

Vorsätze

8.1.2015
Das neue Jahr hat begonnen. Ich sollte also mal über gute Vorsätze schreiben. Habe aber keine Lust. Schon im vergangenen Jahr habe ich darüber geschrieben, mehrere Male. Warum soll ich das jetzt schon wieder tun? Es ist alles gesagt. Und das kann ich sogar beweisen: Eine Krankenkasse hat in einer Umfrage herausgefunden, dass die meisten Menschen dieses Jahr weniger Stress haben und mehr Zeit in Familie und Sport investieren wollen. So wie immer. Wahrscheinlich haben die nur die Jahreszahl ausgetauscht. Warum lassen sich die Menschen nicht mal was Neues einfallen? Man könnte sich zum Beispiel vornehmen, alle Achttausender (das sind 14) zu bestei-

gen. Das haben bislang erst 32 Menschen geschafft. Oder Skispringen zu lernen. Dieser Brauch lädt doch gerade dazu ein, kreativ zu sein. Warum zum Beispiel immer gute Vorsätze? Nehmen Sie sich doch mal was Schlechtes vor. Seien Sie vorsätzlich böse. Vertauschen Sie beim Einkaufen die Preisschilder. Oder rauchen Sie auf dem Bahnsteig außerhalb des gelben Vierecks. Die meisten von uns halten das mit den Vorsätzen ja ohnehin nicht durch. An Silvester hatte ich übrigens den Vorsatz gefasst, nicht über Vorsätze zu schreiben. Da sehen Sie mal, wie lange sowas vorhält.

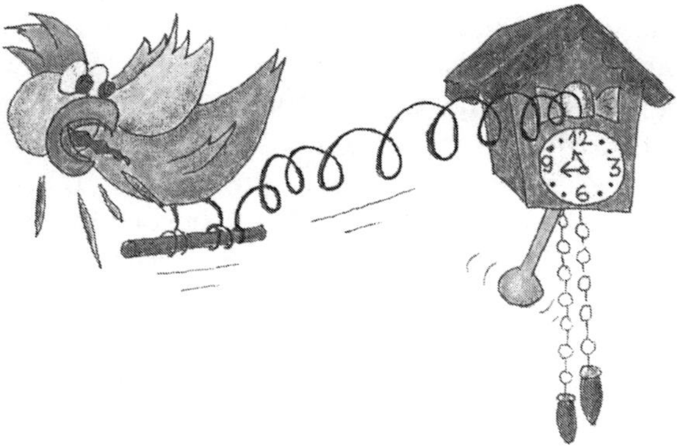

Danksagungen

Zunächst sei den treuen Lesern meiner Kolumne im Kreis-Anzeiger, Lauterbacher Anzeiger, der Oberhessischen Zeitung und im Gießener Anzeiger herzlich gedankt. Denn ohne Leser keine Kolumnen, ohne Kolumnen kein Buch. Ich danke außerdem meiner wundervollen Ehefrau Julia, die mich in ihrer unvergleichlichen Art in den vergangenen Jahren mit unzähligen guten Ideen und Worterfindungen für diese Kolumne gefüttert hat und meinen Humor derart teilt und versteht, dass es mir manchmal ein bisschen unheimlich ist. In der Entstehungsphase dieses Buches war sie außerdem eine kleinkarierte, beharrliche und scharfe Kritikerin, wofür ich ihr sehr danke. Ich danke meinen Kollegen Judith, Martina, Björn, Christian, Carsten, Holger, Regina und Christine, dass Sie meine Launen aushalten, mich mit Ideen-Vorschlägen versorgen, wenn einfach mal gar nichts geht – und vor allem, dass sie ehrliche Kritiker sind. Ich danke meinen besten Freunden Daniel und Andrea und ihren Kindern Jaron und Sofia für zahllose gute Ideen, gute Zeiten und gute Gespräche. Ich danke meinen Familien (ja, ich habe zwei, es ist wundervoll!) für ausführliche und ehrliche Brainstormings, die riesige Begeisterung und großartige Unterstützung bei der Umsetzung dieses Projektes. Ich danke meiner Mutter Karoline, die jedes Mal, wenn wir uns sehen, nach neuen Texten fragt, um diese gierig zu verschlingen. Ich danke meinem anderen guten Freund Daniel, der nie um eine Meinung verlegen ist, alles liest, was ich ihm schicke und immer ein prima Sparringspartner ist. Und zuletzt danke ich natürlich meinem Verleger Thorsten Zeller, der mich nicht kannte, aber vorbehaltlos bereit war, mit mir in dieses Abenteuer zu starten. Sollte irgendwann mal irgendwo ein Ring in eine Feuergrube geworfen werden müssen – Euch alle würde ich für diese Reise ohne zu zögern anheuern.

Gemoije

Guten Morgen

von
Michel Kaufmann

Strolch

(jmk)